云南大学一流大学建设"国家级高端智库建设项目"资助
国家社会科学基金西部项目（12XMZ068）
中国博士后科学基金资助项目（2013M531990）

文化与旅游：
东巴文化的旅游展演与活态保护

光映炯 ◎ 著

中国社会科学出版社

图书在版编目(CIP)数据

文化与旅游:东巴文化的旅游展演与活态保护／光映炯著.—北京:中国社会科学出版社,2019.6
ISBN 978-7-5203-5287-1

Ⅰ.①文… Ⅱ.①光… Ⅲ.①纳西族—民族文化—研究—西南地区②旅游文化—文化研究—西南地区 Ⅳ.①K285.7②F592.77

中国版本图书馆CIP数据核字(2019)第221855号

出 版 人	赵剑英
责任编辑	任　明
责任校对	周　昊
责任印制	郝美娜

出　　版	中国社会科学出版社
社　　址	北京鼓楼西大街甲158号
邮　　编	100720
网　　址	http://www.csspw.cn
发 行 部	010-84083685
门 市 部	010-84029450
经　　销	新华书店及其他书店
印刷装订	北京君升印刷有限公司
版　　次	2019年6月第1版
印　　次	2019年6月第1次印刷
开　　本	710×1000　1/16
印　　张	18.25
插　　页	2
字　　数	301千字
定　　价	85.00元

凡购买中国社会科学出版社图书,如有质量问题请与本社营销中心联系调换
电话:010-84083683
版权所有　侵权必究

目　录

第一章　绪论 ……………………………………………………（1）
　一　研究背景和研究意义 …………………………………（1）
　二　研究对象和研究综述 …………………………………（4）
　三　研究框架和研究方法 …………………………………（13）
　四　案例点的选择 …………………………………………（16）

第二章　理论基础 ………………………………………………（19）
　一　人类学视角 ……………………………………………（19）
　二　管理学视角 ……………………………………………（33）
　三　社会学视角 ……………………………………………（36）
　四　相关视角 ………………………………………………（42）

第三章　"东巴教圣地"玉水寨：景区展演与生产性保护 …（46）
　一　丽江玉水寨概况 ………………………………………（46）
　二　"东巴教圣地"的旅游展演 …………………………（51）
　三　文化与旅游：保护与传承之路 ………………………（66）
　四　小结 ……………………………………………………（74）

第四章　"东巴圣地"白地：半景区展演与民间团体的保护 …（76）
　一　白地与白水台景区概况 ………………………………（76）
　二　"东巴圣地"的旅游发展历程 ………………………（83）
　三　"看"与"被看"：两难的境地 ……………………（90）
　四　小结 ……………………………………………………（106）

第五章　"纳西古寨"俄亚：乡村展演与集体记忆式保护 …（108）
　一　俄亚大村概况 …………………………………………（108）
　二　俄亚大村的日常生活与东巴文化 ……………………（114）
　三　俄亚大村的文化生境及演变 …………………………（126）

四　小结 …………………………………………………………（134）

第六章　"飞地"达祖："摇摆"中的歌舞展演与学校式
　　　　　保护 ……………………………………………………（136）
　　一　达祖村概况 …………………………………………………（136）
　　二　文化叠压与共存的达祖纳西文化 …………………………（139）
　　三　达祖村的旅游发展与歌舞展演 ……………………………（151）
　　四　小结 …………………………………………………………（160）

第七章　旅游展演与活态保护的互动 ……………………………（162）
　　一　旅游展演的类型、本质与效应 ……………………………（162）
　　二　旅游展演与活态保护的互动分析 …………………………（173）
　　三　旅游展演与活态保护的互动原因 …………………………（174）
　　四　小结 …………………………………………………………（177）

第八章　东巴文化的活态保护机制构建 …………………………（179）
　　一　东巴文化的生境演变及类型 ………………………………（179）
　　二　东巴文化活态保护机制构建的目的与原则 ………………（184）
　　三　东巴文化的保护模式、管理模式与保护机制 ……………（192）
　　四　小结 …………………………………………………………（202）

第九章　结论 ………………………………………………………（204）
　　一　研究结论 ……………………………………………………（204）
　　二　创新之处 ……………………………………………………（208）
　　三　研究展望 ……………………………………………………（209）

附录1　日志 ………………………………………………………（211）
　　附录1-1　丽江玉水寨东巴文化传承院全年祭祀活动
　　　　　　日志（2013年）………………………………………（211）
　　附录1-2　香格里拉白水台景区日志（摘录，2014年）………（217）
　　附录1-3　四川俄亚大村日志（摘录，2013年2月）…………（221）
　　附录1-4　四川俄亚大村东巴文日志（部分，2013年）………（224）

附录2　调查笔记 …………………………………………………（229）
　　附录2-1　丽江玉水寨东巴文化传承院顶灾仪式调查
　　　　　　笔记（2012年）………………………………………（229）
　　附录2-2　白地纳西族（农历）节日调查笔记（2014年）
　　　　　　——以白地古都村为例 ………………………………（235）

附录2-3　四川俄亚大村一年的节日/仪式调查笔记
　　　　　　（2015年） ·· (237)
　　附录2-4　四川达祖的人生四礼（2016年） ························ (241)
附录3　访谈记录 ·· (246)
　　附录3-1　丽江东巴文化研究院和先生访谈记录 ·················· (246)
　　附录3-2　丽江玉水寨东巴文化传承院杨先生访谈记录 ········· (255)
　　附录3-3　白地吴树湾村东巴学校和先生访谈记录 ··············· (259)
　　附录3-4　四川俄亚大村东巴先生访谈记录 ························ (265)
附录4　文件及培训班资料 ··· (268)
　　附录4-1　《三坝纳西族民族乡人民政府东巴文化保护和
　　　　　　开发暂行办法》（1998年） ·································· (268)
　　附录4-2　国家级非物质文化遗产东巴画传承基地
　　　　　　第二期培训班课程表 ··· (270)
　　附录4-3　丽江市纳西族祭天文化培训班课程表 ·················· (272)
参考文献 ·· (273)
后记 ·· (284)

第一章

绪　论

一　研究背景和研究意义

（一）研究背景

当前，我国的经济、文化及整个社会的发展都正在经历着重要的变革。2012年，旅游业已成为国民经济中的战略性支柱产业。2015年中国国内旅游突破40亿人次，旅游收入过4万亿元人民币，出境旅游1.2亿人次。中国国内旅游、出境旅游人次和国内旅游消费、境外旅游消费均列世界第一。世界旅游业理事会（WTTC）测算：中国旅游产业对GDP综合贡献10.1%，超过教育、银行、汽车产业。[①] 中国旅游业的发展已在国民经济发展中具有相当重要的地位，而大众化的旅游业、旅游的产业化发展还将面临更多的挑战。

特别对于民族地区来说，旅游业发展是社区社会变迁的重要动力和脱贫的重要途径之一，对地方社会经济发展与民族文化现代化具有重要作用。据悉，近五年来国家旅游发展基金补助贫困地区项目资金达11.5亿元，目前中国已有超过800多万人口通过发展旅游实现脱贫。[②] 民族文化是民族地区旅游业发展和社会经济发展的重要资源，而民族文化的"旅游化"生存和发展也关系着地方民族的现代化发展之路。

"文化是旅游的灵魂，旅游是文化的重要载体"，旅游发展中文化的因素起着非常重要的作用，文化是旅游发展中的重要内核，同时旅游也成

---

① 国家旅游局统计数据 ［OL/DB］，http://www.cnta.gov.cn/xxfb/jdxwnew2/201512/t20151223_755524.shtml，2014年12月。

② 《中国800多万人口通过发展旅游实现脱贫》，新华网，2014年12月。

为文化发展甚至变迁的重要载体。民族文化在"全球化""现代化""城镇化"等因素的推动过程中发生着必然的变迁，而"旅游化"尤其对旅游目的地的民族文化具有强大的助推作用并使民族文化变迁呈现一种显性现象。在旅游发展的大浪潮下，特别是民族文化总被率先搬上旅游舞台，既有静态的博物馆式的展示，也有动态的文化展演，不同类型的旅游展演对民族文化的本真传统提出了越来越多的问题和挑战，民族文化处于现代语境下的新的文化生境之中，旅游开发与文化保护、传统与现代等诸多两难性问题也随之而来。

现在，旅游业对旅游目的地的影响已触及社会的各个层面，有生态影响、经济影响、文化影响、政治影响等全方位的，有正面的影响也有负面的影响。在充分体现旅游给民族地区所带来的社会文化影响，特别为减少旅游对文化的负面影响，从国家层面到省级到地方的各级政府对文化都制定了相关的法律法规并采取了各种各样的保护措施，如《文化部国家旅游局关于促进文化与旅游结合发展的指导意见》（2009年）、《国家旅游局关于进一步加快发展旅游业促进社会主义文化大发展大繁荣的指导意见》（2011年）、《文化部关于加强非物质文化遗产生产性保护的指导意见》（2012年），等等。特别是《中华人民共和国旅游法》（2013年）中第19条规定："旅游发展规划应当与土地利用总体规划、城乡规划、环境保护规划以及其他自然资源和文物等人文资源的保护和利用规划相衔接"，特别强调旅游业发展所带来的保护意义和作用，特别是旅游对文化的保护。同时，对民族文化的保护工作也越来越受到重视并受到社会各界的全面关注。2015年，国家又出台了《关于进一步促进旅游投资和消费的若干意见》，将大力推动旅游业的发展，刺激旅游市场的消费，民族文化的商业化发展更给旅游开发中文化保护工作带来了更大的挑战。

尽管如此，在民族旅游地旅游开发的日常化过程中，民族文化的市场化、商品化乃至旅游化使其发生了很多负面的效应，民族文化的传承空间、传承主体、传承方式都发生了一系列的大规模变迁，为了使民族文化在传统向现代的良性、可持续沿袭过程中平稳过渡，对民族文化的保护特别是活态保护就显得尤为重要。

从传承空间来看，民族文化的传承场已从村落的传统状态走向旅游市场，走向现代社会；传承主体不再是单一的地方群体而是有游客及诸多外来者渗入和参与的社会共同体；传承方式也不再是口耳相传而是在主要的旅游传播方式中兼及现代的网络、触屏等现代方式；民族地区在大肆发展旅游业的同时，民族文化的传承与保护也遭受着诸多难题。

本研究关注于当下这一既热门又棘手的问题展开调查、分析和研究。目前，大部分的民族地区都在进行着一场全国上下的旅游化发展，民族旅游确实能给民族地区带来经济效益和社会效益，但同时也带来了各种不良的负面影响。该研究关注民族地区旅游开发尤其是旅游展演现状，同时也关注民族文化的保护现状和保护系统，并在旅游展演和文化保护的互动关系基础上探求良性的活态保护机制。

（二）研究意义

本研究将有助于深化和发展有关民族文化保护理论，有益于民族地区社会的稳定与和谐发展，并为政府制定相关的保护措施和传承对策具有重要的决策参考价值。

1. 现实意义

滇川地区尤其是丽江的纳西族文化被大规模旅游开发，对东巴文化所处的文化生境产生了极大的负面影响，纳西东巴文化拥有很多耀眼的头衔和光环，同时也处在极其脆弱的文化生境中，国家级非物质文化遗产传承人的去世、世界文化遗产被亮黄牌、旅游展演使民族文化被旅游化等，因此，对东巴文化的旅游展演与活态保护问题进行的实践和理论相结合式的研究，不仅是非常必要的也是相当重要的。对现实的研究，不仅利于唤起现阶段民众的文化自觉和文化保护意识，也有助于促进西部地区合理地利用民族文化与旅游经济可持续的良性发展而具有示范效应；对理论的研究不仅是文化保护研究理论发展的必然，也是在面临旅游经济发展时所急需研究的新课题。

2. 理论意义

在文化生境的背景理论下，在对旅游场景中文化展演进行全新定义、阐释以及对文化遗产的活态保护进行再整理、再思考的基础上，通过对具体案例的层次分析来研究文化的变迁与保护，同时结合管理学的视角来探讨文化保护的机制，不仅开拓了民族文化研究的深入层次，丰富了旅游人类学的相关理论研究，更为管理学领域的活态机制构建研究加深了理论与实践的结合度。

二 研究对象和研究综述

(一) 研究对象

纳西族的东巴文化,是本书的主要研究对象。

纳西族,是中国西南地区的一个少数民族。纳西族有多种自称:居住在云南省丽江市玉龙纳西族自治县、古城区、维西傈僳族自治县、永胜县、四川省木里藏族自治县俄亚、盐源县达住①等地的纳西人自称"纳西";居住在云南省宁蒗县永宁、翠依、四川省盐源县、木里县的雅砻江流域和泸沽湖畔的纳西人自称为"纳"或"纳日"(或音译为"纳汝");居住在宁蒗县北渠坝和永胜县獐子旦的自称"纳恒";居住在云南省香格里拉县三坝乡的纳西人自称"纳罕"(或译为"纳汗");此外,还有少数自称为"玛丽玛沙"(居住在维西县)、"路路"(又音译为"鲁鲁",居住在丽江塔城、鲁甸等地)。在上述自称中,以"纳西""纳日""纳罕""纳恒"几种称谓居多,特别是自称纳西的人占纳西族总人口的5/6,因此,根据本民族意愿,经国务院批准,于1954年正式定族称为纳西族。②

纳西语属于汉藏语系藏缅语族彝语支,它分为东、西两个方言区,操东部方言的纳西族自称"纳"或"纳日"等,主要分布在云南省的宁蒗县和四川省的木里县、盐源县、盐边县等,西部方言区的纳西族主要居住在云南省的丽江、香格里拉、维西、永胜等县,四川木里的俄亚、盐源的达祖也操西部方言。

关于纳西族群的来源,历来众说纷纭。较多的看法是,纳西族群的先民是远古时期居住在我国西北河(黄河)湟(湟河)地带的古羌人,后来南迁的古羌人融合了其他族群形成了今天的纳西人。③ 一般认为,纳西先民到西南后主要在川西至滇西北金沙江流域间游牧。秦汉至唐宋时期

---

① 这里的"达住",即文中"达祖"。
② 《纳西族》,国家民委网站(http://www.seac.gov.cn)。
③ 1956年,木家桥"丽江人"的考古发现对纳西族群的族源问题产生了很大的影响,有人认为是以土著为主,融合了北来的羌人,后来又同化了周围其他一些民族。还有人认为,其主体属于"夷系",牦牛夷、白狼夷可能是构成纳西族的主流,其他还有土著和羌人成分。

（221—1279年），纳西族先民分布在今天四川省凉山彝族自治州西南部、攀枝花市盐边县、雅安地区和甘孜藏族自治州南部，以及云南省西北部地区。① 据樊绰的记载，纳西族唐时被称为"磨蛮，亦乌蛮别种也。铁桥上下及大婆、小婆、三探览、昆池等川，皆其所居之地也。土多牛羊，一家即有羊群。终生不洗手面，男女皆披羊皮，俗好饮酒歌舞。此种本姚州部落百姓也。南诏既破其铁桥及昆池等诸城，凡虏获万户，尽分隶昆川左右，及西爨故地。磨些蛮，在施蛮外，与南诏为婚姻家，又与越析诏姻娅"②。唐宋时期，纳西族地区由游牧经济向定居农耕经济过渡，社会经济发生了质的飞跃。③

纳西族的民间普遍信奉一种原始宗教——东巴教。东巴教的形成大约在公元7世纪，纳西族社会中的原有巫教（原始宗教）受到藏族钵教（黑教）的影响逐渐形成为多神崇拜的民族民间宗教——东巴教并得到发展。从纳西族文化的发展来看大体经历了如下几个阶段：7世纪以前为原生文化，从7世纪到13世纪初（唐宋）为形成纳西族传统文化——东巴文化时代；元明两代为双轨文化——东巴文化和接受汉族文化并行，从清初丽江改土归流到公元1949年，东巴文化与汉文化逐渐交融，形成新的纳西族文化。

纳西族群的语言、服饰与建筑以及东巴信仰、东巴象形文等内容使纳西族群的原生文化清楚地呈现。但是，在现代化的进程中已出现很多次生性或再生性文化，原生性文化则被埋藏在最底层或者已经消失，如祭天习俗在很多地方是和其他祭祀活动同时进行。

"纳西"这个词在称谓上划定了纳西族群的边界，并反映着纳西族群的历史脉络和轨迹。纳西族群的称谓较为复杂。纳西族古代统称麽些，和志武先生认为，"摩沙"（么些）之称，当是根据古纳西语"牧牛人"之义，用汉文写下的简化音译，又与"牦牛羌"之名相沿承传。④ 自《华阳国志》以后，其族称就更多了，有"摩沙""磨些""摩娑""麽些"，等等。⑤

---

① 郭大烈、和志武：《纳西族史》，四川民族出版社1999年版，第26、78页。
② 樊绰著，向达校注，木芹补注：《云南志补注》，云南人民出版社1995版，第57页。
③ 和少英：《纳西族文化史》，云南民族出版社2001年版，第18页。
④ 和志武：《纳西东巴文化》，吉林教育出版社1989年版，第4页。
⑤ 郭大烈、和志武：《纳西族史》，四川民族出版社1999年版，第75—76页。

在20世纪50年代的民族识别工作中，以丽江坝区自称"纳西"的称谓指代了全部跟"纳"有关的"纳日""纳恒"等的群体。陶云逵先生认为，"无论是从史志记载上，或木氏宗谱的系统上，均可证明麽些与哪希（即纳西）不是两个民族，而是可以用在一个民族的两个称名"①。也就是说，"麽些"是他称，"纳西"是自称，从语言学的角度来说，"摩梭"所属为东部方言区。

纳西族群的信仰从思想上塑造了这个群体，并形成了族群文化的重要核心内容。一般认为，东巴教是由纳西先民在氏族和部落联盟时期的原始信仰基础上发展起来的，其后，在各个不同的历史时期逐渐吸收了藏族的苯教、藏传佛教等一些内容，从而形成了一种独具特色的民族宗教形态。"东巴"，意为"智者"，是神与人的交流媒介。东巴一般都由男子担任，其传承靠世代传袭。他们集巫、医、学、艺、匠于一身，是纳西传统文化的传承者。重要的是，东巴教中保留了大量的纳西古文化，如原始图腾崇拜、祖先崇拜、经书、象形文、木牌画、父子联名制、火葬、鸡陪祭等而被誉为"古代纳西百科全书"的东巴经书，也成为纳西古代文化研究的重要资料。

例如，祭天是东巴教和东巴文化的主要因子，也是纳西古文化最古老、原始的部分。纳西族自称"纳西莫比若"，即"纳西是祭天的人"之意，因而祭天与纳西先民的生活是紧密联系在一起的。"祭天"是东巴教中重要祭祀活动和纳西族传统的重大节日。一年有两祭，正月大祭三天，七月小祭一天，一般有专门的祭台。祭天所信奉的神灵，用两棵黄栗树代表传说中始祖崇忍利恩的岳父，和岳母（即天父和天母），中间一棵柏树代表"王"，柏树后面还有一棵小松树代表"战神"。祭坛上，两个烛台之间有一块三角形的犁铧，象征居罗什罗山（祖居地）；还有谷物供品则意为五谷丰登。

"唯一还在活着的象形文"——东巴文，其创造的年代并不确定。但可以肯定的是，它是纳西先民创造的一种文字，至少在11世纪北宋中期到13世纪初的南宋末期，纳西东巴象形文已用来书写东巴经了。② 因其专门被纳西族祭司"东巴"用于书写宗教经书和宗教活动的其他方面，

---

① 郭大烈、和志武：《纳西族史》，四川民族出版社1999年版，第77页。
② 和志武：《纳西东巴文化》，吉林教育出版社1989年版，第71页。

所以称为"东巴文"。东巴象形文的本名称"森究鲁究"（汉译），意为"木石之标记"，即见木画木、见石画石，是一种象形表意文字。而通常所说的东巴文包括两种构形相异、性质不同的文字体系，东巴文和哥巴文。常见的是东巴象形文。由于东巴文的特点，因此有学者称其为"唯一活着的象形文字"。但是，旅游场景中的东巴象形文到处都看得见，"象形文字是看得成、念不成的"。

服饰和建筑也是纳西族群原生性文化的重要边界。以丽江坝区为例：远古的纳西服饰，在东巴经《创世记》中有记载，崇忍利恩用红虎做了马背垫子，做了一个箭囊，缝了一件威武的衣裳，反映了狩猎时代纳西下民是以兽皮作为服装的。到了崇忍利恩的三代孙，开始有了种植大麻、绩麻搓线、织麻的历史，反映了刀耕火种的农耕时代，纳西人穿的是麻布衣服。① 到了唐代，据《蛮书》记载，则"男女皆披羊皮"。明《南诏野史》下卷载：纳西"南雉发戴帽，长领布衣；女高髻或戴黑漆尖帽，短衣长裙"。（景泰）《云南图经志书》卷五也记载：明朝时，"摩㱔，蛮，……男子头绾二髻，傍剃其发，名为三搭头。妇人结高髻于顶，前衣服止用麻布"②。

纳西族有一个专门的祭祀建筑和村寨神的仪式，因为纳西族东巴教信仰万物有灵，一个建筑和村寨就有其统辖之神，村民的安居就由它来庇护。在《祭祀建筑和村寨神》的经书中将建筑和村寨分为上古一代的建筑和村寨神、中间一代的建筑和村寨神和下面一代的建筑和村寨神。在东巴经《卢神起身》中说，"主人这一家，在做好木架后，劈来木板盖在屋顶；在深壑中砍来青竹，用竹子编成蔑笆围在房屋的四周，并用黄泥巴将缝隙糊起来"。这样的木架竹墙的房子在现在的纳西族聚居地确实已经不再看见。后来，这样的房子逐渐演变为木结构的"木楞房"。清《丽江府志略》中记到：改设之前"惟土官廨舍用瓦，馀皆用板屋，用圆木四围相交，层而垒之，高七八尺许，即加椽桁，覆以板，压以石。屋内四围皆床榻，中置火炉并炊爨具"③。而在丽江坝区中白族的青瓦白墙，藏族的

---

① 耕勤：《"纳西服饰"》，《丽江文史》（第二十一辑），丽署新出（2002）内资字第19号，第164、165页。
② 《云南方志民俗资料琐编》，云南民族出版社1986年版，第55页。
③ （明）陈文修、李春龙、刘景毛校注：《景泰云南图经志书校注》，云南民族出版社2002年版，第313页。

木柱画栋等现都已经融入纳西族民居建筑中。此外，丽江地区的纳西族古代一律实行火葬，（康熙）《云南通志》卷之二十七记载："正月五日登山祭天，人死以竹簨舁至山下，无贵贱，皆焚之。"①

从滇川地区的纳西族群整体的生活现状来看，东巴文化在民间仍有保存、保留和利用；另外，对东巴文化的整理、研究与保护，还有旅游化利用则大大推动了东巴文化的再展演和再生产。

东巴文化，是纳西族传统文化中的重要组成部分。东巴文化主要以纳西族古代的东巴教为基本形态和文化载体，包括东巴文、东巴经、东巴画、东巴音乐、东巴舞蹈、东巴占卜和祭祀科仪等重要内容。东巴文化因其独特的历史文化价值、民族宗教价值、民俗审美价值及其学术价值、经济价值等而受到了广泛的社会关注和重视。但在受到社会关注的同时，东巴文化所面临的社会文化生境已发生变迁，东巴文化都遭受到现代化、旅游化所带来的各种冲击和威胁。东巴是东巴文化的主要创造者和传承者，担负着东巴文化传承的艰巨任务。但是，近年来老东巴数量锐减，正面临着消逝断代的危险，东巴文化面临断代绝根的现实。其中，还有一个最大的危机是：真正知识渊博的大东巴已经少之又少。以丽江的东巴为例，1982 年，东巴的人数为 103 人，到 1997 年仅剩 43 人，减少人数为 70 人。2003 年老东巴人数锐减到 11 人，到 2008 年健在的老东巴不足 4 人②。2009 年 7 月，习阿牛老先生③（国家级非物质文化遗产传承人）的辞世，有人认为已宣告了"东巴文化时代的结束"。

20 世纪 80 年代以来，丽江被列为世界文化遗产地大肆发展旅游后，纳西族的东巴文化最早被搬到旅游舞台，东巴文化的变迁在当下的发展环境中又面临着新的挑战。东巴文化所包括的内容以各种不同的形式在旅游市场中销售，东巴、东巴文、东巴画、东巴经等在舞台上、在纪念品中、

---

① 《云南方志民族民俗资料琐编》，云南民族出版社 1986 年版，第 56 页。

② 《保护民族文化，丽江政府出资东巴传承人》[J/OL]，http://www.softime.cn/fengqing/new/032315.html，2008.3.

③ 习阿牛大东巴生于 1915 年（民国四年），香格里拉县三坝乡东坝纳西阮可人，13 岁开始学习东巴，师从多位大东巴学习东巴经典和仪轨，18 岁能够独立主持仪式，30 岁成为当地著名大东巴。1983 年，参加云南省社科院丽江东巴研究室召开的"东巴、达巴座谈会"，先生的学识、舞蹈为所有与会者所折服，后荣获"云南省高级舞蹈师"称号，2007 年获"中国民间文化杰出传承人"称号。

在景区景点中……出现在丽江的古城里、古城外，成为为游客服务的重要文化表演产品。在旅游开发过程中，旅游企业纷纷注意到了"东巴"二字的经济价值，将其进行旅游商标注册，"东巴"的运用在丽江古城的旅游市场中已经占有一席重要之地，东巴文化成为"丽江最现代、最前沿的民族演艺代表"①。

东巴文化的独特价值日益突出，不仅走在了旅游市场的前列，而且"东巴现象"已经使民族文化的变迁被凸显和展示。特别是20世纪90年代开始，由于对外宣传和旅游经济的影响，许多东巴文化被推入市场，出现了"东巴文化艺术"热。"东巴文化艺术"是"纳西族东巴文化的标记、符号、形象和缩影"②，蕴藏着诸多艺术瑰宝，如象形文字本身就是一种艺术，还有东巴舞蹈、东巴唱腔、东巴绘画等。甚至在非学术领域，"东巴文化"与"纳西文化"之间已经画上了等号，使用的边界模糊，特别是在有关旅游宣传与推介的场合，"东巴文化"已经取代"纳西文化"而成了"纳西文化"的重要表征。东巴文化作为丽江旅游业的一大知名品牌，对推动旅游业的发展有巨大的推动作用，东巴文化的商业化更加剧了东巴文化乃至纳西文化的变迁和变异过程。

"文化"与"旅游"的结合，一直是民族地区重要的旅游经济发展模式，但具体到文化的旅游开发、旅游展演，具体到文化的保护特别是活态保护乃至传承一直是"形"的研究，希望通过对纳西东巴文化的"多点"进行层次性剖析而能有所突破，同时也在"多声"系统下对该案例的历时性探讨能有效促进民族地区健康和可持续的发展。

（二）研究综述

在纳西语和东巴象形文中并没有"文化"一词，也没有"东巴文化"的说法。关于"东巴文化"一词的出现可以追溯到20世纪，具体地说是由和万宝先生等人提出，和志武先生的《纳西东巴文化》一书是对"东巴文化"的专门性研究成果且大大推动了对"东巴文化"的研究。"'东巴文化',一词出现于20世纪80年代初期，是纳西族智者和万宝等人促

---

① 樱花屋・金网站．http://www.sakura.yn.cn/news/20090518/153032.htm. 2009。
② 云南省社会科学院丽江东巴文化研究院：《东巴文化艺术》，云南美术出版社1992年版。

使东巴教向东巴文化转型的标志"①。从东巴教转化为东巴文化,在新时期有了很大的发展空间,这样从哲学、文学到美术、舞蹈和音乐的研究得到了广泛开展。

19世纪中叶后,国外的资料搜集、文献记录和整理研究就开始了对东巴文化保护的关注。1885年,西方的拉卡帕里尔发表了第一篇讨论纳西族象形文字和东巴经的文章,开始了对纳西文化的研究。美国的洛克在长期的调查、记录、摄像和研究工作为西方的纳西学研究奠定了重要的基础。德国的雅纳特,英国的杰克逊以及后来美国的迈克汉、赵省华、海伦等很多学者都有很多研究,主要从宗教、经典、语言学、家庭形态、神话、原始艺术等角度进行,对国内的东巴文化保护和研究产生了深远的影响和意义。

国内对东巴文化的研究主要分为几个阶段:

(1)兴起阶段:20世纪初至"文革"前。20世纪三四十年代以"纳西语言与历史学之父"方国瑜和"么些先生"李霖灿为代表,他们做了大量实地调查和研究工作,著有《纳西象形文字谱》《么些象形文字字典》等重要研究成果。1962年时任丽江县委书记徐振康组织东巴和学者翻译东巴经直至1966年"文化大革命"②,在很大程度上保护了东巴经书。

(2)停滞阶段:"文革"时期。十年"文革"时期,东巴信仰被作为"四旧"受到了重大的打击,东巴文字被作为"牛头马面"、东巴经被焚毁,东巴们也受到迫害,东巴仪式被迫停止,对东巴文化产生了严重的负面影响。

(3)恢复阶段:20世纪80年代初至90年代。1979年,丽江县成立东巴经典翻译小组;1980年6月丽江地区行署成立"东巴经典翻译整理委员会",开始整理、翻译东巴经典。而"'东巴文化'一词出现于20世纪80年代初期,是纳西族智者和万宝等人促使东巴教向东巴文化转型的标志"③。和志武先生的《纳西东巴文化》一书是这个时期研究的重要代表,是对"东巴文化"的专门性研究成果。在和万宝等人倡导下,开始成立专门研究机构。1981年5月,经中共云南省委批准

---

① 郭大烈、杨一红:《纳西族母语和东巴文化传承读本之纳西象形字东巴文》,云南大学出版社2006年版。
② 同上。
③ 同上。

成立"云南省社会科学院东巴文化研究室",开始了大范围地对东巴文化的保护工作,特别抢救、翻译、整理了大量的东巴经籍。1983年,丽江召开东巴、达巴座谈会,有59个东巴出席,正式确认了他们的文化地位。"他们是纳西族的民族知识分子,应肯定他们的社会地位,重视他们的作用。……这次座谈会为开创东巴文化研究的新局而创造了一个良好的条件"。①

1990年"云南省社会科学院东巴文化研究室"更名为东巴文化研究所。1995年,东巴文化博物馆建立东巴文化学校。1997年更名为"云南省东巴文化博物馆",成为市辖的博物馆。经过东巴文化研究院20年艰辛努力,《纳西东巴古籍译注全集》100卷全部出版,2003年被批准列入世界记忆遗产名录,也是中国少数民族的第一项世界记忆遗产。2001年出台了《云南省丽江纳西族自治县东巴文化保护条例》,2006年上升为云南省的地方性法规。2004年东巴文化研究所更名为东巴文化研究院。丽江东巴文化博物馆原属丽江纳西族自治县所辖,是丽江重要的东巴文化研究阵地。

(4)大发展阶段:20世纪90年代末至今。1997年,丽江被列为世界文化遗产并大肆开发旅游后,人们对纳西文化、东巴文化与旅游开发及相关保护问题给予了越来越多的关注和研究。

一方面,有大批本土学者在搜集、整理和研究纳西东巴文化,如和志武关于东巴经、东巴画的整理和研究②等,白庚胜对东巴神话的研究③等,杨德鋆、和发源等人对东巴舞蹈④的研究,木仕华对东巴教的研究⑤等,还有赵世红、和品正⑥等人对东巴艺术的梳理与归纳,等等。

另一方面,各社会主体也参与到对东巴文化的保护与传承中心。1995年,东巴文化博物馆建立东巴文化学校。2007年,丽江正式成立东巴文化研究会。2008年,在丽江市政府的直接领导下,在丽江师专举办了东巴骨干强化培训班,近100位学员参加培训。1998年12月,塔城、鲁

---

① 施之厚:《东巴达巴座谈会在丽江召开》,《云南社会科学》1983年第3期。
② 和志武:《祭风仪式及木牌画谱》,云南人民出版社1992年版。
③ 白庚胜:《东巴神话象征论》,云南人民出版社1998年版;《东巴神话研究》,社会科学文献出版社2002年版。
④ 杨德鋆、和发源、和云彩:《纳西族古代舞蹈和舞谱》,文化艺术出版社1990年版。
⑤ 木仕华:《东巴教与纳西文化》,中央民族大学出版社2002年版。
⑥ 赵世红、和品正:《东巴艺术》,山东美术出版社2009年版。

甸、太安、大东、鸣音、大具等六个乡被列入首批省级东巴文化生态保护区。2009年12月，正式成立东巴文化传承学校，2012年丽江市人民政府在玉龙县鲁甸乡新主村、宝山乡悟母村建立东巴文化、东巴画传承基地。2013年，玉龙县人民政府又批准设立白沙新尚东巴文化保护区。2012年8月，丽江市委市政府召开了东巴文化保护传承考察暨交流研讨活动，政府部门、专家学者、民间人士都积极参与进来。2014年，"文化遗产保护的信息化技术"国际研讨会上的"世界记忆遗产东巴经典传承体系数字化国际共享平台建设研究"项目使东巴文化的保护又有了一个新平台。总的来看，东巴文化保护传承所取得的成效主要包括：建立东巴文化研究机构，抢救、整理、翻译东巴经典；东巴文化学术研究涌现出一批代表性的学者和学术成果；探索东巴文化传承新途径，建立东巴文化的学校传承体系；积极引导民间社会力量，加强对东巴生态文化的保护；广泛开展与国际学术界的合作与交流，提升东巴文化研究水平；制定保护条例，为东巴文化传承提供法律保障[①]。

具体到东巴文化的保护这一问题的研究，又主要侧重以下几方面：①讨论东巴文化的旅游开发与保护现状及措施（郭大烈，2001[②]），重视文化的变迁与传承；②关注保护与开发的互动（李杰，2006[③]），重视各种乡村旅游的形式（林锦屏，2005[④]）与法律保护等有关问题（宋才发，2005[⑤]）；③已意识到旅游开发对传统文化的正负面影响（杨宁宁，2004[⑥]），并从旅游人类学的视角审视族群的认同、涵化、商品化、舞台真实性等问题（赵红梅，2008[⑦]；杨振之，2006[⑧] 等）；④杨福泉

---

① 杨国清：《丽江东巴文化的保护与传承》，《中国社会科学报》2014年7月11日。
② 郭大烈：《纳西族传统文化及其保护》，《云南社会科学》2001年第6期。
③ 李杰：《论东巴文化的保护和开发》，《楚雄师范学院学报》2006年第1期。
④ 林锦屏、周鸿、何云红：《纳西东巴民族文化传统传承与乡村旅游发展研究——以云南丽江三元村乡村旅游开发为例》，《人文地理》2005年第5期。
⑤ 宋才发：《丽江古城的文化景观及法律保护》，《中国民族》2005年第3期。
⑥ 杨宁宁：《论旅游与纳西文化的传承》，《中央民族大学学报》2004年第4期。
⑦ 赵红梅：《旅游情境下的文化展演与族群认同——以丽江白沙乡为例》，博士学位论文，厦门大学，2008年。
⑧ 杨振之：《前台、帷幕、后台——民族文化保护与旅游开发的新模式探索》，《民族研究》2006年第2期。

（2007①）、杨立新（2008②）等人已关注到文化生态或文化生境的问题并有相关论述，但并没有进行深入而系统的研究。⑤田里、光映炯（2015③）则进一步深入地探讨了东巴文化的旅游展演与活态保护的互动及发展路径。但是，由于纳西族群的东巴文化在民间是活态的，东巴文化在旅游场景中也存在很多变量，对活态保护的长效、有效地机制构建仍需进行深入而系统的研究。

需要说明，对于纳西族文化的研究很多，在实际社会生活中有着很大的地域差异性，大概有西部东巴文化区和东部摩梭文化区的两大文化空间层面的差异，前者体现了西部方言区以东巴文化为主要内容的文化形态，后者则更多表现为东部方言区摩梭人的摩梭文化符号并隐形化达巴文化，尤其是在旅游开发之后。

总之，就东巴文化的研究对象而言，关于其活态保护及其与文化生境的关联研究很少，结合旅游场域的小生境对东巴文化的保护，包括旅游开发与活态保护研究得也很少，涉及本研究论题的研究成果更是少之又少，因而本研究具有重要的现实意义和理论价值。通过本研究在整体观视角下对滇川地区纳西东巴文化关于文化与旅游的研究，不仅可以拓展和丰富纳西东巴文化的研究视野，而且在很大程度上可以为纳西东巴文化的现代化发展及旅游可持续发展问题提供重要参考，甚至可以为其他族群文化的旅游开发和文化保护提供重要借鉴。

三 研究框架和研究方法

（一）研究框架

本研究的主要思路是：通过对滇川地区纳西族东巴文化所处的社会文化生境进行考察，以西部东巴文化为主的重要地域云南境内的丽江坝区、

---

① 杨福泉：《少数民族文化保护与传承新论》，《云南社会科学》2007年第6期。
② 杨立新、赵燕强、裴盛基：《纳西族东巴文化与生物多样性保护》，《林业调查规划》2008年第2期。
③ 田里、光映炯：《旅游展演与活态保护的互动及发展路径——以云南纳西族东巴文化为例》，《广东社会科学》2015年第4期。

香格里拉白地与四川境内的盐源县达祖村、木里县俄亚村为主要研究对象，对旅游开发与文化保护现状进行实地调查并在此基础上进行资料整理、分析，将旅游展演与活态保护结合在一起进行互动分析与深入研究，以探求文化的活态保护机制。

第一部分是绪论，介绍本研究的研究背景和研究意义，研究对象研究综述，研究框架和研究方法以及案例点的选择等。

第二部分是理论基础，主要是对与本书相关的主要理论旅游展演及活态保护的研究现状进行综述，并提出本书的研究观点和视角。特别是在对前人研究的综述基础之上对旅游展演进行整理，同时通过对具体案例的调查和分析对旅游展演进行全新的解读，具有理论创新意义。

第三部分是对案例的描述和分析，通过笔者对四个案例点大量的田野调查和资料整理，呈现四个案例点的文化生境和活态文化的层次性，了解东巴文化的现状和保护情况，分析旅游开发和发展脉络、解析旅游展演的本质、特征，特别是在对四个调查点的大量调查资料的收集和整理大大丰富了前人的文字资料，是为一大补充。

第四部分是结合理论和案例实际对旅游展演的类型进行阐释，分析旅游展演与活态保护的互动关系及其互动原因，并在文化生境的现状背景下尝试构建文化的活态保护机制。

第五部分是结论，对本研究的总结，还包括本书研究的普适性意义和后续研究等。

需要补充的是，由于研究是基于对案例的比较研究和层次分析并以此为基础进行提升和总结，所以为了便于呈现案例的完整性和具体问题，在文本的写作中没有采取呈现、分析、提炼并行的做法。虽然各案例都有关联和互动，但也为了便于阅读和理解，而采取了先描述、分析而后归纳、提炼的写作方式。

（二）研究方法

本研究是理论和实证相结合的研究，在文献研究的基础上主要以四个案例点为田野点研究，内容主要由文献研究、实证研究、社会文化背景研究三部分构成，注重历时研究和共时研究，以人类学与管理学为主进行跨学科视角，并涉及社会学、生态学等多学科领域。

1. 注重文献研究和田野调查

从微观的层面来说，将具体的静态研究和动态研究方法结合在一起，既重视文献研究法更注重田野调查研究。文献资料主要有三部分：其一，对纳西族特别是东巴文化的文字资料的内容进行分析，以发掘其背后所反映的社会文化背景；其二，通过收集得到历史资料和统计数据来了解案例点的社区现状和旅游发展情况；其三，将资料在历时研究的基础上同时进行共时对比分析。田野调查主要包括参与观察和深入访谈两种。参与观察可以使调查者直接进入被调查对象的日常生活，使调查者进行较为深入的主位研究，了解到社区的特定文化生活。深入访谈是文化人类学中收集研究资料的重要方法之一，它涉及人的主观世界，可通过深入交流聆听被调查者的表述，同时对某些问题进行深入分析和研究。

2. 历时研究和共时研究相结合

从中观的层面来说，历时研究和共时研究是互为一体的，历时研究可有助于了解文化与旅游的历史，共时研究则可在对比的基础上加深对事物发展规律和特征认识和了解。历时研究主要是对研究案例的纵向研究，即调查地的历史沿革、东巴文化的历史与文化变迁、旅游开发及发展演变；共时研究主要是横向的比较，如地区的文化积累、文化差异、旅游展演及其文化效应等。在"时+空"的研究基础上，形成对文化的整体研究与对现象的系统分析的综合性研究，比较分析和分类归纳是常用的方法。

在此过程中也涉及质性与量化的研究。定性研究是任何研究都必不可少的研究方法，定量研究同样具有重要的意义。定性研究强调随时在场，可以对族群文化进行深描，定量研究是短暂的在场，是对某些数量关系进行分析，都强调客观性但都无可避免会有主观，所以以定性研究为主要方法。

3. 多学科的视角和方法

从学科的角度来说，主要以管理学与人类学的跨学科视角，涉及社会学、生态学等学科领域，并兼有民俗、经济、宗教等领域的相关研究。一方面，管理学是该研究的重要基础和出发点，人类学是该研究的特色和创新；另一方面，若从旅游人类学的研究视角来看，对四个案例点的整体观照和深入比较分析也是对"多点民族志"研究方法的有益尝试。在研究中，还从管理学的角度尝试围绕主要问题进行分析，构建出活态保护与管理机制，使研究结论更有效并为社会进行最大可能的服务。

由于该研究涉及领域广泛，除了对纳西族的特定文化生活进行描述以及对旅游发展进行呈现之外，还涉及其他相关领域及其研究方法。

四 案例点的选择

纳西族分布在滇、川、藏地区，但主要居住在云南省西北地区和四川省西南金沙江上游地带，略以长江第一湾流至东经 100 度处，自北向南，分为东、西两个区域①，其中，尤以丽江境内的纳西族人口为最多。历史上，滇、川一带纳西族的社会交往和文化联系就相当密切，云南丽江的"纳西"、香格里拉三坝乡白地的部分"纳西"、四川木里县俄亚乡的"纳西"都同属于"西部方言区"，有着很深广的历史渊源、文化积累以及社会交往，至今也仍有很多联系，故而现代社会关系与文化交流十分密切。

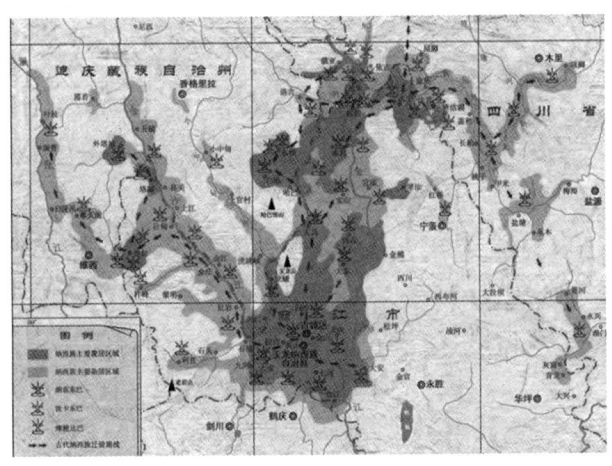

图 1-1 纳西族及东巴文化分布②

除了这种天然的时空特点外，课题所选择的四个田野调查点：云南丽江玉龙县玉水寨、云南香格里拉白地村、四川木里俄亚大村、四川盐源达祖村③，还基于这样的几个原因：

（1）纳西族的"东巴文化"是连接丽江、白地和俄亚等地的重要文化纽带。东巴文化是民间文化中重要的宗教文化，反映了纳西文化的古代

---

① （中国少数民族简史丛书）《纳西族简史》（修订本），民族出版社 2008 年版。
② 《国家博物馆：纳西族东巴文化展》，http：//www.newsmth.net/nForum/#! article/Art/81155，2016 年。
③ 以下为叙述方便，分别简称为玉水寨、白地、俄亚、达祖。

传统文化，在民族史的发展中具有重要地位及意义，至今也都有广泛的社会文化交流和影响。虽然都曾在"文革"期间遭受过重创，但东巴文在旅游场景中的大量运用使得东巴文化逐渐成为纳西文化的重要表征，东巴文化的开发与保护也有不同程度的体现，这些地方再次因此而千丝万缕地勾连在一起产生着各种互动。

（2）这四个地方的纳西文化都与"旅游"密切联系在一起，东巴文化在其中或显或隐。作为旅游目的地其发展可以分为以资源为导向、以产品为导向、以产业为导向、以目的地整体发展为导向等阶段。而这三个不同地点都有不同程度的旅游接待，若从旅游开发的不同程度来说它们处于不同的开发层次。俄亚可看作旅游业发展之前的以资源为核心的发展形式，白地曾以产品为导向但因各种原因现又回到事实上以资源为导向的发展，而丽江是旅游业高度发展的阶段，是旅游目的地整合营销产品的发展形式。特别是丽江在长期旅游开发过程中形成的"丽江模式"对很多民族旅游地区，当然尤其是香格里拉白地、四川俄亚大村等以东巴文化为特色资源的地方都产生极其巨大的影响，只有四川达祖是处于一个特殊的文化"飞地"，旅游开发处于初期阶段且具有一定的"特殊性"。

特别是可以在"看遗产到古城，看风景到玉龙雪山，看纳西文化到玉水寨""不到白地不算真东巴""纳西古城在丽江，纳西古寨在俄亚""一个遗世独立的村落"的不同历史文化景观中透过关联点寻找更深层的差异和互动影响。不仅如此，调查地不同程度上所反映的旅游展演类型和保护形式具有比较性的视角，可以便于更深入地了解东巴文化的现状和特征，使保护机制的构建更具有实践意义。

（3）尤其是丽江旅游业已发展形成了构塑旅游场域的一定规模，并对其他地区的纳西族及其东巴文化都产生了影响，这在当代中国的边缘族群中具有难以企及的代表性和可操作性。2001年8月，联合国教科文组织亚太地区文化遗产管理第五届（丽江）年会上提出了"联合国教科文组织亚太地区可持续性文化旅游发展丽江合作模式"（简称"丽江模式"），它包括政府、企业、当地居民、游客、旅游从业者等各种关系及其相互利益的解决模式①，充分体现了"文化与旅游"相结合发展的开发

---

① 《联合国教科文组织亚太地区文化遗产管理第五届（丽江）年会文化与旅游发展"丽江模式"简介》，《云南日报》2001年12月4日。

思路和操作模式。随着丽江旅游业发展日益规模化,玉水寨景区的发展模式也被作为其中的代表影响深远,"丽江模式"的影响已经超越丽江地区并延伸至尤其滇川地区纳西族的聚居区域及各村寨。

(4)基于本人长期的前期研究基础。对纳西族的关注与调查始于1999年10月第一次作为旅游者的身份进入丽江古城。2000—2003年攻读硕士学位期间、2005—2010年攻读博士学位期间,先后十余次前往田野点进行田野调查。本报告所获资料大多来自2012年7—8月、2013年1—2月、2014年1月、2014年3月、2014年12月、2015年1月、2015年8月、2016年1月、2016年8月等不同时段对丽江、白地、俄亚、达祖的大量实地调查。

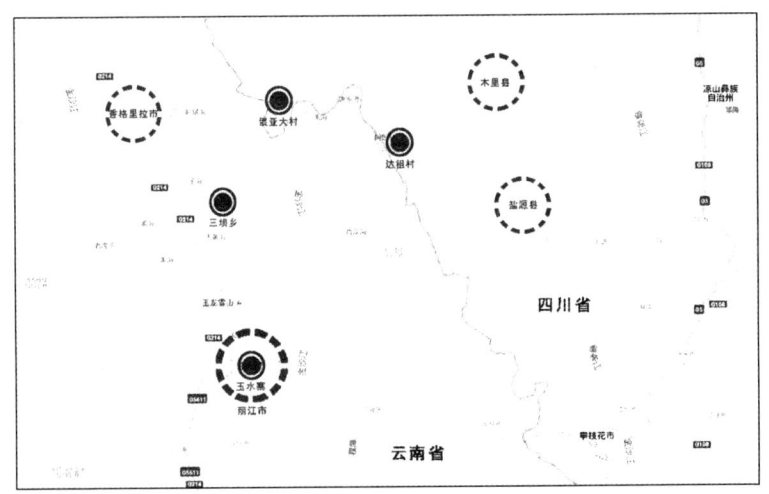

图1-2 滇川地区案例调查点分布及区位示意

说明:实线圈的是具体案例点所在位置,虚线圈的是案例点所属上一级行政经济文化中心。

需要说明的是,四川盐源达祖村属于一个"文化飞地",它既有"西部东巴文化区"的文化特质,也受"东部摩梭文化区"的文化影响,还有旅游文化元素的叠加,有着文化叠压的特质。为了更深入细致地进行层次比较研究,"东部摩梭文化区"的旅游展演及文化保护研究暂不列入研究范围,而有待今后进行深入调查和探讨。

第二章

理论基础

一 人类学视角

(一) 族群、文化、仪式

族群概念及族群理论是当代文化人类学研究的重要论题之一。许多学者指出，部落是一个血缘共同体，民族是政治共同体，族群则是文化共同体。"民族"和"族群"这两个词都源自西方。与"民族"相对的英文词汇有：nation、nationality，意为国家，民族或国民国家。现代意义上的民族概念出现在文艺复兴时期以后，特指在欧洲民族独立运动中新兴的主权实体。具体来说，就是"一个民族，一个国家"。而"ethnic group"——族群中的"ethnic"一词源于希腊语 ethnos，原指部落与种族。15 世纪晚期，ethnic 是野蛮人和异教徒的代名词。现代意义上的族群则出现在 20 世纪 30 年代，被用来描述两个群体及其文化相互接触的结果，或指从小规模群体在向大型社会发展过程中所产生的涵化现象。

第二次世界大战后，"族群"一词的运用更加广泛，其定义更是众说纷纭。比较有代表性的是挪威人类学家弗雷德里克·巴斯认为："族群这个名称在人类学著作中一般理解为用以指（这样）一个群体：A. 生物上具有极强的自我延续性；B. 分享基本的文化价值，实现文化形式上的统一；C. 形成交流和互动的领域；D. 具有自我认同和他人认同的成员资格，以形成一种与其他具有同一秩序的类型不同的类型。"① 他还认为，造成族群最主要的是其"边界"，而非语言、文化、血缘等"内涵"。一

---

① 转引自［挪威］弗雷德里克·巴斯《族群与边界》（序言），高崇译，周大鸣校，李远龙复校，《广西民族学院学报》1999 年第 1 期。

个族群的边界,主要是"社会边界"。① 由于研究视角的差异,学者们对族群的界定也各自有所侧重。或强调族群内部的共同的特征即语言、种族和文化的特征;或强调族群的排他性和归属性如族群的"社会边界"问题;抑或既强调群体的内涵又强调其边界。但这些界定都是一种静态的描述性定义,没有从历史还原的角度来进行分析。事实上,族群既是按照一定文化标记来确定边界的群体,更是一种由历史认知层累而成的范畴:共同的历史渊源、社会记忆和共同的文化特征则是划分族群界限的主要依据。

至于"民族"和"族群"的区别,有许多学者曾有过讨论。如林耀华认为:民族相当于族群 ethnic group,或相当于 nation,汉语中仍译作"民族"。他又进一步指出"族群"(ethnic group)专用于共处于同一社会体系(国家)中,以起源和文化认同为特征的群体,适用范围主要在一国之内;民族(nation)的定义即'民族国家',适用范围主要在各国之内②。纳日碧力戈认为:"从本质上说,'族群'是情感—文化共同体,而'民族'则是情感—政治共同体"③。徐杰舜认为族群与民族的区别是:(1)从性质上看,族群强调的是文化性,而民族强调的是政治性;(2)从社会效果上看,族群显现的是学术性,而民族显现的是法律性;(3)从使用范围上看,族群概念的使用十分宽泛,而民族概念的使用则比较狭小。族群与民族的联系是:族群可能是一个民族,也可能不是一个民族;而民族不仅可以称为族群,还可以包括若干不同的族群。④ 在大多数时候,民族的边界和族群的边界很少能一致。甚而,郝瑞认为民族不能

---

① 在《云五社会科学大辞典》中,族群被认为是"一种社会群体,它在较大的文化和社会体系中因根据一组特质所构成的文化丛(cultural complex)或民族特质(ethnic traits),而具有一种特殊的地位,其所具备的民族特质是由它本身显露的,或者是被认出来的。此类特质呈现出各种不同的现象,因此它所构成的文化丛也是变化多端"。吴泽霖主编的《人类学词典》中,"族群"是这样的:"一个由民族和种族自己集聚而结合在一起的群体。这种结合的界限在其成员中是无意识的承认,而外界则认为它们是同一体。也可能是由于语言、种族或文化的特殊而被原来一向有交往或共处的人群所排挤而聚居。因此,'族群'是一个含义极广的概念,它可用来指社会阶级、都市和工业社会种族群体或少数民族群体,也可以用来区居民中的不同文化的社会集团。族群概念就这样综合了社会标准和文化标准。"此外,还有其他不同的定义。

② 孙九霞:《试论族群与族群认同》,《中山大学学报》(社会科学版)1998年第2期。

③ 纳日碧力戈:《现代背景下的族群建构》,云南教育出版社2000年版,第120页。

④ 徐杰舜:《论族群与民族》,《民族研究》2002年第1期。

转译，并建议在英语中保留中文音译"Minzu"表示法定的 56 个民族。①
郝时远则用图式结构分析了二者及相关概念的联系和区别并认为"种族"
（race）是居于同心圆中的核心圈，向外依次是"民族"（nation）、"族
体"（nationality），最外圈是"族群"（ethnic group），它由语言、宗教、
历史和文化（习俗）等基本要素支撑起一个金字塔状的结构。②

具体说来，共同的历史记忆和遭遇，共同的地域，共同的语言、信
仰、习俗等文化特征既是维系族体向心性的重要边界，又是族群认同的核
心内容。而"没有认同的命运就没有族群"③。认同，在心理学上是指社
会群体成员在认识和感情上的同化过程。族群的认同包括文化认同、社会
认同和民族认同等。它们分别指个人认为自己与所处的特定的社会地位、
文化传统或民族群体的统一。但文化认同是最重要的，任何族群都离不开
文化，都想通过独立的文化符号来表达其不同于他群的文化特质，所以
"文化是维持族群边界的基础"④。

文化的定义很多，最经典的定义是英国人类学之父泰勒于 1871 年在
《原始文化》一书中对文化做出的界定："所谓文化或文明，就其广义人
类学意义上看，是由知识、信念、艺术、伦理、法律、习俗以及作为社会
成员的人所需要的其他能力和习惯所构成的综合体。"从文化的组织结构
来看，可以分为文化质、文化丛、文化系统和文明模式等，从文化的形态
结构来看，族群的文化由物质文化、社会文化、精神文化和语言文化构
成。狭义的文化就指的是其精神文化的部分，在狭义文化范畴中信仰、艺
术等都是重要内容。信仰反映了人类对于自然、社会及个体的精神诉求，
而仪式是表达并实践这些信念的行动。仪式是由文化传统所规定的一整套
行为方式。仪式的功能性体现了内在的宗教信仰，外在的娱乐性则强化了
仪式的表达功能并具有展演性、象征性。

特纳认为仪式的"社会剧"是人类社会的一种重要象征性行为；格
尔茨也指出"作为文化系统中的宗教"是意义之网上的符号文化。后来，
仪式表演特性的阐释空间更加宽广，"表演"理论在美国形成了一个理论

---

① ［美］斯蒂文·郝瑞（Stevan Harrell）：《田野中的族群关系与民族认同——中国西南彝族社区考察研究》，巴莫阿依等译，广西人民出版社 2000 年版，第 23 页。
② 郝时远：《对西方学界有关族群释义的辨析》，《广西民族学院学报》2002 年第 4 期。
③ 纳日碧力戈：《现代背景下的族群建构》，云南教育出版社 2000 年版，第 60 页。
④ 周大鸣：《论族群与族群关系》，《广西民族学院学报》2001 年第 2 期。

学派，从戈夫曼的"社会表演"研究到鲍曼与辛格的"文化表演"，还有现代场景中对各种表演形式的研究。但是，仪式及其象征性行为对现代社会所施加的影响非常隐蔽且很难觉察得到，其功能也会因此而变得相当复杂，宗教表演、文化表演或政治表演等之间很难做出区分，也会有"宗教祭祀表演""旅游展演仪式"等类中介形式①，本研究则重点讨论"旅游展演"这一形式。

（二）旅游展演

"旅游展演"是近年来旅游人类学领域的一个研究新论题。国外的"performance studies"多从人类学、社会学、心理学等角度进行研究，而后在旅游研究领域中得以拓展，这种运用研究始于 20 世纪六七十年代，具体有三种视角。一是把旅游活动作为一种表演性艺术，最早以 Adlor 为代表，他将社会活动归入艺术一类。② 二是研究具有社会学的意义，如 M. Haldrup 和 J. Larson 的《旅游、表演与日常生活》一书将旅游与日常生活相区别，认为旅游是表演性的休闲实践。③ 三是探讨旅游场景中的表演行为和文化展演活动，讨论了舞台真实性（以 MacCannell 为代表）、空间生产与消费、文化商品化和族群认同、旅游移动性与身体体验等内容。杰茜卡·安德森·特纳认为"旅游景点中的文化表演"是非常复杂的，地方和国家对于空间、记忆、认同的观念在同时展演④；Tim Edensor 认为旅游服务中的表演行为具有三个特点：时空尺度、社会及空间规律和旅游者表演，⑤ 旅游者也是其中的表演者。Fiona Jordan 认为旅游的生产消费是对体验的生产，表演会根据体验的时间、地点和状态而发生变化，旅游者表

---

① 光映炯、黄静华、光映霞：《旅游展演、行为实践和社会交流——以丽江玉水寨"东巴法会"为例》，《广西民族研究》2014 年第 4 期。

② ［加拿大］艾德勒：《旅游是一种表演性艺术》，谈谷铮译，《现代外国哲学社会科学文摘》1990 年第 5 期。

③ M. Haldrup & J. Larson, Tourism, Performance and theEveryday, Routledge, 2009.

④ 杰茜卡·安德森·特纳：《旅游景点的文化表演之研究》，杨利慧译，《民族艺术》2004 年第 1 期。

⑤ Tim Edensor, Staging Tourism: Tourists as Performers, *Annals of Tourism Research*, Vol. 27, No. 2, pp. 322-344, 2000.

演具有时间性、空间性和社会性的特质①。Carla Barbieri 和 Edward Mahoney 讨论了活态表演艺术与文化旅游行为之间的关系②。朱煜杰对仪式表演的真实性进行了讨论③,并指出文化表演是旅游行为的重要形态及文化资本的主要表现,在主客互动关系中发挥着促进主客交流、再现当地文化、定义东道主身份的多重功用④,等等。

国内的研究在对西方理论的译介过程中特别是近十年里获得了长足发展,但多是对国外相关理论的译介及对个案的实证分析和研究等,研究集中在舞台真实性、文化变迁与保护、符号化生产、社会记忆、族群认同等内容,多关注仪式展演和艺术展演两大领域,在语用和内涵等方面也有不同的认识和理解。通过对国内相关研究文章的搜集、整理和分析,关于旅游场景中"展演"的研究涉足领域宽泛且与"旅游展演"的相关语汇在研究中多有交叉与重叠。研究主要集中表现在以下几个维度。

1. 文化人类学基础之上的"文化表演""文化展演"

"Cultural performance",被译为"文化表演"或"文化展演",概念的产生及其内涵是基于长期以来西方文化人类学领域对仪式的重视和研究。仪式研究中强调仪式是按计划进行的或即兴创作的一种表演如仪式、节日、戏剧等⑤,且主要受法国社会学家涂尔干的"将仪式看作社会关系的扮演或戏剧性表现"的思想影响,包含着仪式的诸多内涵与功能⑥。之后,表演理论学派在仪式研究中占有重要位置。"文化表演"是特别值得关注的一个视角,欧文·戈夫曼认为日常生活是"社会表演",该研究拓展了"展演"的内涵,格尔兹把文化看作表演性文件(acted document),他还指出宗教表演、文化表演或政治表演等之间很

---

① Fiona Jordan, Performing Tourism: Exploring the Productive Consumption of Tourism in Enclavic Spaces, *International Journal Of Tourism Research*, 10, 293 – 304, 2008。

② Carla Barbieri1, & Edward Mahoney, Cultural Tourism Behaviour and Preferences among the Live-performing Arts Audience: an Application of the Univorous – Omnivorous Framework, *International Journal of Tourism Research*, 12, 481 – 496, 2010。

③ Yujie Zhu, Performing Heritage: Rethinking Authenticity in Tourism, *Annals of Tourism Research*, Vol. 39, No. 3, pp. 1495 – 1513, 2012。

④ 朱煜杰:《旅游中的多重凝视:从静止到游动》,《旅游学刊》2012 年第 11 期。

⑤ 彭文斌、郭建勋:《人类学仪式研究的理论学派述论》,《民族学刊》2010 年第 2 期。

⑥ 王静:《人类学视野中的"仪式"与"文化展演"》,《盐城师范学院学报》(人文社会科学版)2009 年第 6 期。

难做出区分①,密尔顿·辛格最早提出了"文化展演",维克多·特纳的"展演人类学"研究②,理查·谢克纳的五种表演类型(审美表演、社会表演、大众表演、仪式表演、游戏表演)等,形成了文化人类学领域中的表演研究。对表演的观点主要有两种:一是把表演看成一种特殊的、艺术的交流方式;二是把表演看成一种特殊的显著的事件。③ 民俗学家理查德·鲍曼则认为表演是一种交流的行为事件并指出其具有诸多特点如时空性、规划性、公共性、异质性、升华人的情感等④。

"文化表演"及其内容在现代场景中的运用日益宽泛,涉及节庆仪式、服饰、饮食、信仰、语言、婚礼、民族歌舞⑤等。徐赣丽认为文化表演是在特定的时空背景下借助有关的手段展示文化主体的才艺、形象,传达某种信息,它专指民俗旅游中的文化表演⑥,廖扬认为民族民俗旅游要有效地维系其时空维度和文化场域,就会朝着自然变迁方向发展⑦,潘峰借"空间三维说"以民俗村和博物馆为例对文化展演进行了深入分析⑧,等等。表演理论的研究逐渐得以延伸,文化展演的阐释空间也越来越广。

2. 艺术人类学关照下的"艺术展演""展演艺术"

仪式展演的形态有很多种如戏剧、祭祀、庆典等,仪式研究对"戏剧说"产生了巨大的影响。另外,艺术起源理论中的"巫术说"及对艺术的社会视角观照在理解艺术进程中也起到了重要作用。随着研究的深入,对仪式的呈现从艺术人类学角度研究更多样化、具体化。何明、洪颖

---

① [美] 克利福德·格尔兹:《文化的解释》,纳日碧力戈等译,王铭铭校,上海人民出版社1999年版。

② 李明宗:《宗教观光:朝圣与文化展演》,(台湾)《身体文化学报》(第一辑),2005年12月。

③ [美] 理查德·鲍曼:《美国民俗学和人类学领域中的"表演"观》,杨利慧译,《民族文学研究》2005年第3期。

④ [美] 理查德·鲍曼:《作为表演的口头艺术》,杨利慧、安德明译,广西师范大学出版社2008年版。

⑤ 王俊鸿:《文化展演视角下少数民族移民节日文化变迁研究——以汶川地震异地安置羌族搬迁前后的羌历年庆祝活动为例》,《贵州民族研究》2012年第3期。

⑥ 徐赣丽:《民俗旅游的表演化倾向及其影响》,《民俗研究》2006年第3期。

⑦ 廖扬、蒙丽:《民族民俗旅游的时空维度与文化场域》,《广西民族研究》2011年第4期。

⑧ 潘峰:《"同根同源"的文化展演——以台湾民俗村和中国闽台缘博物馆为例》,博士学位论文,中央民族大学,2008年。

认为艺术的表现形式有日常生活化的、仪式中的、为展演的三种存在状态①，并强调"行为"的重要性②。吴晓认为民间艺术旅游展演是一种旅游景观，具有审美文本和社会文本的多重意义，③还对民间艺术审美主体的复杂性进行了分析④，对其消费特点和文化阐释展开了讨论⑤，同时明确指出民间艺术旅游展演已形成具有范式意义的研究视角和相关问题意识⑥。魏美仙也指出在各种地方性旅游中"旅游展演艺术"被作为旅游地文化展演的主要类别而呈现⑦。也有认为"艺术展演"与"文化展演"相类似，是现代社会对传统（特别是其中的民间艺术类）的一种文化呈现和展示，有时是表演⑧。

3. 旅游人类学中的"旅游展演""旅游展演仪式"讨论

"表演"这一研究范式已从"诗学"到"戏剧"到"文化展演"到"社会结构"，再到旅游观光中的所谓"真实性"讨论等错综复杂的情状⑨。目前，很多学者（如陈亚肇，2006⑩；黄丽娟，2008⑪；郭文，2008⑫等）都认为"旅游展演"已是一种新的研究视角，如黄丽娟认为"旅游展演"是在理查德·鲍曼的表演理论基础上借鉴"艺术表演"和

---

① 何明、洪颖：《回到生活：关于艺术人类学学科发展问题的反思》，《文学评论》2006年第1期。

② 洪颖：《行为：艺术人类学研究的可能方法维度》，《艺术探索》2007年第1期。

③ 吴晓：《艺术人类学视域中的民间艺术旅游展演》，《内蒙古社会科学》2011年第1期。

④ 吴晓：《旅游展演与民间艺术审美主体复杂性——湘西德夯苗寨的个案分析》，《青海民族大学学报》2010年第1期。

⑤ 吴晓：《旅游景观展演与民间艺术的消费——湘西德夯个案的文化阐释》，《文艺争鸣》2010年第12期。

⑥ 吴晓：《民间艺术旅游展演的研究视角与问题意识》，《兰州学刊》2010年第6期。

⑦ 魏美仙：《旅游展演艺术研究述评》，《学术探索》2009年第1期。

⑧ 黄龙光：《民间仪式、艺术展演与民俗传承——峨山彝族花鼓舞田野调查研究》，博士学位论文，中央民族大学，2009年。

⑨ 彭兆荣：《人类学仪式的理论与实践》，民族出版社2007年版。

⑩ 陈亚肇：《西双版纳傣族文化的旅游展演与重构特征》，《中国地理学会2006年学术年会》。

⑪ 黄丽娟：《从旅游展演视角看民俗文化生态旅游中的文化保护与传承——以贵州天龙屯堡古镇为例》，《商情》2008年第13期。

⑫ 郭文：《受访游客参与影视旅游展演意愿倾向研究及启示——基于对无锡唐城、三国城、水浒城游客的调查》，《旅学刊》2008年第10期。

"舞台真实"的理论与方法去研究旅游目的地、旅游产品、旅游者与当地居民等。学者们对此论题进行了大量研究,赵红梅分析了旅游情景下的文化展演与族群认同①;郭文从游客的角度对"影视旅游展演"的参与性进行了讨论②;陈素华、杨殿斛阐释了"旅游仪式展演"中的歌舞展演与阈限体验的关系③;李春霞指出仪式的三种旅游开发形式:开放型、表演型和发明型④;张晓萍、刘德鹏对"旅游仪式展演"的市场化运作与旅游化生存展开了讨论⑤;杨柳对"旅游展演仪式"⑥的展演机制进行了深入分析;马凌认为"泼水节"节庆旅游中的阈限体验⑦体现了多重功能及意义;阳宁东、杨振之借用"第三空间"的理论通过案例对文化表演的生成特征、功能价值和属性定位进行了分析⑧;唐欢认为乡村仪式展演是民族旅游蓬勃发展的产物⑨,等等。

在语用和概念使用中出现了多种语汇如"旅游展演""旅游表演""文化表演"或"旅游仪式展演""旅游展演仪式""旅游文化展演"⑩

---

① 赵红梅:《旅游情景下的文化展演与族群认同》,博士学位论文,厦门大学,2008年厦门大学。

② 郭文:《受访游客参与影视旅游展演意愿倾向研究及启示——基于对无锡唐城、三国城、水浒城游客的调查》,《旅游学刊》2008年第10期。

③ 陈素华、杨殿斛:《旅游仪式展演中的"非物质文化遗产保护"——人类学视野中的黔东南郎德苗寨民族歌舞传承》,《黔南民族师范学院学报》2009年第5期。

④ 李春霞、彭兆荣:《彝族"都则"(火把节)的仪式性与旅游开发》,《旅游学刊》2009年第4期。

⑤ 张晓萍,刘德鹏:《民族旅游仪式展演及其市场化运作的思考——以云南德宏景颇族"目瑙纵歌"节为例》,《旅游研究》2010年第2期;刘德鹏:《基于仪式展演理论的景颇族"目脑纵歌"旅游化探析》,《云南地理环境研究》2010年第6期。

⑥ 杨柳:《民族旅游发展中的展演机制研究——以贵州西江千户苗寨为例》,《湖北民族学院学报》2010年第4期。

⑦ 马凌:《节庆旅游中的阈限体验:日常世界与旅游世界——以西双版纳傣族泼水节为例》,《学术研究》2010年第11期。

⑧ 阳宁东、杨振之:《第三空间:旅游凝视下文化表演的意义重解——以九寨沟藏羌歌舞表演〈高原红〉为例》,《四川师范大学学报》2014年第1期。

⑨ 唐欢:《旅游情境下的乡村仪式展演与文化变迁》,《乐山师范学院学报》2014年第5期。

⑩ 雷晴岚:《论三宝千户侗寨的旅游文化展演方式》,《丝绸之路》2012年第14期。

"宗教祭祀表演"①"仪式性表演"② 等，讨论大多围绕案例展开，而旅游场景中的文化表演已被赋予新语境和新内涵，急需得到深入研究。

4. 人类表演学视角下的"旅游表演（学）"

对"旅游表演"较为系统的研究主要以朱江勇及其提出的"旅游表演学"③ 为代表，他对"旅游表演"进行了广义和狭义的界定并提出构建人类表演学理论基础上的新学科："旅游表演学"。人类表演学，即广义的表演即包括日常生活中的表演或把旅游活动看作一种表演的艺术。④ 他对旅游表演的内涵、内容和实践进行了阐释，认为旅游表演学就是把旅游活动作为人类活动的一部分并当作人类表演学中的"表演"来研究的一门学科，其研究对象既包括旅游活动中戏剧影视的表演即狭义上的表演；也包括旅游活动中人的一切行为以及由此带来的人们已经关注到的旅游真实性、文化商品化、传统保护、旅游体验等诸多问题的广义上的表演⑤。近来，他还选取服务性的旅游展演空间、作为景区景点的展演空间、虚拟旅游中的"虚拟空间"和后旅游体验行为的"博客舞台"为对象，以旅游表演学理论阐释了旅游展演空间中体现的"舞台互动"。⑥

5. 近于表演艺术的"旅游演艺""旅游演出"

旅游景区的"文艺表演"属于旅游娱乐业，在景区旅游中发挥着越来越重要的作用。⑦ 相比之下，"旅游演艺"的研究要更多。"旅游演艺"又称为"旅游演出""旅游表演"，但近年来较为约定俗成的称谓是"旅

---

① 荣莉：《旅游场域中的现代表演性——云南省邱北县仙人洞村旅游表演的分析》，《云南社会科学》2007 年第 5 期。

② 郭琼珠：《民间信仰仪式性表演体育类民俗体育探析》，《武汉体育学院学报》2009 年第 6 期。

③ 朱江勇：《旅游表演学：理论基础、内涵与内容及其实践》，《河北旅游职业学院学报》2009 年第 4 期。

④ 朱江勇、覃庆辉：《论人类表演学理论在旅游研究中的运用》，《旅游论坛》2009 年第 6 期。

⑤ 朱江勇：《旅游表演学：理论基础、内涵与内容及其实践》，《河北旅游职业学院学报》2009 年第 4 期。

⑥ 朱江勇：《"舞台互动"：旅游表演学视域下的旅游展演空间》，《旅游论坛》2014 年第 2 期。

⑦ 曾亚玲、李娌：《旅游景区文艺表演的文化内涵和商业化运作》，《长春大学学报》2001 年第 6 期。

游演艺"。虽然目前学界对旅游演艺产品的界定并无统一的认识,但较为一致的看法就是旅游演艺是一种新的演艺形态,旅游演艺产品是一种新的演艺产品。这种维度的研究大部分近于表演艺术的视角,但也有些观点接近于文化展演或旅游展演的含义,如李蕾蕾认为它以旅游体验为主要来源,是以吸引游客观看和参与为意图,在主题公园和旅游景区现场上演的各种表演、节目、仪式、观赏性活动等统称为"旅游表演"[①];"旅游演出"在一定的程度上使旅游资源更具有一种社会意义[②]。此外,学者们还对"旅游演艺"的内涵、类型、舞台真实性、资本运作、营销理念和文化产业生产模式等问题进行了研究。旅游演艺产品及市场改变了过去的消费体验旧模式形成了新的景观。

不同的认识和理解视野可以有助于对这一概念的理解,而"旅游展演"已是"东道主与游客"进行跨文化了解和社会交流的主要舞台,具有重要的社会现实意义和范式研究意义。

基于前述整理和分析认为旅游场景中的文化表演以"旅游展演"称之更为恰当贴切。原因有四:

(1) 理论的积累及提炼与中国旅游业发展实际和旅游市场中展演产品的丰富是分不开的,研究现状表明急需对此现象进行理论上的深化讨论和研究。

(2) 研究主要基于文化人类学的学理基础和理论支撑。虽然学界对"Performance"从不同理论维度有不同的认识与表达,但都离不开文化人类学的背景基础。其次,西方并没有专门词汇表示"旅游展演",常用的有"cultural performance""performing tourism""tourist performance"或"tourism performance"等,不同的理解都是置于"旅游"的巨大叙事系统之中,在国内的研究基础上必然要对此概念进行统一化认识和本土化研究。

(3) 从其实质和功能来讲,有"展示"和"表演"等多种形式和跨文化意义。文化展示从 18 世纪始就作为公共物出现在旅游空间特别是艺

---

① 李蕾蕾、张晗、卢嘉杰、文俊、王玺瑞:《旅游表演的文化产业生产模式:深圳华侨城主题公园个案研究》,《旅游科学》2005 年第 6 期。

② 吴长亮、沈治乾:《关于旅游演出兴起的社会意义探讨》,《决策探索》2007 年第 6 期。

术或文化的展示①。人类学视野下"呈现"的是文化展演的元逻辑②,"旅游展演艺术"也主要行使文化展示和交流而不仅是艺术表演的观赏。其次,兼顾了静态"展示"与动态"表演"的"展演"复合型状态。

(4)从概念的外延上来看,不同于戏剧学、艺术学领域中的"表演"或"文娱表演",也区别于"日常生活中的表演"或泛化的解读。"旅游展演"一词既涵盖了展示、展览和表演的多元呈现方式也体现了新理论及概念的独特性。

旅游展演含义的界定,首先离不开旅游的发展与积累。若从这四个案例来看,可依据旅游业开发的不同层次及不同的空间形式而呈现出不同的类型,也有广义和狭义之分,广义的旅游展演主要指旅游目的地在特定的空间中为游客提供的文化观赏、参与和体验的展演实践。狭义的旅游展演主要是指旅游场域中借助特殊的时空舞台为游客提供的一种文化表演产品。旅游展演空间的建构、仪式的身体实践等展演活动使文化的传统空间得以拓展、文化的活态性得以体现。所以,本研究将主要集中于对广义的旅游展演形态的探讨,而不是接近于舞台艺术的旅游演艺产品。

不同旅游目的地的展演是不同的,由于旅游开发的程度影响着旅游展演的层次和内容,根据旅游目的地的开发程度与发展的不同,将旅游展演分为景区型旅游展演、半景区型旅游展演以及乡村式的③旅游展演。与此同时,也希望通过对不同案例的具体分析和研究对旅游展演进行更深层的解读和阐释并回答旅游展演的本质。

(三) 活态保护

"保护",是尽力照顾某一事物并使其免受损害。在以文化为对象的领域中,"保护"具有丰富的理论和实践意义。

西方的保护活动可追溯到 18 世纪,最早发生在艺术学的领域。④ 对

---

① [英] 贝拉·迪克斯:《被展示的文化:当代"可参观性"的生产》,北京大学出版社 2007 年版。

② 王静:《人类学视野中的"仪式"与"文化展演"》,《盐城师范学院学报》(人文社会科学版) 2009 年第 6 期。

③ 杨桂华:《旅游景区管理》,科学出版社 2014 年版。

④ [西班牙] 萨尔瓦多·穆尼奥斯·比尼亚斯:《当代保护理论》,张鹏、张怡欣、吴霄婧译,同济大学出版社 2012 年版,第 23 页。

保护的理解有很多词汇与之相关联：保存、修复、复兴、利用、再造、传承……所以，保护是有层次性的，保存是基本的狭义的层次，广义的保护则是一个多义的概念和多元的实践。科学的保护是在考古学、历史学等学科的支撑下实现的，所以保护的对象日益广泛从艺术品、文物继而发展到遗产等，保护的目的最初是维持其"真实性"。大致在19世纪中后叶，逐渐发展出了文化遗产保护理论，并陆续颁布了近百份国际性文件。① 特别是1972年，联合国教科文组织《保护世界自然和文化遗产公约》中正式提出了"文化遗产"的概念。随着保护理论和保护运动的发展，特别是世界范围内对保护的认识，"保护"研究也进一步得到拓展，保护空间由点到线到面，保护类型不断丰富，保护目的不再为了"对象"而是为了"意义"，保护关注点逐渐由主观特征的保护观取代了客观性的保护②。

我国从20世纪50年代就开始了相关的文化保护工作，首先是进行了持续20多年的社会大调查，对少数民族的社会状况、宗教、文化、语言文字、民间文艺等内容进行了大量的普查、抢救、整理、记录等保护工作。20世纪70年代前后，在全国局势仍处于"文革"后的混乱情况下，文物保护工作开始逐步恢复并取得了一些重大进展。③ 1973年2月国务院成立国家文物事业管理局，极大地促进了文物保护工作的尽快恢复并颁布了一系列政策从多方面重新规范文物秩序，恢复和开展文物保护管理工作。之后，以故宫为代表的博物馆工作也逐渐恢复。1978年改革开放以后，特别是在现代化与全球化的进程中对文化保护工作越来越重视，对文化保护的研究也不断深入。20年代80年代末特别是90年代以后掀起了中国一股"申遗"的热潮，同时也兴起了对"申遗热"的冷思考和对遗产保护的热烈讨论和研究。④

---

① 吴铮争、刘军民：《百年来世界文化遗产保护理论体系的形成与发展》，《西北大学学报》2013年第9期。

② ［西班牙］萨尔瓦多·穆尼奥斯·比尼亚斯：《当代保护理论》，张鹏、张怡欣、吴霄婧译，同济大学出版社2012年版，第129页。

③ 刘建美：《20世纪70年代前后中国文物保护工作述略》，http://www.iccs.cn/contents/610/14308.html，2016年。

④ 梁正海：《中国文化遗产保护理论与实践研究述评》，《贵州师范大学学报》2009年第6期。

一方面，我国国家和地方政府进行了各种各样的保护工作。2003年的"中国民族民间文化保护工程"开始了对非遗的真正意义上的全面整体性工作①。2005年，国务院相继发布了《国务院关于加强我国非物质文化遗产保护工作的意见》《国务院关于加强文化遗产保护工作的通知》，还决定从2006年起每年六月的第二个星期六为中国的"文化遗产日"；提出了物质文化遗产保护要贯彻"保护为主、抢救第一、合理利用、加强管理"的方针；非物质文化遗产保护要贯彻"保护为主、抢救第一、合理利用、传承发展"的方针。2006年发布《国家级非物质文化遗产保护与管理暂行办法》；2007年发布《关于进一步加强古籍保护工作的意见》；2010年国家文化部发布了《文化部关于加强非物质文化遗产生产性保护的指导意见》；2011年又出台《非物质文化遗产法》；2012年出台《文化部关于加强国家级文化生态保护区建设的指导意见》；2013年出台《文化部办公厅关于开展国家级非物质文化遗产生产性保护示范基地建设的通知》等。近年来，还采取了抢救性保护、生产性保护、文化生态整体性保护等多项举措。

另一方面，学术界对遗产保护和文化保护理论的讨论话题相当广泛。研究内容和发展趋势主要反映在以下几方面：

（1）研究领域不断拓展。1994年到2004年，中国文化遗产保护利用的研究主要包括从国外经验借鉴研究价值功能等基础性研究、城市发展和文化遗产保护研究、旅游发展和文化遗产保护研究等七个方面②。2004年到2008年，对非物质文化遗产的讨论比较热烈，主要集中在从国外保护非物质文化遗产的借鉴研究、非物质文化遗产基础理论研究、非物质文化遗产与地区旅游结合研究、非物质文化遗产与旅游开发研究、非物质文化遗产民俗旅游研究、非物质文化遗产资源产品化个案研究等③。近年来，研究已呈现出跨学科的视野和研究方法，如民俗学、文化生态学、人类学、社会学、建筑学等。

（2）保护对象的转向。从早期的文物保护扩展到环境保护、城市保

---

① 徐智波：《非遗传承人档案工作机制亟待构建》，http://www.danganj.net/bbs/viewthread.php?tid=51829，2016年。

② 杨丽霞、喻学才：《中国文化遗产保护利用研究综述》，《旅游学刊》2004年第4期。

③ 别金花、梁保尔：《中国非物质文化遗产保护利用研究综述》，《旅游论坛》2008年第6期。

护（历史文化名城）、民间文化保护、古籍保护、乡村保护、生态保护等，特别是文化遗产保护和非遗的保护占据了重要地位。

（3）对保护手段、保护方式和保护主体的系统探讨。白庚胜对非遗的保护方式、保护手段和保护主体等作了较为全面系统的论述，认为保护方式有静态保护、博物馆式保护、活态性保护和命名式保护；保护手段包括国际保护、国家保护、民间保护、教育保护、产业保护和学术保护[①]；而保护主体包括学者、官员、法官、文艺工作者等，已从文化人、文化单位扩大为包括社会各阶层的一个"联合体"。

（4）对保护机制的讨论。一般认为遗产保护的基本原则有整体性原则、完整性原则、独特性原则、可持续发展原则等；对保护的机制等问题也进行了多方位的讨论，如法律制度、行政制度等。但是，从管理学等跨学科角度对保护机制研究还很少。

（5）保护理论研究的深化。对文化保护的观念也逐渐转变并进一步从"静态"走向"活态"[②]。对遗产特别是非遗的"活态性"有较多的认识与认定；也对"保护"与"传承"的二元关系进行了深入的讨论，甚至有认为保护的核心就是传承[③]；文化的活态、生态、动态保护三层次[④]；或者物、载体、人、生存空间四者的有机保护整体[⑤]等。从上述的研究内容可以看到国内对保护理论的讨论涵盖了理论和实践的诸多方面。

（6）"活态保护"的集中讨论。"活态保护"是与"静态保护"相对应的一个概念。不论是文化还是文化"遗产"；不论是物质文化遗产还是非物质文化遗产，文化的活态性存在与活态保护等问题都是其中的核心问题之一，讨论很多，但对人和活态性的保护也很难。

随着保护理论研究的深入，对文化保护的观念也逐渐转变并进一步从"静态"走向"活态"。有大量学者都认为"活态保护"在非物质文化遗

---

① 白庚胜：《文化遗产保护诠说》，宁夏人民出版社2010年版。
② 蒲娇：《从"活态保护论"非物质文化遗产观的转变》，硕士学位论文，天津大学，2011年。
③ 余继平：《基于传承人本体视角的非物质文化遗产活态传承初探以武陵民族地区为例》，《哈尔滨师范大学艺术学院学报》2012年第2期。
④ 罗新民：《当代中国非物质文化遗产的"活态、生态、动态"保护与发展——以贵州省为例》，《艺术百家》2012年第2期。
⑤ 赵心愚等：《西南民族地区面具文化与保护利用研究》，民族出版社2012年版，第252页。

产保护过程中具有极其重要的作用和意义,是非物质文化遗产保护的"根本途径"。但是,文化所处的生态环境已发生变迁,再有现代化、旅游开发、文化产业等外部因素的刺激和影响使得活态保护变得尤为复杂。

在本研究中,"活态保护"首先是与"静态保护"相对应的一个概念。其次,"活态保护"是与日常生活联系在一起的,也就是要让此种文化成为特定民族特定地区大众生活的一部分①,应重视文化生态系统的整体性环境。再有,对"活态保护"中保护内涵的理解应是对物、载体、人、生存空间四者的有机保护整体②。而且,"保护"本身包含"保护"与"传承"的二元关系,保护的核心就是传承③。此外,"活态保护"与"生产性保护"是有明显区别的。生产性保护强调的是传统工艺的生产力,而活态保护强调的是传统工艺的生命力;前者注重经济价值,而后者还会关注其文化价值、社会价值甚至民族情感价值④。总之,对活态保护的研究日益清晰凸显并成为文化保护理论领域中的重要内容⑤。

二 管理学视角

在此研究中主要指涉的是旅游管理专业的相关理论。

(一) 景区管理

旅游景区,是指以其特有的旅游特色和价值吸引旅游者前来,通过提供相应的旅游设施和服务,满足其观光游览、休闲娱乐、度假康体、科考探险、教育和特殊旅游需求,有专门的旅游经营管理的旅游管理地域综

---

① 杨静:《关于非物质文化遗产活态保护的思考——兼谈对原生态的看法》,《美与时代》2011年第12期。

② 赵心愚:《西南民族地区面具文化与保护利用研究》,民族出版社2012版。

③ 余继平:《基于传承人本体视角的非物质文化遗产活态传承初探以武陵民族地区为例》,《哈尔滨师范大学艺术学院学报》2012年第2期。

④ 郑颖捷:《法律视野下的少数民族传统工艺活态保护初探》,《北方民族大学学报》2010年4期。

⑤ 田里、光映炯:《旅游展演与活态保护的互动与发展路径——以云南纳西族东巴文化为例》,《广东社会科学》2015年5期。

合体。①

旅游景区作为一个空间地域实体，其旅游价值和成因既有自然的，也有文化的；既有原生的，也有再生的。旅游景区的类型划分依据不同而形成不同的分类系统，可以根据资源属性分类，也可根据功能进行分类，也可根据开发特征进行分类，也可以依据景区管理的主体进行分类，还可根据地域规模进行分类。对于本研究中的四个案例而言，是属于人文型的旅游资源，具有旅游吸引物的共同性，都是能激发导致旅游者兴趣的事物。但是，它们的不同之处是，可以参照旅游资源的开发程度不同而分为完全开放的旅游景区、部分开发的旅游景区、待开发的旅游景区和正在开发的旅游景区。同时，结合其东巴文化的展演现状而相应地分为景区型、半景区型、非景区型等不同类型。

根据《风景名胜区管理暂行条例》规定，中华人民共和国城乡建设环境保护部主管全国风景名胜区工作，地方各级人民政府城乡建设部门主管本地区的风景名胜区。风景名胜区的管理主体涉及的部门也很多，旅游部门、风景管理局、文物局、林业部、宗教部门、地方政府等政府组织机构。如丽江玉水寨是地方民族人士开发的知名民族文化产业，其管理主要由企业进行运作，并受上述相关部门的管理。

除了旅游景区之外，依托乡村的载体发展起来的乡村旅游是一种特殊的旅游景区。乡村旅游主要指在乡村地区，以具有乡村性的自然和人文客体为旅游吸引物的旅游活动，其概念包含了两个方面：一是发生在乡村地区，二是以乡村性作为旅游吸引物，二者缺一不可。发展乡村旅游业涉及诸多问题，如乡村旅游与其他旅游形式的结合，乡村旅游开发与文化保护的问题，乡村旅游与农村扶贫的问题，乡村旅游与社会主义新农村建设、乡村旅游发展中的权益分配与产权归属等，而本研究主要涉及的是乡村旅游中的文化保护问题。同样，乡村旅游发展中也涉及政府、企业、村委会、当地村民、旅游者等多种社会行动者，其开发、经营、管理的模式又各不相同，所以还要对具体问题进行具体分析。

（二）品牌管理

品牌管理，是指针对企业产品和服务的品牌，综合地运用企业资源，

---

① 杨桂华：《旅游景区管理》，科学出版社2014年版。

通过计划、组织、实施、控制来实现企业品牌战略目标的经营管理过程。按照奥美的定义，品牌是一种错综复杂的象征。它是品牌属性、名称、包装、价格、历史、信誉、广告方式的无形总称。品牌同时也是消费者对其使用者的印象，以其自身的经验而有所界定。产品是工厂生产的东西；品牌是消费者所购买的东西。产品可以被竞争者模仿，但品牌则是独一无二的，产品极易迅速过时落伍，但成功的品牌却能持久，品牌的价值将长期影响企业。[①]

随着时代的发展变化、市场的发展变化以及消费者需求的变化，企业对成果品牌的追求也成为企业长久生产力和核心竞争力的重要需要。但是，要创建一个强大的品牌需要有品牌战略、品牌资产、品牌识别系统及品牌延伸等过程，而且品牌形成容易，其维持是个很艰难的过程。没有很好的品牌战略，品牌是无法成长的。因此，要科学地管理品牌也需要培育保护品牌，维护其品牌效应，品牌的维持是品牌管理的重点。此外，除了消费者的支持外，来自政府、媒体、专家、权威人士及经销商等的支持也是同样重要。因此，品牌管理的价值法则就是最优化的产品、最优化的管理和亲密的经营者—消费者关系。

（三）管理机制

管理，是指管理主体组织并利用其各个要素，如人、财、物、信息和时空，借助特定的管理手段以完成该组织目标的过程。管理的主体是一个组织，这个组织可能是国家，可以是一个单位；也可能是一个正式组织或非正式组织。就本研究所涉及的主体而言，有企业式的管理，有文化团体的管理，也有社区族群主体的自我管理。当然，由于旅游开发中所涉及的社会行动者很多，也还有合力型的管理方式。

"机制"一词最早源于希腊文。原指机器的构造和动作原理，具体指有机体的构造、功能及其相互关系。把机制的本义引申到不同的领域，就产生了不同的机制。引申在生物领域产生了生物机制，引申到社会领域就产生了社会机制，引申到经济领域产生了经济机制，引申到管理领域产生了管理机制，引申到文化领域也产生了文化机制。在经济机制中，强调的是一定经济机体内各构成要素之间相互联系和作用的关系及其功能。而管

---

① 王海忠：《品牌管理》，清华大学出版社 2014 年版。

理机制，则是以管理结构为基础和载体，它本质上是管理系统的内在联系、功能及运行原理，对一般管理系统而言，它主要包括运行机制、动力机制和约束机制。

但是，"文化与旅游"的关系并不只是一种简单的形式，文化的旅游展演背后体现的是"旅游开发"与"文化保护"两者关系的纠缠与演进。"文化与旅游"的互动也并不是单纯的"东道主与游客"之间的关系，在政府主导型旅游业的战略发展背景下，被卷入了很多与旅游活动相关的社会角色和社会力量，如政府机关和部门、旅游企业、旅游者以及当地社区的组织和居民。其次，文化的活态保护机制构建并不是一件简单容易的事情，文化所处的大文化生态环境的演变直接影响到文化的发展及方向，旅游小生境中的复杂多元关系又直接关系到文化变迁和文化保护的形式。许多经济学家、管理学家和人类学家也曾经对此类现象及隐含在其中的利益相关者和权力因素进行过研究和讨论。笔者以为：东巴文化在社会舞台中的旅游展演是一种"具体化"的表现，尤其通过对旅游展演各种形态的比较和分析，在文化生境的背景下聚焦于"旅游场域"的各种社会关系及作用，对"我群"与"他群"的舞台呈现与交流过程中各种竞争交织的关系网络分析就可以更充分地展示政治—经济—文化的各种互动。

因此，与文化变迁、文化保护相关的各要素并不是单纯的文化要素，而是社会多因素的综合作用，需要对其中的各社会行动者及作用进行具体研究。只有通过对类型复杂多样的旅游展演与文化保护的具体分析和把握才能更好地构建出有效的文化活态保护机制。对于文化保护机制而言，就是将机制的含义引申到文化保护的领域，通过对影响文化变迁各要素的社会行动者进行分析并在此基础上构建保护机制。从调查资料来看，对于以企业经营管理为主的文化保护与传承方式而言，文化的保护机制就是文化的管理机制，但对其他形式的文化保护则需要对旅游场域中的社会行动者也进行相应分析才能构建出适宜于旅游场景中的文化保护机制。

三　社会学视角

（一）乡村、社区

旅游是一种社会行为，除了具有经济属性外还具有社会属性。不过，在民族旅游的参与过程中，与族群相关的社会单位有很多类型，族群文化所承载的空间更多的是乡村。

在我国古籍中，"社会"作为一个概念使用较少，使用较多的是"社"或"会"。一般地，"社"是指用来祭神的地方，后指一种乡村基层组织；而"会"是指集会、聚会，有时也指民间团体。总的说来，古籍中的"社会"基本上是指民间的、有一定联系的人形成的社会活动的形式。

社会学中的"社会"一词是英文"society"的译语，又来自拉丁语 socius（伙伴）一词。西塞罗曾用 societas 来表示人类的共同体，后来这一概念用来表示人与人结合的存在关系，而使其含义变得越来越抽象。社会一词在社会学领域是一个核心概念它有如下含义：[①] 第一，社会是由有意志的个体组成的，社会是人们共同生活的结合体，社会是人的社会；第二，社会是有意志的个体通过互动而形成的，社会是一个互动的体系，共同的兴趣和结合在一起带来的利益是人们结成社会的深层原因；第三，社会是由相关的社会关系积累、连接而成的，社会是社会关系的体系，这些社会关系是在具体情况下人们共同活动的规范。

在现实社会中，人们总是在一定的地域空间内与他人共同生存与发展。1887年，德国社会学家滕尼斯提出了社区的概念，认为这是一种共同体状态，是由具有共同习俗和价值观念的同质人口所形成的关系密切、富有人情味的社会组合方式。社区的社会组织会发生社会变迁，在社会变迁中利益问题是主要的动力。社区与社会不同，它更强调地域和共同体的特点：以一定的社会关系为基础组织起来的人群，有一定的地域界限、有共同的社会生活、有一定的社区文化，居民对社区有认同感和归属感。

但是，中国对这一概念的使用明显具有中国特色。由于我国是传统的农业社会，社区就包含了社区与村落的双重内涵，不管怎样都包含着地域、社会互动和共同约束。从社区的形成方式上来看，自然形成的就是自然社区，如村落。由于人们聚地而居，共同生活，而从内部自然而然地产生出人们的共同仪式，并形成了人们对居住地的认同感和归属感的社区，因此，结合我国的实际情况而有了自然村、行政村等不同的社区区别。

农村社区是相对于传统行政村和现代城市社区而言的，是指聚居在一

[①] 王思斌：《社会学教程》，北京大学出版社2008年版。

定地域范围内的农村居民在农业生产方式基础上所组成的社会生活共同体。农村与乡村的概念有很多相同点,只不过前者更体现了其农业生产方式及农业文化的特点,而常用乡村强调人类的村落居住场所和乡村文化。另外,自然村是经过长时间在某处自然环境中聚居而自然形成的村落;而行政村是指政府为了便于管理,在乡镇政府以下建立的中国最基层的农村行政单元。自然村一般小于行政村,如几个相邻的小村可以构成一个大的行政村,这个行政村由一套领导班子(支部、村委会)管理,可以把几个自然村分成几个组,每组一个组长,这些自然村都要受行政村村委会和村支部的管理和领导。

需要指出的是,文化人类学与社会学两者本身就有着很多天然的联系而无法割裂。第一,人类学与社会学的有机联系与后天积累。社会学是以研究人类社会为根本原则,而人类的社会现象亦即文化现象;文化人类学是研究人及其文化的学科,这种文化也包括人类社会及其一般原则。除此之外,两者的研究方法和技术技巧也有相同之处,如问卷调查、数据统计等。第二,人类学在中国的发展一直都与社会学如影相随,甚至是"社会学、人类学、民族学完全可以三科并举、互相交叉、各得其所、共同发展"的局面。第三,受理论提出者学科背景的影响,如麦康纳就曾受到地理学、社会学和人类学的训练。[①] 不同的是,文化人类学更注意对社区文化和生活方式的考察;而通过对不同社区、乡村的文化形态的比较可以深刻认识社区的特点和变迁。

在本研究的四个案例中,只有一个是旅游景区,其余三个皆具有村落文化的特点,隶属于四川盐源县泸沽湖镇木跨村管辖的达祖虽是村(社),但由于其在现代旅游场景中的村落呈现,在研究中忽略其具体的"社"的行政意义,而作为村落来进行研究。

(二)旅游场域

目前,对"旅游场域"的研究已受到了越来越多的关注,其研究内容主要包括两个方面,一是对理论的探讨,对其概念的分析和特点的研究以及旅游场域中涉及和卷入的社会力量或各种社会关系主体;二是对旅游

---

① 光映炯:《中国旅游人类学的构建、困惑与应对——〈旅游人类学教程〉之后》,《贵州民族研究》2014年第2期。

场域的具体运用，如探讨民族旅游场域中的民间规则、宗教旅游场域中的特殊宗教部门以及旅游场域中对"舞台真实"问题和各种权力问题。

"场域"并非一个新概念，梅洛·庞蒂、萨特在其著作中已经使用过，布迪厄在1966年的《论知识分子场及其创造性规划》中最初使用这一术语，直到70—90年代这一概念才在他的著述中不断发展，其重要性逐渐超过了"习性"等概念。必须承认，布迪厄的场域观在理论上是引人入胜的，这也因此常常被人作为解决某一特定区域问题的分析理论框架（朱国华，2004）[1]。同时，由于布迪厄的场域和相关的惯习、资本等概念和理论研究的系统性和反思性的特点，也因此带来了很大的学术影响和社会影响。

"场域"理论的提出与学术研究的历史背景和特点有关。长期以来，社会学理论中"个体"与"整体""主体"与"客体"等各种二元对立的命题一直被奉为圭臬。布迪厄指出：这种二元对立中的一元选择体现了对社会现实的常识性知识，正是这种常识性知识妨碍了社会学的活力。布迪厄倡导思维方式的多元性和从关系的角度来进行社会现实的分析与研究，并以双重（而非二元）运动规律的辩证关系为基本假定，提出了构成其独特理论体系的重要概念"场域"（field，或译作"场"）："它必须是研究活动的中心"[2]。所以，场域及相关理论在他的学术研究中占有重要地位："场域"是布迪厄理论中的核心概念，"场域"具有丰富内涵和具体特性，而且，"场域"是进行社会活动分析的基本单位。

旅游场域是一个较为特定的概念，有着很强的理论含义和现实意义。笔者早在2003年的硕士论文中就提出了"旅游场域"的概念，后在博士论文中又对旅游场域的概念、特征，尤其以东巴文化为例对旅游场域及其中的象征资本东巴艺术的关系进行了深入探讨。笔者认为，旅游场域是以旅游现象为中心而形成的非实体性客观关系网络。简单地说，它是指存在于旅游空间中的一个客观关系网络，或是被卷入到旅游活动中的各种社会角色所形成的一种关系构型[3]。任何场域都是由历史积累而成的，广义上而言，只要有旅游活动及相关的社会现象，就会有旅

---

[1] 朱国华：《场域与实践：略论布迪厄的主要概念工具》，《东南大学学报》2004年第2期。
[2] 皮埃尔·布迪厄、华康德：《实践与反思——反思社会学导引》，李猛、李康译，邓正来校，中央编译出版社1998年版。
[3] 光映炯：《旅游场域与东巴艺术变迁》，中国社会科学出版社2012年版。

游场域;狭义而言,真正的旅游场域是在现代旅游活动产生后形成的。基于现代旅游活动的基础,丽江旅游业的发展规模已形成了具有"独立"意义的"旅游场域"。

与"场域""旅游场域"相关的三个重要概念是习性(habitus,有译作"惯习")①、资本(capital)和社会行动者(agent)。习性是指一种明确地建构和理解具有其特定"逻辑"(包括暂时性的)的实践活动的方法②。资本是旅游场域中行动者所独具的能力和资源,资本的三种根本类型是:经济资本、社会资本和文化资本。经济资本是"可以立即并直接转换成金钱,是一财产化的形式被制度化的"。社会资本是以社会义务("联系")组成的,这种资本在一定条件下也可以转换成经济资本,它是以某种高贵头衔的形式被制度化的。文化资本在某些条件下能转换成经济资本,它是以教育资格的形式被制度化的。还有一种象征资本,如"东巴文化"在旅游场域中独特的地位成为一种最有代表性的"符号资本"。资本是布迪厄对马克思的"经济资本"概念的改造和延伸,不同的是:它既被当作场域内争夺的目标,同时又是赖以展开争夺的手段,比如可以进行不同类型的资本交换。不同权力的行动者在不同的位置上扮演着不同的社会角色,旅游场域中的权力是行动者所具有的独特社会角色和相应的合法性资格。

旅游场域的社会行动者围绕着与旅游有关的文化资本进行转换、支配与控制,以获得各自所需的文化权力,实现经济利益的最大化。文化的权力生成主要有三种策略:区别异己争夺大众、争夺资本获得霸权性和符号再生产追逐利益化。而策略的实施需要通过贯穿于旅游市场中生产、传播和消费过程的文化商品化与符号资本再生产的方式获得社会的认同,主要通过景观的生产与空间消费等途径得以实现,并形成了围绕景观、影像与形象的由内至外的符号生产体系。文化的权力生成与表达及其相互作用,推动着文化资本与其他资本的转换,因此对旅游场域的演进具有重要意义。③

需要说明的是,"旅游场域"与"旅游系统""旅游空间"和"旅游

---

① 本书中统一为"习性",凡引文中出现的"惯习"亦为"习性"。
② 皮埃尔·布迪厄、华康德:《实践与反思——反思社会学导引》,李康、李猛译,邓正来校,中央编译出版社1998年版。
③ 光映炯:《旅游场域中文化权力的生成与表达》,《思想战线》2013年第1期。

圈子"不同。"旅游空间"主要是指旅游活动的地理空间①;"旅游系统"则一般认为是由旅游主体(旅客)、旅游媒体(旅游交通、旅行社、饭店)、旅游客体(旅游资源)组成的概念。旅游场域是一个动态的概念,为旅游活动的根本;旅游系统是静态概念。而"旅游圈子"和"旅游场域"的内容其实相同,都源自布迪厄。为了解析社会区隔现象的动力机制,布迪厄打造了"圈子"(champs 或 field)的概念,"圈子"是社会研究的视野从传统社会扩展到发达社会时非常必要的工具;并认为圈子是社会区隔的基本结构单位②。

在旅游场域的理论模型下来探讨民族文化所面对的具体问题,尤其民族文化的旅游展演过程中不只有管理主体的介入还有更多的社会角色,这样可以更集中地分析其中多元而立体的社会关系以及各种资本的动态转换,特别对影响民族文化变迁、文化商品化、文化保护及与旅游活动相关的主要社会行动者和权力关系进行深入探讨。

(三) 社会区隔

进一步,为了深入对不同文化地域中的东巴文化尤其是旅游场域中的文化资本的积累情况进行比较研究,"区隔"也可以很好地将四个案例的文化特征进行相对区分。

文化资本的传承和积累是长时间的过程,其结果是形成某种生活方式。布迪厄在《区隔:趣味判断的社会批判》一书中从惯习概念的延伸中又进一步指出了文化趣味在社会分层、社会地位中的重要性。布迪厄认为,任何个体、群体和机制在社会空间中的位置都可以用他们保有的资本总量和资本构成这两个指标来确定。在布尔迪厄看来,文化趣味是行动者的阶级、社会等级归属的标志。文化趣味不仅是一种审美能力,它不经意地泄露和表达了行动者的社会位置。习性、生活形态(life style)的区隔,为研究阶级的传统方法注入新鲜血液。这样,既考虑到现代社会,文化、观念的阶级区隔功能,又没有掉进缺乏历史和经济因素的后现代形式研究的泥沼,而是植根于社会历史发展的过程之中,研究现代社会的复杂

---

① [美] 司佩姬:《舞台化的场景:中国云南石林风景后现代的真实性何在》,巴莫阿依等:《国外学者彝学研究文集》,云南教育出版社 2000 年版,第 300 页。
② 曹国新:《旅游的社会效用及其机制》,尹德涛等:《旅游社会学研究》,南开大学出版社 2006 年版,第 303 页。

的阶级区隔状况。①

同样，社会区隔也对旅游活动的分析研究具有重要意义。曹国新指出，社会区隔是旅游活动的文化社会学本质。② 人们积累旅游文化资本的目的是将自己与他人区隔开来，人们展示旅游文化资本的目的也是将自己与他人区隔开来。旅游文化只是社会区隔这一人社会存在的本质目标的手段之一。他还指出，在布迪厄文化资本理论的认识架构内，旅游文化资本由其他类型的资本转换而来，可以区分为旅游文化能力、旅游文化产品和旅游文化制度三种形式。当然，这三种形式对于旅游场域比较成熟的旅游文化地来说是可以进行区分，但对于旅游场域还未形成或不成熟的小区域而言却是很难进行分析的。

总的来看，对区隔的研究分两个层次，一是对于特定社群的社会文化，二是对于旅游文化区域，不论怎样，从整体观的视角来看，四个案例地的东巴文化积累和日常生活成为各自相对于纳西族群西部文化区的社会区隔特征。

四 相关视角

（一）文化生境③

任何一个民族及其文化都处于相对的社会文化环境之中，反之，生存环境对民族文化的发展和变迁也会产生巨大的影响。于是，最早源于生态学研究领域由美国的 Gruinnell 于 1917 年提出的"生境"的概念也被广泛地用于文化的场景之中。1956 年，巴斯在研究巴基斯坦北部毗邻族群集团时首次借用了生态学的"生境"这一概念来研究"文化生境"，此后，美国学者马维·哈尼斯也从这一角度对"人·文化·生境"进行研究。④

---

① 张意：《文化：社会区隔的标志》，http：//www.aiweibang.com/yuedu/134644239.html，2016年。

② 曹国新：《社会区隔：旅游活动的文化社会学本质——一种基于布迪厄文化资本理论的解读》，《北京第二外国语学报》2005年第1期。

③ 光映炯、和继全、光映霞：《滇川交界俄亚大村的文化生境及演变》，《西南边疆民族研究（第12辑）》2013年第6期。

④ ［美］马维·哈里斯：《人·文化·生境》，许苏明编译，山西人民出版社1989年版。

对于"文化生境"的研究,国内学者如杨庭硕等也有探讨"民族文化与生境"① 的关系,再有讨论文化生境与传承、保护之间的关系(王希辉,2008②;张海超,2009③;石玉宏,2010④)、分析生境破碎化的原因(李时等,2006⑤)、对生态位的深入研究(武秀英,2009⑥)等问题,随着社会的快速发展,已经有越来越多的学者研究"文化与生境""少数民族文化与生境",越来越重视对文化生境保护的讨论,还有学者提出了"旅游生境"⑦ 的概念。但是,"生境"的概念是系统化的,对"文化生境"的理解也并不是对狭小地域的单一族群的考察,所以,很少有从"时空"的尺度对不同地理范围内同一族群或民族进行"整体性"分析。

生态学中生境(habitat)的概念是指生物的个体、种群或群落生活地域的环境,包括必需的生存条件和其他对生物起作用的生态因素。Gruinne 所认为的生境其定义是生物出现的环境空间范围,一般指生物居住的地方,或是生物生活的生态地理环境。生境可由生物和非生物因子综合形成的,而描述一个生物群落的生境时通常只包括非生物的环境。

对于民族及其文化所处的"生境"可分为"自然生境"和"社会生境"。自然生境,就是一个民族所处的自然环境,是该民族赖以生存和发展的天然栖息地,一般包括自然的生态环境以及自然的生计方式,这不仅是其独特文化形成的基础也是区别于其他相关文化的主要因素之一。社会生境主要是指一个民族所处的社会文化环境,是形成一种文化生态系统的主要基质,也是民族文化变迁和承袭过程中的重要影响或干扰因素。社会

---

① 杨庭硕、潘盛之:《民族、文化与生境》,贵州人民出版社 1992 年版。
② 王希辉:《土家族吊脚楼的文化生境与文化保护》,《民族艺术研究》2008 年第 6 期。
③ 张海超:《商业开发背景下的民族文化传承——基于文化生境理论的探讨》,《黑龙江民族丛刊》2009 年第 1 期。
④ 王希辉:《土家族吊脚楼的文化生境与文化保护》,《民族艺术研究》2008 年第 6 期;张海超:《商业开发背景下的民族文化传承——基于文化生境理论的探》,《黑龙江民族丛刊》2009 年第 1 期;石玉宏:《文化生境与花腰傣服饰的传承》,硕士学位论文,云南大学,2010 年。
⑤ 李时:《宋明生态旅游开发导致生境破碎化问题的对策分析》,《国土与自然资源研究》2006 年第 1 期。
⑥ 武秀英:《文化生态位对提升民族文化的意义》,《赤峰学院学报》(自然科学版)2009 年。
⑦ 李继群:《旅游生境与文化调适——丘北县仙人洞村的调查研究》,硕士学位论文,云南大学,2002 年。

生境一般由过去的历史文化积累和当下的社会文化环境等构成。历史文化积累是对历史的溯源,可以反映出其社会生境的是否封闭或开放,并决定了社会生境的天然属性与传统,它也是一个族群在"文化求同"中的根脉联系和"文化差异"中的归属认同。

借用"文化生境"的理论来研究民族文化可以更加全方位地观察文化所处的环境及其变迁,也能更深入地了解"大时空"背景下不同社会群体的文化关联和相互影响,特别是从宏观的角度对文化、对旅游,对文化与旅游的关系进行审视,发现其所处的特殊生境及其影响。

(二) 多点民族志

民族志是文化人类学独一无二的研究方法,是建立在对特定族群文化的田野调查工作基础下对第一手资料的撰写。民族志是一种写作文本,即通常所说关于文化的描述,并以此来理解和解释社会。但是,传统的民族志研究太多关注乡村社区,关注社群并注重对研究个案的关注。文化人类学的主要目的就是观察他者、反思自我,所以集中地对他者文化深描才有可能全面地了解他者。

随着社会的全球化,民族志的研究范式开始发生转变,开始从传统上的单一地点研究向多点研究转移。20世纪80年代,乔治·马库斯就指出,适应全球化的民族志的书写有两种模式,一种是保持了单一地点集中的民族志观察和参与,同时用其他方法将本土的研究对象置于一个世界体系场景中来描述和分析;另一种则是多点民族志(multi-sited ethnography),通过超越单一地点的研究来分析文化意义、事物、身份等在不同时空的循环流动。[1] 从一定意义上来说,这种"多点民族志"通过追踪多个地点或场景的活动来分析文化的生产,不仅仅是对多个地方的研究,而且是地域关联性的新语言,具有一种新方法论的意义。[2] 民族志的发展经历过业余民族志、科学民族志、反思民族志的阶段,从内容上来说也体现了业余民族志、专业民族志和经典民族志的发展特点。对于族群文化而言,其文化大多体现了一种生活方式。民族的生活方式虽具有全民族

---

[1] [美]乔治·马库斯(George E. Marcus):《十五年后的多点民族志研究》,满珂译,《西北民族研究》2011年第3期。

[2] 涂炯:《多点民族志:全球化时代的人类学研究方法》,《中国社会科学报》2015年12月2日。

的统一性特征，但是其存在和传承的具体时空却是各个地方的社会，在分布上呈现出"百里不同风，十里不同俗"的面貌，因此还涉及写作文化范式的文本问题。

　　需要说明的是，要了解一个民族的文化首先要了解他们的宗教，而仪式是宗教信仰的重要载体，仪式在文化中具有重要的标志性、统领式意义。为此，笔者在调查时从文化的日常生活出发，重点搜集与纳西东巴文化相关的仪式资料，并在此基础上进行多点民族志的书写，不仅可以进行比较也同时进行深入分析研究。因此，本课题在研究方法上也做了一次有益的尝试。

　　此外，从跨文化研究的方法来说，还强调主位（emic）与客位（etic）的互动及转换。主位研究强调在研究中要求调查者去习得被调查者所具有的地方性知识和世界观；客位研究则以调查者本身的立场为出发点来理解文化，研究者所使用的观念并不是以当地人的观点而更多地以主流社会的观念来观察、访谈。也正是如此，人类学研究才会总是着眼于观察"他者"并做异文化的比较，才会引出不同的观察和思考问题的方法。所以，在研究中不能简单地对某一文化形态进行简单分析，就会关涉到文化领域里的民俗文化、通过仪式、文化空间、文化叠压等诸多分析概念，也会涉及旅游领域中的旅游管理、旅游景区、旅游文化等相关概念。同时，在调查研究中一方面会重视"族群"的文化生态及现状，另一方面也会关注"游客"的旅游观察，即要关注主动的一方也要关注被动的一方，这也正是旅游人类学视角的对"东道主"与"游客"的跨文化研究。

第三章

"东巴教圣地"玉水寨：景区展演与生产性保护

一 丽江玉水寨概况

丽江位于云南省西北部，金沙江中游，地处青藏高原向云贵高原过渡地带和滇、川、藏大三角区域腹地。丽江拥有十分丰富的旅游资源，全市共有旅游风景点 100 多处，最具代表性的有：二山、一城、一湖、一江、一文化、一风情。"二山"即玉龙雪山和老君山。玉龙雪山是北半球距赤道最近的海洋性冰川，13 座雪峰一字排开，雄奇壮观，是国家级风景名胜区、省级自然保护区和省级旅游开发区。老君山被历代史家称为"滇省众山之祖"，景区以杜鹃王国、丹霞地貌以及九十九龙潭等景观闻名于世。有众多的国家级保护动植物。"一城"即丽江古城，是国家级历史文化名城，是我国保存最为完整、最具纳西族风格的古代城镇，于 1997 年 12 月被联合国教科文组织世界遗产委员会列入"世界文化遗产"名录。"一江"即金沙江，以惊险、雄奇、壮美的虎跳峡景观为代表，还有"长江第一湾"、石鼓镇、宝山石头城、奉科元跨革囊渡遗址等景点。"一湖"即被誉为"高原明珠""东方第一奇景"的泸沽湖风景名胜区。"一文化"即纳西东巴文化，包括世界上"唯一活着的象形文字"——东巴文、名扬中外的纳西古乐和东巴绘画以及独特的建筑艺术和宗教文化。"一风情"即泸沽湖"女儿国"摩梭人风情，为人类母系社会婚姻形态的最后领地。此外，以丽江为主的金沙江、怒江、澜沧江"三江并流"景区，已于 2003 年 7 月被正式列入"世界自然遗产名录"。境内还有高原湿地拉市海、永胜程海、灵源箐及石刻观音像、六德他留人古墓群、华坪轿顶山、仙人洞等风景区。同年，《东巴古籍文献》被批准列入《世界记忆遗产》名录，东巴文字首先被进行旅游开发。

丽江的旅游业发展始于20世纪80年代,主要满足外事接待,没有形成规模。1992年年初,成立了旅游开发办公室。1992年底,云南省政府正式批准玉龙雪山省级旅游开发区。1994年10月,"滇西北旅游规划会议"上提出了"发展大理,开发丽江、带动迪庆、启动怒江"的发展思路,丽江被云南省政府列为重点旅游开发区。1997年12月,丽江古城申报世界文化遗产成功。1999年,昆明世博会的举办对丽江旅游业发展具有里程碑的意义。2006年,云南省政府又实施"做精大理、做大丽江、做优迪庆、开发怒江"的发展思路,极大地促进了丽江旅游业的迅猛发展。目前,丽江旅游业已经成为地方社会经济快速发展的重要支撑点。

旅游龙头支柱产业的地位明显凸显。旅游业从无到有,规模由小到大,由2000年接待海内外旅客290万人次到2015年的3053万人次;一、二、三产业结构由"九五"末期的30.3:26.3:43.4,到"十五"末变为23.8:28.5:47.7,第三产业所占比例迅速提高①。旅游业的快速发展不仅实现了从"接待事业型"到"经济产业型"再到"主导产业型"和"支柱产业型"的转变,而且实现了旅游与文化的双赢,所创造的"丽江模式"和"丽江经验"也成为国内旅游市场中众所瞩目的亮点并具有世界意义。

表3-1　丽江市接待海内外游客总人数和总收入情况一览

年份	海内外游客总人数(万人次)	旅游总收入(亿元)
1990	9.8	
1994	21.69	0.81
1997	173.32	9.47
2000	290.37	18.66
2001	322	20.43
2004	360.18	31.76
2006	460.09	46.29
2007	530.93	58.24
2008	625.49	69.54
2009	758.14	88.66

---

① 《丽江市"十一五"旅游发展规划和2020年远景目标》,http://ljta.gov.cn/html/infor/gov/2015/0930/13106.html,2015年。

续表

年份	海内外游客总人数（万人次）	旅游总收入（亿元）
2010	909.97	112.46
2011	1184.05	152.22
2012	1599.1	211.21
2013	2079.58	278.66
2014	2663.81	378.79
2015	3053	443.2

资料来源：根据丽江旅游网、丽江市旅游发展委员会网站（http://ljta.gov.cn/html/infor/tongjixinxi/13275.html）、《丽江之路》（纳麒、李世碧主编，红旗出版社2009年，第59页）及相关资料整理。

据不完全统计，2002年东巴文化产业企业就已达268家，总产值3821.20万元，从业人员1228人。在丽江文化产业财税收入2700多万元中，东巴文化产业财税收入占了重头。东巴宫、东巴万神园、东巴拉走廊、玉水寨等以东巴文化内涵开展旅游产品经济的新兴产业，在丽江市场中崛起，成为丽江文化产业的闪亮点。[①] 现在，又有东巴谷生态民族村、东巴王国等相继亮相旅游市场。据悉，东巴王国最近已被转到玉水寨生态文化旅游有限公司名下，而"玉水寨"则是东巴文化市场中最具代表性的旅游景区之一。

"玉水寨"，是指位于丽江县城北15千米处玉龙雪山脚下由丽江玉水寨生态文化旅游有限公司开发的玉水寨景区。玉水寨是丽江古城河水主要源头之一，因其秀丽的风光和文化景观吸引了无数中外来客。景区内建有三叠水瀑布群、三文鱼养殖生态观光、玉龙雪山最大的神泉、东巴壁画廊、玉水缘（丁巴什罗殿）、东巴村、传统祭祀场、演艺中心、世界记忆遗产纪念碑、纳西族古建筑和传统生活展示场所等。

丽江玉水寨生态文化旅游有限公司成立于1997年，长期致力于文化旅游、民族文化传承和信息产业的开发，拥有独特的品牌"以东巴文化为核心，东巴文化与自然景观完美融合的风景名胜"[②]。1997年景区接待游客5万人，综合收入20多万元，2009年接待游客158万人次，总收入

[①] 李锡：《丽江第二届国际东巴艺术节学术研讨会论文集》，云南民族出版社2005年版，第655页。

[②] 纳麒、李世碧：《丽江之路》，红旗出版社2009年版，第230页。

3962万元。① 2010年，公司经营收入6000万元，上缴利税820万元；2011年公司经营收入5653万元，上缴利税892万元，而且连续多年成为丽江市的纳税大户。②

图3-1 玉水寨全景图③

"玉水寨"公司现有员工350多人，长期致力于开创传承保护纳西传统文化与生态旅游和信息产业。2001年被评为国家首批AA级旅游景区。2006年它又被评为国家AAAA级旅游景区。公司成立以来，累计为公益事业、民族文化传承保护、旅游反哺农业事业等无私投入6000万元④，形成了文化与旅游互动发展的模式——"玉水寨模式"，即民族文化传承保护与旅游产业整合发展的模式，也就是以景区为依托，企业为主体的保护文化的形式。

从1997年开始，玉水寨经过22年的发展已成为丽江重要的纳西东巴文化集中展示景区，并形成了"文化+旅游"的旅游品牌和旅游发展模式，特有的旅游品牌取得了良好的社会、经济、生态效益。玉水寨景区的

---

① 丽江玉水寨网站，2014年11月。
② http://www.ynci.cn/html/2013/lishidanwei_0514/9422.html.
③ 玉水寨全景图，互动百科下载，2015年。
④ http://www.11467.com/lijiang/co/5400.htm，2015年。

旅游经济发展大致经历了三个时期：

（1）1997—1999年，旅游创业期。1997年，玉水寨生态文化旅游有限公司成立，并把景区定位为养殖业与饮食服务业相结合的综合开发上。

（2）1999—2008年，快速增长期。1999年，在昆明举行了世界园艺博览会，丽江也成为分会场之一。2000年，玉水寨开始进行"丽江源头，东巴圣地"的旅游宣传，迅速扩大了知名度并极大地促进了玉水寨的旅游经济增长。2001年被评为国家首批AA级旅游景区。2006年它又被评为国家AAAA级旅游景区。逐渐地，玉水寨形成了独特的品牌"以东巴文化为核心，东巴文化与自然景观完美融合的风景名胜"[①]。

（3）2008年至今，稳定增长期。2008年1月，丽江市全面启动了以玉龙雪山为龙头的"大玉龙"景区整合方案，即所谓"三东四玉"：东巴谷、东巴万神园、东巴王国、玉水寨、玉峰寺、玉柱擎天、玉龙雪山各景点的组合路线。同年丽江市旅游局进行了旅行社的改革整合成六大旅行社集团有限公司，接受"一卡通"的管理与监督。这样，丽江旅游市场形成了较为稳定提供给旅游团队的旅游线路产品，而玉水寨也成功地站稳了旅游市场。

表3-2　　玉水寨接待海内外游客总人数和总收入情况一览

年份	海内外游客总人数（万人次）	旅游总收入（万元）
1997	5	20
……		
2009	158	3962
2011	226	5792
2012	230	5653
2013	312	6243
2014	230	7217
2015	210	650

资料来源：2015年，根据调查而整理。

玉水寨景区自开发建设以来，始终坚持走"景区建设同东巴文化传承保护相结合"的发展道路，成为丽江旅游三大品牌之一。通过多年的努力，公司已拥有国家AAAA级旅游风景区玉水寨、丽江西域电子商务

---

① 纳麒、李世碧：《丽江之路》，红旗出版社2009年版，第230页。

旅行社、三叠水大酒店、丽江纳西网站、丽江美鲁高原生态农业有限公司、丽江滇西北记忆演艺公司、丽江一网游遍信息服务有限公司、丽江一网游电子商务旅游服务咨询有限公司等经营实体，还设立了东巴文化传承院、丽江东巴文化传承学校等。

玉水寨景区不仅是一座景观式的东巴文化殿堂，同时也是全国唯一由全国民间文艺家协会授予的"东巴文化传承基地"的景区。2012年，玉水寨景区被评为全国休闲农业与乡村旅游五星级示范创建企业（园区），2015年，被列入2015年国家藏羌彝重点文化产业项目，评为"中国纳西文化传承基地"。玉水寨景区把对东巴文化的静态展示和动态传承保护有机结合，还被誉为"东巴圣地"和"东巴的摇篮"。

二 "东巴教圣地"的旅游展演

（一）东巴文化的静态展示

"看遗产到古城，看风景到玉龙雪山，看纳西文化到玉水寨"。

玉水寨，纳西语叫"戈吉本"，意为白鹤戏水的地方，位于丽江坝子以北的白沙乡，背靠玉龙雪山，面向丽江坝子。玉水寨景区内建有三叠水瀑布群、三文鱼养殖生态观光、玉龙雪山最大的神泉、东巴壁画廊、玉水缘（丁巴什罗殿）、东巴村、传统祭祀场、演艺中心、东巴古籍文献列入世界记忆遗产纪念碑、纳西族古建筑和传统生活展示场所等，进行静态展示东巴文化的景观建筑及设施现已具规模。

静态展示的核心区有三个，分别是自然神广场、和合院和世界记忆遗产纪念碑。自然神广场有两株树龄超过800年、高可擎天的五角枫，共同护卫着漱石而出的一股神泉和清澈透明的泉潭中央树立的自然神像。自然神像高12米，全身铸铜镀金，人首蛇身的造型含有人与自然是不可分割的亲兄弟，理应和谐相处的深刻寓意。每年的世界环境日，这里都举行隆重的祭自然神仪式，表达人类保护自然、爱护环境之情并为人类祈福。

和合院是纳西族东巴教神灵的居所。进入和合院，首先看到的是东巴文物展厅，陈列着包括古老的东巴经书、木偶、法器、东巴画第一长卷神路图，以及历代各地著名东巴大师的珍贵照片，是民间藏品最多的东巴文物博物馆。和合院的主体建筑是东巴教最高宗教殿堂"玉水缘"大殿，

图 3-2 玉水寨——国家 AAAA 级景区

殿内供奉着东巴教始祖东巴什罗、纳西族保护神三多以及纳西族祖先崇仁利恩和他的两个妻子、三个儿子以及自然神三兄弟。

和合院右手边是东巴壁画廊,壁画是东巴文化的重要组成部分,这里展现的六幅画,表现的是东巴文化中六个方面的精神理念,分别是表现宇宙卵生说的创世篇、表现善恶观念的因果报应篇、表现纳西先民从遥远的西北逐步向南迁徙到丽江为中心的区域定居,实现从狩猎、游牧到农耕时代转变的迁徙定居篇、表现部落之间和合关系被打破后发生战争的《黑白之战》场面的战争篇、表现纳西族青年男女为爱殉情的爱情篇、表现人与自然辩证关系的人与自然篇。东巴壁画充分体现了纳西族先民朴素的自然观、人生观、道德观、民族观和价值观,是一部充满沧桑的记述纳西族人心路历程的史诗。

世界记忆遗产纪念碑,是为纪念纳西族东巴古籍文献被联合国教科文

第三章 "东巴教圣地"玉水寨：景区展演与生产性保护　　53

图 3-3 "东巴教圣地"

组织列入世界记忆遗产名录，由当地政府在东巴圣地玉水寨树立的东巴文化标志性纪念碑，碑柱上是阐述人与自然关系的东巴象形文经文，顶端是调解人与自然关系的神鸟"修曲"的金像。

（二）东巴文化的动态展演——以"东巴法会"仪式为例

玉水寨景区除了在文化的静态展示方面下了很大的功夫，在景区的打造和景观的影响方面具有很大的旅游吸引外，还有最重要的动态的仪式文化：一是每年农历三月五日在和合院举行盛大的东巴法会，各地东巴云集、举行大型祭祀活动、相互切磋、相互交流，并成为滇川地区东巴进行交流的重要平台。二是按纳西族传统，定期举行祭天、祭风、祭自然神等东巴活动。从 2011 年正式开始，农历的每月初五（除一月大祭天和七月小祭天外）这天都有一个固定的仪式，东巴院全年祭祀活动成为玉水寨的重要内容。

在此，重点以 2013 年 4 月玉水寨东巴法会为例，对仪式展演背后的旅游展演本质和现代社会意义进行深入探讨。①

关于"东巴法会",历史上曾有过类似的"聚会"。1945年,丽江鸣音举行超度108位抗日阵亡将士活动,有250个东巴参加;1947年,在丽江太安汝南化村的灵洞旁举行了上百东巴和上千群众参加的什罗跳神大典②。在民间,农历三月初五有"(丁巴)什罗节"。"东巴法会"与"什罗节"的结合被"定格"在了玉水寨景区,最早被叫作"什罗节",后是"东巴会",最后定为"东巴法会",其主要内容是"祭丁巴什罗"仪式。

1."东巴法会"及其仪式:传统文化的再造与展演

"玉水寨"景区"东巴法会"的组织者就是丽江玉水寨生态文化旅游有限公司。在公司的组织下,"东巴法会"自2001年迄今(2016年)已经举办了16届,基本情况如表3-3所示。

表3-3　　　　　　玉水寨历届"东巴法会"的基本情况

时间	届次	主要内容
2001年10月6日	第1届	开始了一年一度的东巴会,玉水寨建成供奉东巴教始祖东巴什罗的一座小殿,一批老东巴应和长红之邀,为什罗殿举行开光仪式。仪式后根据和长红的资助意愿,老东巴们依据历史上东巴聚会的传统,商定恢复一年一度的东巴聚会活动,并把这次聚会定为第一届东巴会。
2002年	第2届	祭丁巴什罗仪式(后为农历三月五日)
2003年	第3届	祭丁巴什罗仪式;香格里拉的和志本、金江乡和开贞、四川的和丁巴参加了会议。
2004年	第4届	祭丁巴什罗仪式。经丽江市文广局审核批准、丽江市民政局注册登记成立了丽江市纳西东巴文化传承协会,协会挂牌成立。
2005年	第5次	祭丁巴什罗仪式;和学文主持延寿仪式。
2006年	第6届	祭丁巴什罗仪式。
2007年	第7届	祭丁巴什罗仪式。开始提出要开展东巴学位评定工作。来自玉龙县塔城乡署明的纳西妇女歌舞队也参加了此次的文艺活动。
2008年	第8届	祭丁巴什罗仪式。
2009年	第9届	祭丁巴什罗仪式。
2010年	第10届	祭丁巴什罗仪式;8名少年东巴学员参会。2009年年底,玉水寨公司创办了东巴培训学校,进行五年期的以东巴文化为主汉语为辅的全日制培训,旨在培养一批新的东巴传人。

① 光映炯、黄静华、光映霞:《旅游展演、行为实践、社会交流——以丽江玉水寨东巴法会为例》,《广西民族研究》2014年第4期。

② 和自兴、郭大烈、白庚胜:《第二届国际东巴文化艺术节学术研讨会文集》,云南民族出版社2005年版,第588页。

续表

时间	届次	主要内容
2011年	第11届	祭丁巴什罗仪式。讨论东巴传承协会提交的《东巴学位评定实施方案》(草案)。把原来的"东巴圣地"改为"东巴教圣地"。
2012年	第12届	祭丁巴什罗仪式。玉龙纳西族自治县人民政府于2012年3月6日批复同意由丽江市东巴传承协会组织实施东巴(达巴)学位评定工作，这是第12届东巴会的中心议题。宁蒗县东日东巴和摩梭达巴30多人参加了会议，香格里拉县纳罕东巴5人也应邀参会。是东巴文化的纽带，使纳西族不同支系的东巴团结起来了。
2013年	第13届	1. 祭丁巴什罗仪式。2. 由玉水寨公司按照东巴大法师人均6000元，法师4000元，传承员2000元的标准发放东巴文化传承补助金及36位东巴大法师，东巴法师服装。3. 由玉龙纳西族自治县人民政府，对丽江市已评出的东巴(达巴)大法师，东巴(达巴)法师，东巴(达巴)传承员颁发学位证书。4. 由东巴大法师为获得东巴法师学位的东巴举行"汁占"仪式。5. 由玉龙纳西族自治县文广局与丽江市纳西东巴文化传承协会共同主持关于召开"东巴文化传承发展研讨会"。6. 召开东巴传承协会会员大会，讨论东巴文化传承补助金从第二年起实行按传承活动实绩考核兑现的办法，讨论东巴学位评定工作常态化问题。
2014年	第14届	祭丁巴什罗仪式。("授威灵""祭什罗""祭自然神""祈福"等诸多祭祀仪式);第二届"和合杯"东巴书画大赛颁奖仪式。
2015年	第15届	祭丁巴什罗仪式。大会正式选举表决出新一届理事会，和长红再度当选会长，上一届副会长和力民、杨文国、李锡继续当选副会长，俄亚大村的夏航、香格里拉和尚礼新任副会长;木琛免去副会长，任协会秘书长;原秘书长和锐任副秘书长;曾卫平任副秘书长;并由原先的17名理事增补为30名理事。会议还推荐并确定了香格里拉、木里东巴(达巴)学位评定考官，并在公布年度传承补助金考核结果后，核发了204000元的传承补助金。
2016年	第16届	祭丁巴什罗仪式。祭自然神等仪式。丽江、香格里拉、宁蒗、四川等各个地区的东巴及国内专家学者达500余人参加本届东巴法会。主要活动有东巴(达巴)祭拜自然神，高补(祭胜利神)和升东巴法会旗仪式，东巴(达巴)百人祭祀东巴什罗庄严大典，召开东巴(达巴)会员代表大会，东巴(达巴)切磋和交流东巴舞、东巴经和传承保护工作等。北京、成都、昆明纳西文化协(学)会，西南大学等院校师生到玉水寨进行观摩。

资料来源：主要根据2013年4月14日(农历三月五日)第13届东巴法会的宣传册和玉水寨网上资料整理。

"祭丁巴什罗"仪式几乎贯穿于每年的"东巴法会"，该仪式被放置在特殊的旅游景区且被有关单位"计划"和统筹安排，不仅是"文化表演"更具有"旅游展演"的特殊性。"祭丁巴什罗"已从"无声"的民间被搬入旅游景区的"舞台"上演，文化功能很"丰富"，"游客"成了重要的"观赏者"。每举行"东巴法会"时，都有很多游客会驻足观看，有的游客还会参与到东巴舞蹈的队伍之中。作为一种文化表达，宗教仪式是维护民族内部关系的重要象征。然而，"东巴法会"既非"宗教仪式"

也非"节事旅游"。美国人类学家格尔茨将仪式看作一种"文化表演",理查德·鲍曼也认为那些标定时间、限定范围、排定计划并且具有参与性的事件经常被称作"文化表演",在这些事件中一个社会的象征符号和价值观念被呈现和展演给观众①,通过"文化表演",游客感受到了"文化差异"并推动着东道主与游客及各种社会关系的建构与交流。进而,仪式的展演被贴上了"旅游"的标签成为一种特殊的"旅游展演"。旅游舞台中的"导演""编剧"意识到宗教仪式的重要性,东巴仪式延续性地被开发上演。

借助"东巴法会",实现了东巴们之间及其与社会的广泛关系与交流;通过"祭丁巴什罗"仪式及其展演,强调了"东巴"群体的独立性及其与其他群体的边界,现代"旅游展演"被形塑成一种现代仪式与社会记忆而具有大众旅游时代的文化表征性。

2. "东巴教圣地"·旅游胜地:旅游舞台的时空建构

玉水寨不仅是丽江地区一个重要的旅游景点,也是丽江地区展示东巴文化、举行东巴仪式的一个重要场所。

相较于传统仪式,玉水寨景区的"东巴法会"与"祭丁巴什罗"仪式已脱离传统的文化空间,被固定在特定的场景之中。过去,东巴教没有固定的活动场所,一般都在村落或家庭中举行,自然的环境赋予了东巴教的自然特性。曾经,丽江地区每逢甲子年要举办"甲子会",此会期间诸宗教并行活动,不同宗教和平共处。如1924年的丽江甲子会上,有设在玉皇阁的洞经、皇经、道师三班的经堂,有皈依堂的藏传佛教法事活动,有借用狮子山南头和尚庙举行东巴教仪式活动等。② 1998年11月开始,在和开祥等老东巴的指导下恢复兴建了景区的一批文化景观、祭天场、祭风场等。后来又建成了东巴壁画廊、东巴神门、和合院、玉水缘大殿、大自然神金身塑像和祭自然神场以及世界记忆遗产东巴古籍文献纪念碑等一系列设施,营造了独特的景区文化。1999年昆明"世博会"后公司把发展目标定为"东巴圣地",并招收了一批学员在玉水寨东巴传承院进行学习和东巴文化的传承。从那时起,诸如"国际东巴文化艺术节"等凡是

---

① [美]理查德·鲍曼:《作为表演的口头艺术》,杨利慧、安德明译,广西师范大学出版社2008年版,第205页。
② 杨国英:《丽江纳西族传统的和合文化研究》,http://www.mzb.com.cn/html/report/245551-1.htm,2013年3月。

与东巴文化有关的活动都在旅游景区举行，玉水寨景区不仅是地理空间也是在旅游发展环境下被"圣化"的文化想象空间。

"东巴圣地"一般是指香格里拉县的"白地"① 地区，而"东巴教圣地"的塑造使得玉水寨旅游景区成为"现代"东巴文化认同上的象征空间。2011年，"东巴法会"上又把原来的"东巴圣地"改为"东巴教圣地"。据说这种改变有历史事实：玉水寨是隋末唐初（1400年前）纳西族最早定居白沙一带时就祭祀自然神"署古"的古祭祀场，可以神泉口两株古树为证。另外，从现实层面来看：进入20世纪末，当东巴文化在纳西族民间濒临消亡的情况下，这里是最早利用东巴文化开发旅游景区并开展东巴文化传承保护的地方，这里东巴活动场所规模最大，传承和展示东巴文化的内容也最全面。2006年8月，被中国民间文艺家协会命名为"东巴文化传承基地"②。玉水寨景区特别提供了东巴们长期社会交往的共同在场、集中互动的"空间"，可以说，借助现代社会空间特别是旅游景区和设施打造出了景区的特殊社会地位和文化功能，"东巴法会"的举行一般是以景区内的玉水缘大殿和天香塔旁场地为主要活动场所。据白地东巴教大法师和志本说，新中国成立前（香格里拉县）白地白水台"圣泉"旁曾建过一座供奉东巴什罗的神殿，不幸毁于火灾。2003年举行的东巴法会上丽江的和学文也说：新中国成立前夕，太安汝南化村后山灵洞"什罗乃可"内曾塑有东巴什罗、阿普三朵、恒底窝排三尊神像，在洞口建有瓦木结构的门坊，在灵洞前举办过多次大型的东巴聚会活动，说明历史上有过东巴庙③，因此，玉水缘④的修建对于现代东巴信仰的重构和仪式的实践具有很强的功能和作用。

"玉水缘"是景区内一个标志性的旅游景观和展演中心，"东巴教圣地"超越于"民间"，"圣化""凌驾"其上故而形成特定的文化要素并

---

① "白地"是纳西东巴文化的发祥地，在东巴教中有独一无二的重要地位，民间有"不到白地，不算真东巴"之说。白地一般是指云南省迪庆藏族自治州香格里拉县三坝纳西族乡白地村民委员会所辖区域，这里独特的地理位置和环境、"阿明灵洞"的圣祖遗迹以及民间还在传承与活动着的东巴宗教使被称为"东巴圣地"。（杨正文：《东巴圣地白水台》，昆明云南人民出版社1999年版）。

② 丽江玉水寨网站，http://www.yushuizhai.com，2012年10月。

③ 同上。

④ 2014年4月，"玉水缘"的匾牌上又添加了"丁巴什罗殿"的字。

拥有相应的营销竞争力与社会权力,而"玉水寨"成为各种社会行动者聚集和交流的象征空间,也为社会交流提供了舞台和机会。通过游客的"看"与东巴的"被看",文化的旅游展演有助于重构传统文化、重新确立东巴的现代社会身份、强化文化认同与社会认同。同时,从旅游开发选址到旅游景区的开发管理,再到把旅游景区作为"圣地"的载体,加强了对"景观"的塑造。"圣地"的"圣化"主要表现三方面:"所示之物""所做之事"和"所说之话"。"所示之物"主要有景点中的各种建筑、物品,包括景区内的"圣地石""荣誉墙","所做之事"如各种仪式展演和有关活动,"所说之话"则具有各种类型的"话语"。当然,此"圣化"并非传统宗教意义上的,文化神圣化赋予它所触及的客体、人物和情境以某种本体论上的跃升,这很类似于体化现象,而且这种神圣化的权力也就是产生神圣的社会划分和社会秩序的权力。①

3. 音声和行为:旅游展演中的参与和体验

现代化的进程对人类社会生活带来的一个根本性改变就是社会交流方式的变化。现代网络通信手段推动了社会交流的便捷化、表象化,面对面的"困难"冷化了人情之暖,所以学界的研究视野又回归到对"身体"及其"行为"的研究特别是探讨"身体"的社会意义。"身体转向"体现了当代社会特别是西方社会正在经历的"身体感觉"和实践方式的重大变迁②,如朱蒂斯·巴特勒(Judith Butler)就主张"身体"具有"表演性"的特点,而且通过行为、手势等进行表达。从这个角度来看,包括旅游开发在内的旅游行为促进了"东巴法会"的发展与历史建构,并通过各种具体的实践维护了社会的交流与秩序,游客也通过眼、耳、口及身体的等各种器官和感觉来感受、感悟差异性文化以及对东巴文化的认知。

"汁占"仪式又作"加威灵"仪式,也是东巴教仪式中一项重要内容,其要旨是祈求一种神秘的超自然力,包括内在的精神性和物质性的力量,是东巴们取得正式东巴资格和获得较高声誉的重要标志。在传统的观念中,凡是举行过"汁占"仪式的东巴及其世家,地位较高,反之则地

---

① [法]皮埃尔·布迪厄、[美]华康德:《实践与反思——反思社会学导引》,李猛、李康译,邓正来校,中央编译出版社1998年版,第333页。

② 彭牧:《民俗与身体——美国民俗学的身体研究》,《民俗研究》2010年第3期。

位一般。①"加威灵"仪式的举行一般不限在特定的仪式中,有需要的情况都可进行此仪式,可在祈吉求福、镇鬼禳灾的仪式前举行以获得所祈求的神力以战胜恶鬼。当代也出现了个别纳西人请东巴举行这个仪式的现象,但这只能说是当代一种非传统的个人行为。②

"加威灵"仪式也请"丁巴什罗"神降下福祉,通过各种象征行为对获得东巴学位者的身份认定,并赐予东巴在现代社会的特殊"效力"。很多东巴,包括那些曾经参加过东巴文化培训班的学员都参加到下午"对答"和"接米"的整个过程中,气氛相当"热烈"。"对答"时,杨文吉担任主要领诵者,四位大东巴(除了宁蒗地区的两位达巴外)坐在玉水缘下的台阶平台中一起念诵祭丁巴什罗的经书,传达着"什罗"赐予的法力,而年轻东巴们就在台阶下"感恩"丁巴什罗并说出要如何对待。"对答"的环节,仿佛是一个场景的模拟,在大规模的仪式中有33段这样的"对话",在延寿仪式中举行的"汁占"仪式中也有,是对传统"戏剧"的再现与展演。而台阶的"上"与"下"象征着东巴学位的不同级别,大东巴与东巴师、东巴学员的身份区别和仪式过程的行为需要。在"接米"中,和力民手抬米盆边口诵经书边撒米,东巴们或持板铃把长衫摊开或把帽子取下来接。"米"有一种增加"威力"的象征作用,有的不仅接了米直接吃下去,还有的装在衣服口袋里带回家。甚至,有一些顾客也参与进来。一位游客回答笔者"不知道是什么意思,反正是好的意思吧"!"旅游展演"还可使游客在参与的实践中获得心灵的"祈福"感受。

2013年法会上颁发的"学位服"包括有一件长衫、背心、红色头巾及"五佛冠",也是对东巴身份的确认标志。1999年"丽江国际东巴文化艺术节"时发过一套衣服,也是对东巴身份与工作的认定。在很大程度上来说,服装和颜色都具有象征意义,服装标明衣着者,不仅说明他是什么人而且还表示他不是什么人③;如果脱离了特定的场合,衣着用品就"毫无意义"可言了。东巴(达巴)学位的评定,分为东巴王(卡)、大东巴、东巴师和东巴学员四个等级,东巴卡暂时空缺,东巴大法师6位,东巴法师30位,东巴传承员40位。在服装方面,每一个级别的衣服都是

---

① 李国文:《人神之媒——东巴祭司面面观》,云南人民出版社1993年版,第63—64页。
② 杨福泉:《东巴教通论》,中华书局2012年版,第212页。
③ [英]埃德蒙·利奇:《文化与交流》,郭凡、邹和译,上海人民出版社2000年版,第55页。

统一的款式和颜色，与民间东巴身份相区别。新的服装与各种可见的外表是一种新的社会身份和地位的标志，76 位东巴全体穿上新衣服接受了学位证书的颁发仪式，之后又参与到整个仪式中。丽江地区的东巴与宁蒗地区的达巴，通过这种特殊的"学位评定"被联系在一起又加强了西部方言区与东巴方言区的纳西文化之间的交流。

图 3-4　2013 年东巴法会参会人员合影

仪式结束前，到场的所有东巴跳起东巴蹉（舞蹈）。整个舞蹈由东巴大师和力民领舞，他右手敲大鼓，左手执板铃，带领着东巴们围成圆圈地跳起了"祭丁巴什罗舞"。在鼓声、板铃声"伴奏下"，有的游客也随之舞动。舞后，东巴文化传承院院长杨玉勋在前面吹响了两个海螺，东巴杨文吉端着装有米的盘，东巴们或手拿花瓶或拿香炉或持香紧跟其后开始念诵起了"祭五方神"的经文，边口诵边进行跪拜仪式，而有的游客看到这样的场景也参与进去并一同跪拜，游客通过"身体"的舞动进行"参与"。每向着一个方位（东、南、西、北、中），杨文吉就带领着众东巴们和游客进行"口诵"和"跪拜"。而先前跳过东巴舞的一队东巴不再参加跪拜。笔者还看到，有很多游客到此景区还会在天香塔上香、跪拜。相比较而言，念诵经书的声音对社会交往的增进度是有限的，舞蹈与身体动作的参与性和体验性要更强。

仪式的展演具有行为的特征，与生活中一般的习惯性行为不同，它表现为特定的含义、特定的社会群体特殊"地方性"知识系统的象征性文化表述和文化表演。"东巴法会"的现代性使其中的仪式成为有别于传统意义上的行为实践而具有一定的特殊含义。此外，仪式的展演也是一种内在情感的隐喻。通过仪式中的诸种行为，口诵经文、东巴舞蹈、跪拜等具体行为，东巴的身份即刻就会发生由"俗"到"圣"的转换和升华。东巴舞蹈大概有三百六十跳，祭丁巴什罗舞对东巴信仰的营造和东巴文化的强化有着重要作用。东巴舞蹈作为纳西族东巴经的抽象再现，通过艺术的环节提升了东巴仪式的感召性，提供了文化的表达形式。在自然的村落生活中，东巴的"精神领袖"地位和威信也通过这种仪式行为得到强化和巩固。[①] 就连东巴舞蹈使用的手鼓、板铃等法器及其音声也使这些行为惯性固化为一种"内觉体验"的象征体系，"信仰、仪式与音声"三位一体的整体性表达，东巴的价值也得到"在场"者的认同，巩固了东巴仪式话语权的隐喻性。

另外，无论是哪个旅游目的地，各种形式不同的表演都是游客不可或缺的体验方式。作为"文化表演"的一部分，游客也要通过各种观赏和参与来加强体验，获得客体与主体的统一。身体，不仅具有活态的特征，与之相关的身体语言、装扮、服饰、歌舞、仪式、禁忌等也都形成了活态的展演文本。表演，在理论上被看成人的社会行动，在世界上展现自身存在的一种方式。旅游者"描画"空间，扮演"戏本"，通过重组自己的体验和旅程使之赋予新的意义。从这个意义上讲，旅游可以看成一种"剧目上演"。从某种意义上说，"体验"和"表演"都属于旅游者的心理世界与外部世界的一种"对接"，只不过路径稍有不同而已[②]。旅游场景中的游客也通过观看的视觉审美、音声的听觉感受、身体的参与及各种具体行为来体验异文化。游客在行动场域中对"音声、行为"的参与、体验，增进了不同文化之间的交流和了解。

4. 社会交流：旅游场域中行动与资本的转换

仪式中的言语部分和行为部分是不可分离的[③]，"东巴法会"的旅游展演与各种行为为东巴文化的现代化创造了良好的"行动场域"。"东巴"

---

① 申波：《纳西族东巴仪式舞蹈中鼓语的象征性叙事》，《贵州大学学报（艺术版）》2012年第3期。

② 刘丹青：《"体验"与"表演"：旅游者的文化表达》，《中南林业科技大学学报》2008年第5期。

③ [英] 埃德蒙·R. 利奇：《从概念及社会的发展看人的仪式化》，史宗主编：《20世纪西方宗教人类学文选》，金泽、宋立道、徐大建等译，上海三联书店1995年版，第510页。

图 3-5 发衣服

图 3-6 东巴舞

是将信仰及经书中的内容应用在实践中的联结中介,"东巴法会"及其仪式联结起了一种特殊的社会结构,不仅东巴们在此进行各种交流,游客对地方文化的了解也在具有社会表演性特征的行为实践中建立起特定的社会关系。

玉水寨景区工作人员有特殊的安排与分工,有六位东巴是专门接待游客的。平时,他们都不会刻意地和游客建立某种关系,在仪式中他们会忙于自己的行为实践,而当游客向东巴咨询或提问的时候,东巴们才会和游客有话语上的交流。笔者曾在顶灾仪式中见到这种情形:当游客询问时,东巴回答说,"这是在把不好的东西顶走","是祈福的"!东巴法会的整个过程游客驻足观看,东巴们"传承"着"传统"的仪式,景区作为一个"大舞台",呈现了一出"看与被看"的社会"舞台剧",东道主与游客的社会关系和交流还特别依赖于各种体化的实践及社会行为来实现。

受旅游业发展的影响，对文化的保护与传承在不同阶段也有所不同。2006年，玉水寨景区的接待量超过88万人次，2008年超过100万人次，东巴们都基本上只忙得赢为游客做东巴文化的展示工作，能固定做传承活动的时间减少，出现了"重展示、轻传承活动"的情况。于是，2008年，公司提出了"把传承与展示分开"的工作思路，在东巴的编制与分工上进行了调整[①]。2009年，公司做出了《关于东巴外出法事活动的规定》，开展了东巴文化传承"为民间服务"的新探索，重新加强了企业与民间的联系，同时使玉水寨获得了更广泛的社会基础和社会效益。今年的东巴法会上还出台了《关于设立东巴传承补助金的决定》，旨在建立东巴文化传承的考核机制以切实促进东巴文化传承活动的常态化进程。企业与东巴之间在具体的工作与行为过程中采取了不同的社会分工，不仅有了良好的社会职能交换，也在行为实践交换中体现出重要的社会地位和社会角色，并稳定东巴文化的传承与保护工作。

不仅如此，仪式以一套显性程序展示了丰富的文化内涵，其隐形话语则揭示了仪式背后的社会关系与权力话语。玉水寨景区始终坚持走"景区建设同东巴文化传承保护相结合"的发展道路，成为丽江旅游三大品牌之一。2011年，玉水寨把2003年的"东巴圣地，丽江之源"改为"东巴教圣地"并在玉水寨的上下入口处立了石碑，为游客留下了"到此一游"的影像背景。十多年的"东巴法会"与持久重复的行为再生产出一种"舞台真实"文化和特殊的社会构架。文化的品牌成就了玉水寨的旅游，而旅游的发展也反哺并推动了纳西东巴文化的传承与保护，"文化"与"旅游"的交换与互动使之被丽江市委市政府命名为"玉水寨模式"。2013年5月，"玉水寨"获评丽江市知名商标，10月入围首届"风云滇商"最佳企业文化奖。到目前，玉水寨有限公司已发展成为拥有国家AAAA级的玉水寨景区、丽江西域电子商务旅行社、丽江纳西网站、玉水寨网站、东巴协会网站、三叠水大酒店、丽江原生态纳西文化（塔城署明）保护区、东巴文化传承学校、白沙动白生态农场、剑川闲林文化生态旅游有限公司、丽江和合文化传播公司为一体的集团型民营企业，在旅

[①] 和锐：《把传承与展示分开——玉水寨传承东巴文化探索（一）》，《玉水缘（玉水寨公司内部刊物）》，2009年。

游市场中拥有了特殊的权力，经济权力、文化权力甚至由此而转换生成一定的社会权力。

布迪厄认为资本是一种积累的劳动，其中文化资本有三种存在形式：具体的形态、客观的形态和体制的状态①。前两者都是社会行动者以"身体化"与"铭刻化"为"学术证书"的第三种状态形成惯习式的实践与积累，在进行社会实践的同时建构社会权力和社会地位。同时，"惯习"的历史性结构导致了个人以及集体实践的产生，由此也遵循着历史所赋予的程序书写了历史，使"东巴文化"在集体与个人之间获得转换与获得。这三种形式在行为与交流中获得某种特殊社会关系，企业、协会、东巴、民间、游客等多种社会行动者在旅游场域中进行着各种资本和所需利益的交换。

再有，东巴学位的认定与颁证离不开行政部门的许可，其间又进行着复杂的文化资本、经济资本和政治资本之间"隐藏式"的交换。2012年，玉龙纳西族自治县人民政府通过了关于丽江市纳西东巴文化传承协会《关于实施东巴达巴学位评定工作》的办法。协会组成了由东巴文化学者代表，纳西东巴、纳日东巴、摩梭达巴代表和东巴文化传承协会代表组成的东巴（达巴）学位评定委员会，对一百多位申请者进行考核，考核分笔试与面试，主要以主持祭祀仪式（法事）、民族语言、民族情感、东巴舞等进行综合的评价与考核，对传承人及其传承工作有了更高的要求，东巴（达巴）学位的评定是"玉水寨模式"的延伸与发展②。通过政府的力量及其背后的深层关系，市场、民间与政府的行为又统一在了一起。评定结果还在2012年6月12日的《丽江日报》上进行了《关于东巴（达巴）学位授予前的公示》，在丽江地区产生了极大的社会反响，通过社会宣传，"学位评定"工作实现了社会存在"合理性"与国家认定"合法性"的有机统一。2013年5月，景区还邀请有关学者进行了"东巴讲坛"的活动，明显都受到了现行教育体制影响包括"学位评定"在内的这类工作又受到了学术场域的关注与强化。

旅游展演是一种被展示的交流行为，交流过程包括对空间、时间与意

---

① ［法］皮埃尔·布迪厄：《文化资本与社会炼金术》，包亚明译，上海人民出版社1997年版，第192—201页。

② 丽江玉水寨网站，http://www.yushuizhai.com，2012年12月。

义进行的各个方面的协商①。可以看到，以"旅游展演"为特色的行为实践与社会交流成了现代社会中重要的沟通中介和桥梁。同时，社会关系交流的畅通可以把各种动机转化为合理性的甚至是合法性的行为，并使得这种特定社会结构的自主性越强而产生合法性的策略（见图3-7），这种社会系统的稳定性又通过社会实践和惯习产生自身的文化再生产机制。

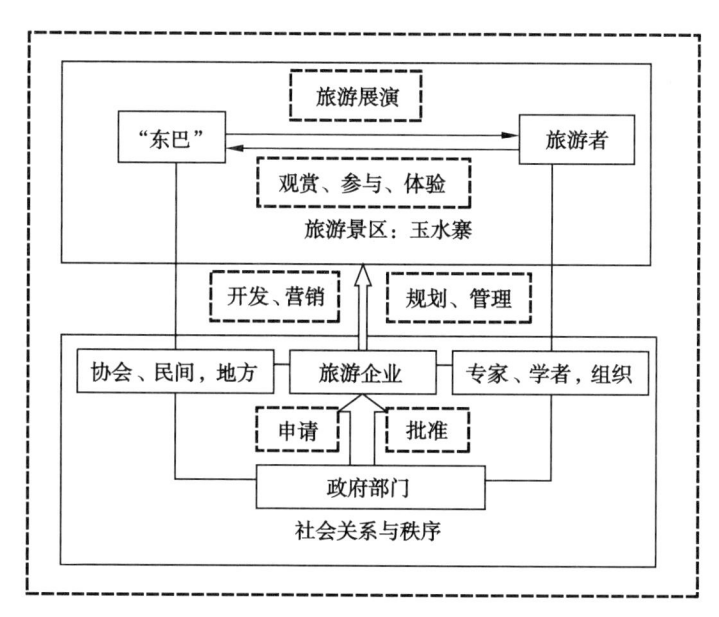

图 3-7 旅游展演舞台的社会关系

由于旅游开发和旅游业的影响，"东巴法会"成为包括"祭丁巴什罗""汁占"等仪式展演的现代社会交流活动。旅游展演及其所包括的体化与体验的各种社会行为及实践，建构起旅游"舞台"上"东道主"与"游客"互动关系为表象，企业、民间、协会和政府等有关的社会行动者的利益互动与交换为"后台"复杂社会结构关系，而主导性的政治行动者则隐藏在深处并引导着各种社会关系的变换与发展。

仪式属于一个特定的具有社会属性的共同体，展演对特定的社会秩序起着重要作用，仪式展演是形式的，其内涵是多重的。"东巴法会"是一场不同于（宗教）仪式展演的旅游展演，旅游展演是权力关系的操作与

---

① ［美］杰茜卡·安德森·特纳：《旅游景点的文化表演之研究》，杨利慧译，《民俗艺术》2004年第1期。

交换，是政治资本、经济资本和文化资本对各自权力的展演与转换，行为实践在其中起着重要的转换作用。身体及体化实践，是社会和政治意义的重要载体①，处于社会历史实践交流的核心。而"宗教祭祀表演"和"旅游展演仪式"只是其中的一种形式，在不同社会情景和社会目的下形成了不同的宗教表演、文化表演、政治表演或旅游展演并影响着其中的行为方式和实践，影响着特定的社会秩序与社会关系。

三　文化与旅游：保护与传承之路

东巴文化的保护与玉水寨景区的旅游发展有着密切关系，且在不同阶段呈现出不同的关系，从文化的角度来说实现了从"东巴村"到"东巴圣地"到"东巴教圣地"并成为一个"典范"，同时也成为一个有名的旅游品牌。

在旅游创业期，景区的旅游主题和旅游形象不明确，对东巴文化的定位也还不确定；在旅游快速增长期，东巴文化的主题性和旅游品牌逐渐得到凸显，并围绕着东巴文化对景区的景观进行了大力打造，不仅获取了较大的经济利益，同时还有社会效益和特定的文化资本；在旅游发展的稳定增长期，旅游的发展逐渐反哺文化，文化与旅游的关系也在不断地得以稳定，有良性的互动发展态势。当然，也采取了很多措施进行管理与保护尤其是对东巴文化进行了有效的保护与传承。

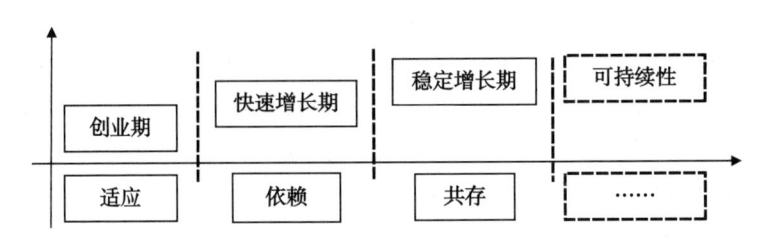

图 3-8　旅游发展不同时期文化与旅游的关系发展

---

① ［美］保罗·康纳顿：《社会如何记忆》，纳日碧力戈译，上海人民出版社 2000 年版，第 127 页。

（一）景区的品牌管理

玉水寨的游景区管理大概包括品牌管理、制度管理和服务管理等多方面的内容，通过各种管理措施大大推动了玉水寨旅游景区的旅游发展并稳固了旅游品牌的社会影响。

1999年，公司建成具有纳西古代民居特色的东巴村，把它作为东巴的生活居住地和开展东巴文化传承与展示的活动场所，大东巴在东巴村诵经、讲经以及培养东巴传人。同年，丽江首届国际东巴文化艺术节在玉水寨设祭祀分会场，吸引了大批国内外游客，验证了东巴文化的旅游价值。玉水寨还聘请了老东巴杨文吉担任东巴导师、东巴文化研究专家和力民为常年顾问，招来跟东巴文化有各种渊源的年轻东巴到玉水寨专门从事东巴文化的传承与展示工作。从此，玉水寨便走上了一条以东巴文化为特色的旅游景区的发展道路。[①]

2001年开始，玉水寨恢复东巴法会。同年6月，玉水寨被评为国家AA级旅游风景区，初步确立了文化旅游品牌的形象。特别是在中央台做了"东巴圣地，丽水之源"的旅游宣传片，使得玉水寨不仅吸引了大批游客的到来，在丽江旅游市场中也逐渐占据了重要地位。"过去，这里是以餐饮为主的地方，从国家AA，到AAAA级景区，东巴只有4—5个，主要就跳东巴舞，给游客求平安符。近几年来，（东巴文化）传承院的发展很大。开始的时候，是不让学的。就是上班时不准学，要为游客服务。游客进店拜了可照相，想拜拜，拜了可照相，拜香后点三个头，2元敲一次"。在最初的阶段，由于受旅游业的影响，在旅游旺季的时候经常要花上很多时间为游客服务，为游客东巴文写平安符或进行一些东巴舞的展示。

2006年，玉水寨生态文化旅游公司决定再度提升景区的文化内涵，将景区做成生态与文化旅游的精品，并按国家AAAAA级旅游景区的标准展开全面建设完成升级改造和申报工作。生态与文化的整合是景区的一大特色，景区也成为宣传纳西文化的活载体。

2010年10月，玉水寨风景区又被列为丽江市旅游标准化试点以来，

---

① 《民族文化传承保护与企业发展良性互动的典型——玉龙县玉水寨旅游发展》，《丽江之路》，红旗出版社2009年版。

景区把标准化创建工作作为景区的重点工作,设立标准化工作独立账户和专项资金,完善工作机制、强化监督检查机制。根据《关于加快发展旅游业的意见》(国发〔2009〕41 号)《全国旅游标准化发展规划(2009—2015)》《关于全面推进旅游标准化试点工作实施细则》《丽江市旅游标准化发展规划 2011—2015)》《丽江市旅游标准化试点工作实施方案》,玉水寨景区也制定了《玉水寨旅游标准化发管理办法》《玉水寨旅游标准化监督检查制度》《玉水寨旅游标准化体系表》等,对于进一步提高景区旅游产品和服务质量,全面提升旅游服务、旅游管理水平,提高景区的核心竞争力起到了积极作用[1]。

玉水寨景区还从餐饮服务、导游服务、购物服务等各个方面提升景区的服务质量。在景区入口处专门设有旅游纪念品的购物服务项目,专门经营玉水寨景区的专利产品如东巴文字钥匙扣、自然神纪念盘、世界记忆遗产纪念盘、自然神平安符等,还有民族工艺品、土特产品、民族音乐光碟、书籍等。东巴文化旅游产品形式多样、品种丰富,极富地方民族特色,目的就是让游客把丽江和丽江文化"带回家"。尤其在 2015 年,玉水寨风景区引进了"智能语音导览系统"项目,强化解说服务系统,增加景区服务的科技含量,满足游客个性化需求,提升景区服务品质。

2011 年,玉水寨景区被农业部、国家旅游局认定为全国休闲农业与乡村旅游示范点。2012 年,玉水寨景区被评为全国休闲农业与乡村旅游五星级示范创建企业(园区)。玉水寨不仅是"文化与自然融合发展的典范",也是东巴文化保护传承与旅游结合的典范。[2]

(二) 文化组织管理与文化保护传承

玉水寨景区的文化保护与传承主要依托东巴文化传承协会、东巴文化传承学校等相关团体展开文化活动并建立了自我管理的保护机制。

2003 年 12 月,丽江市纳西东巴文化传承协会(简称东巴协会)的成立。东巴协会是经丽江市文化局审批,丽江市民政局注册登记,丽江市唯一一家专业从事纳西族东巴教文化传承事业的民间社会组织。由纳西族著名的优秀企业家和长红发起,召集纳西族东巴、专家和学者组建而成。东

---

[1] 《丽江玉水寨景区旅游标准化试点工作》,http://www.yushuizhai.com/news/?68_1404.html,2015 年 6 月。

[2] 云南旅游电子政务网,http://www.ynta.gov.cn/Item/18914.aspx,2014 年 1 月。

巴协会现有会员 100 余人，包括了丽江境内主要从事东巴文化传承、研究的人员，其核心成员是以玉水寨培训的学员为主。协会的运作主要靠玉水寨支撑，其注册资金、活动组织、活动经费都是由丽江玉水寨生态文化旅游有限公司提供。从 1998 年开始东巴传承人培养工作以来，经过半年以上培训的累计已达 40 多名，其中有 10 多名现仍在玉水寨学习、工作。后来，东巴协会又具体分三个部门：东巴文化传承院，东巴文化传承学校和东巴画廊。目前，大概有 4 人在东巴文化传承院，3 人在东巴文化传承学校，3 人在画廊，有 1 人后来去了三多阁（见表 3-4）。

表 3-4　　丽江玉水寨东巴文化传承院东巴现状（2015 年）

姓名	年龄（岁）	村籍	时间（年）	个人简历
杨文吉	78	塔城巴甸村	11	1930 年生，自幼与父亲杨五、大东巴和绍文、和绍章学习东巴文化，1999 年受玉水寨东巴文化传承院的邀请，在玉水寨东巴文化传承院担任东巴文化老师至今，教授了 40 多名东巴文化传承人。*
杨玉勋	36	塔城署明村	11	1994 年开始学习东巴文化，2000 年来到玉水寨拜师老东巴杨文吉学习东巴文化，现担任玉水寨东巴文化传承院院长。现为玉龙县政协委员，第一届玉龙县文联代表会代表。
和国伟	46	大具村	3	1975 年开始学习东巴文化知识，有较深的东巴占卜技艺，曾在印象丽江、束河古镇等地方工作，现在在玉水寨东巴文化传承院工作。
杨学胜	40	塔城署明村	5	2006 年开始到玉水寨东巴文化传承院学习东巴文化知识。现仍在玉水寨东巴文化传承院深造学习，已经能独立主持简单的东巴教祭祀仪式。
和旭辉	21	塔城巴甸村	11	为大东巴和绍文曾孙。自幼学习东巴文化，2000 年拜师老东巴杨文吉学习，如今在玉水寨公司文化部做东巴文化传承策划、兼做东巴文化传承协会办公室，东巴学校教师和东巴协会网站管理员。
和华强	25	白沙新尚村	10	2001 年开始来到玉水寨跟着杨文吉老东巴学习东巴文化知识，一直主攻东巴文化绘画至今。期间多次代表玉水寨和丽江到外地参加东巴文化的宣传交流活动。至今已是纳西族新一代东巴中出色的东巴画师。现在东巴画廊工作。
杨桂军	39	塔城署明村	4	1972 年 6 月出生，2006 年开始到玉水寨东巴文化传承院学习东巴文化知识。已经能独立主持祭天等简单的东巴教祭祀仪式。现在东巴画廊工作。
杨勋	36	塔城署明村	8	2006 年开始到玉水寨东巴文化传承院学习东巴文化知识。已经能独立主持简单的东巴教祭祀仪式。现在东巴画廊工作。

续表

情况 姓名	年龄 （岁）	村籍	时间 （年）	个人简历
石春	43	宁蒗县拉伯乡三江口村	3	1983年开始跟父亲学习东巴文化知识技艺，一直在民间做东巴祭司，2008年来到玉水寨东巴文化传承院工作至今。现在东巴学校担任教师工作。
和学东	24	巨甸金河村	4	2005年开始在东巴文化研究院学习东巴文化知识技艺，2007年7月来到玉水寨深造学习，现任东巴学校教师。
杨国新	61	白沙玉龙村	11	2000年开始跟杨文吉学习东巴文化知识技艺，现在在玉水寨东巴文化传承院工作，兼职做协会东巴文化传承学校教师。
杨学红	58	太安天红村	10	1994年开始学习东巴文化知识技艺，曾在丽江市东巴文化博物院工作，后到东巴文化传承院学习深造东巴知识。现调到三多阁工作。

资料来源：根据相关资料和笔者2012年、2015年调查资料整理。

* 杨文吉参加过1983年的"东巴、达巴座谈会"，之后在村子里重新主持东巴仪式，是1983年会议后唯一健在的一位东巴。

2009年年底，由东巴协会牵头，丽江玉水寨生态文化旅游有限公司资助设立了"玉水寨东巴传承学校"，办学地点临时设在北岳庙。第一期东巴传人培训班于2010年1月开学，学习期限5年，学员8名，年龄在10—14周岁，均系东巴世家的孙辈或后裔。东巴学校的培养目标是把这批人培养成为全面掌握东巴教文化兼具汉语文基础知识、品学兼优的东巴文化传人。所设的教学科目有：东巴象形文字，东巴经文，东巴教祭祀礼仪，与祭仪相关的音乐、舞蹈、绘画、雕刻、捏塑、编扎制作等手工艺，纳西拼音文及俗语，反映纳西族地区自然地理历史的本土知识、汉语文、体育、思想品德、劳动等。2015年，第一期已培训结束正招收新一批学员。在毕业的学生中，有4人留在学校，2人留在了画廊，另外2人回家了。

此外，东巴协会还有以下分支机构：曙明原生态纳西东巴文化保护区、丽江市纳西东巴文化传承协会新主分会、玉水寨东巴文化传承基地。

曙明片区有6个村民小组，170多户，800余人口。由于相对封闭的自然环境，至今仍保存着相对完整的以原生态东巴法事礼仪为核心的文化形态。丽江市纳西东巴传承协会和玉水寨公司在这里设立原生态东巴文化保护区并开展了一些工作，建立保护区管理机构，出资开展各项传承活动，并组织引导鼓励广大群众参与传承活动，这一系列措施似乎已经形成了一套完善的传承机制。

鲁甸乡新主村①位于玉龙纳西族自治县西北部,新主东巴文化传承学校于2005年建校,学校自建成以来,和桂生、和盛典等东巴祭师在学校开办了六期培训班,培养了民间传承保护骨干20多人。2008年春节,学校在该村举行了已停滞50年的纳西传统民俗祭天仪式,一直延续至今②。2010年,在新主东巴文化传承学校挂起了丽江市纳西东巴文化传承协会新主分会的牌子。丽江市东巴文化传承协会捐款修缮了东巴什罗殿,捐赠铜铸东巴什罗像,并进行了隆重的开光仪式。同年,"国家级非物质文化遗产——纳西族东巴画传承基地"挂牌暨培训班开班,现已成为功能齐全的民间文化传承基地。

图 3-9 新主传承基地培训班结业合影(2012 年)

2014年,白沙新善村东巴文化生态保护区已成功申报为丽江市东巴文化生态保护区。新善村是纳西族最早在丽江盆地的居住地,建村历史悠久,是东巴氏族"东氏"族源所在地,至今活跃着众多传统民族文化传承人、民间文艺社团、民间艺人,仍保持着古老的传统习俗。玉水寨的东巴学校就设在新善村,"旅游+文化+乡村"的方式同时也促进了乡村经济社会发展的和谐关系。

在此过程中,玉水寨的文化保护与传承机制也相应建立。一是对东巴

---

① 鲁甸新主村有21个自然村社,894户,共3982人,是个自然风景优美、民族文化醇厚的地方,它地处"三江并流"世界自然文化遗产核心地区。曾经,产生过许多闻名于世的东巴教大法师,如和世俊、和文质、和才、和正才、和开祥、和云采等,创办过东巴文化传习学校,是东巴文化的重要发祥地之一。

② 《云南丽江传习东巴文化,学校教育民间活动并进》,《中国日报》2012年7月23日。

图 3-10 东巴学校学生在上课

仪式的重视，而且通过各种仪式加强玉水寨东巴与民间的联系；二是重视东巴自身的学习和传承，主要表现为东巴学位等级的评定工作，对活态保护产生了积极的效应，并在很大程度上实现了"传承在民间"的意义。

从 2011 年开始，玉水寨景区规定了在每年每月的农历初五这天要举行一个仪式，详见表 3-5。

表 3-5　丽江玉水寨东巴文化传承院全年祭祀活动（2013 年）

农历	公历	日期	仪式	备注
一月		初五	祭天	初十一（祭高）
二月		初八	祭三朵，山神	
三月		初五	祭什罗神	
四月	6月5日	初五	祭署	
五月		初五	祭药神	
六月		初五	顶灾	
七月		初五	祭天	初十一（祭高）
八月		初十三	祭风	
九月		初五	祭山寨神	
十月		初五	祭财神（素库）	
十一月		初五	祭祖（利恩）	
十二月		初二十五	退口舌	

说明：玉水寨东巴院从 2010 年 7 月开始，2011 年正式实行的全年祭祀活动表。

其中，农历六月初五的顶灾，是根据现实中这个月份是多灾的月份而定。九月农忙时节，祭祀活动很少，在确定此活动时而选定了祭山寨神，以保佑村村寨寨之意（见附录 2-1：2012 年丽江玉水寨东巴文化传承院的顶灾仪式调查笔记）。2008 年《关于东巴外出法事活动的规定》还规定，在可能的情况下玉水寨东巴要尽可能地进行外出祭祀活动，为乡间服务，见表 3-6。据了解，这项工作至今仍在持续进行中，与民间建立了良好的社会关系。

表 3-6　2013 年度外出进行法事活动情况（玉水寨东巴文化传承院）

序号	祭祀仪式时间	祭祀仪式地点	祭祀仪式名称	主持及参加祭祀仪式人员	备注
1	2013 年 2 月 7 日	"丽江 1 号"和总家宅	祭神仪式	杨文吉、杨玉勋、杨勋	
2	2013 年 3 月 9 日	白沙镇新善村	素注仪式	杨玉勋、杨勋	
3	2013 年 3 月 11 日	白沙镇	丹美空瀑东巴仪式	杨玉勋、杨学红、杨勋	
4	2013 年 3 月底	龙蟠乡	迁坟仪式	和国伟	
5	2013 年 4 月 16—18 日	太安乡天红村	取名、祭神仪式	杨学红	
6	2013 年 5 月 16—18 日	太安乡天红村	祭署仪式	杨玉勋、杨学红	
7	2013 年 6 月 9 日	"丽江 1 号"和总家宅	祭神仪式	杨文吉、杨玉勋	
8	2013 年 7 月 26 日	白沙镇丰乐村	竖新房祈福仪式	杨文吉、和学武	
9	2013 年 8 月 13 日	束河村	退鬼仪式	和国伟	
10	2013 年 10 月 25 日	玉龙村布农铃家宅	祭天仪式	杨玉勋、杨学胜	
11	2013 年 11 月 30 日	白沙镇丰乐村	素注仪式	杨玉勋	
12	2013 年 12 月 1—2 日	太安乡汝南	开丧仪式	杨学红	
13	2013 年 12 月 5—6 日	太安乡红麦	凶死者开丧仪式	杨学红	
14	2013 年 12 月 18 日	太安天红村	祈福仪式	杨学红	
15	2013 年 12 月 28 日	动白开发区	退口舌仪式	杨文吉、和学武	
16	2013 年 12 月 28 日	文海百岁坊玛咖基地	祭天大仪式	杨玉勋、杨学胜	

2012 年，经政府批准对东巴进行了等级评定，积极扶持其开展东巴文化的传承保护工作。2013 年 4 月，在东巴法会上颁布了《关于设立东巴传承补助金的决定》，规定了具体的考核内容：坚持个人的日常信仰活动；固定拜师一人或带徒弟一人，并开展传习活动；年内在本地主持或参

加祭天、祭胜利神、祭自然神、开展各种祭仪至少五次，玉龙县、古城区东巴年内到玉水寨祭拜东巴什罗、祭自然神两次，其他县一次，按时参加年度东巴法会等，并按不同学位等级和传承实绩予以补助。2015年5月，经云南省民政厅审核批准成立了云南省东巴文化保护与传承协会。2015年7月，召开了云南省东巴文化保护与传承协会第一次会员大会，产生了协会的领导机构，10月在丽江举行了云南省东巴文化保护与传承协会挂牌仪式。协会于2015年8月，2016年1月前往白地、俄亚、泸沽湖地区（包括达祖）对东巴、达巴进行了相应的考核工作，之后将颁发印有云南省东巴文化保护协会、迪庆州文化局、玉龙县政府红章的等级证书。不仅扩大了丽江玉水寨的影响，更重要的是极大地推动了滇川地区东巴文化的交流。2015年，玉水寨被列为国家藏羌彝文化产业重点项目，成为重要的"中国纳西文化传承基地"。

旅游景区的管理除了对资源进行开发、对景区进行生态管理外，特色性景区还需强调对"文化"的管理，尤其对东巴、东巴仪式、东巴文化的管理，不仅可以提升旅游景区的主体形象，也进一步推动了文化与旅游的融合发展。

四 小结

"玉水寨模式"反映出了"文化与旅游"的演进关系：早期以文化推动旅游经济的发展，当旅游经济进入稳定增长期后，旅游开始反哺文化，又回到对文化的保护与传承过程中，而且形成了景区展演与生产性保护的良性循环过程中。虽然，文化具有不可复制性和不可再生性，景区的旅游展演也不只是为了表演而表演。

可以说，玉水寨景区已发展为包括"生境—空间—仪式—物—人"的景区式旅游展演。首先，景区空间是旅游展演的重要基础，也是物、人、空间、载体有机文化体系的重要载体。东巴教是一种民间宗教，过去主要存在于交通偏远的村落，东巴"不进城"，只能借助旅游背景下特定空间的建构来进行文化空间再生产及保护。而空间的神圣化更加强了游客对东巴文化的认知，"东巴圣地·丽江之源"及2011年"东巴教圣地"的旅游发展目标使景区维护着文化的神圣性。当然，其舞台空间的建构使东巴文化具有强烈的"舞台性",而"舞台真实性"维持着东巴文化的"旅游化生存"及旅游业的可持续发展。其次,文化的行为实践及传承如节日、仪式、艺术等不仅是旅游展演也是文化保护的重要内容。空间及物静态地展示了生活场景,节日、仪式等动态地呈现着文化,旅游展演中的"音声—行为—交流"机制活态地传承着文化生活,尤其是已举办16年的"东巴法会"已成为"常态化"的仪式文化。此外,玉水寨动态传承与保护东巴文化还特别重视培养年轻东巴、设立原生态东巴文化保护区、资助民间东巴文化传承活动。

需要注意的是,虽然玉水寨的文化保护是在企业推动下进行运转的,但企业与政府、与社区、与东巴、与更多的社会行动者都营建了一个良好的社会关系网络。对内,又通过一系列的品牌管理、制度管理和服务管理等措施进一步促进了对纳西文化,对东巴文化的良性发展。东巴学位等级评定工作现已对滇川地区的东巴进行了考核,将"纳人"凝聚在一起,产生了很强的族群认同;不仅提升了纳西族东巴、达巴的文化认同、民族认同和社会认同;更推动了滇川地区对东巴文化的保护与传承。

经过多年的长足发展,玉水寨不仅在旅游市场中成为游客了解纳西文化的重要景区,在滇川的纳西族地区也已产生了广泛的社会影响。尽管,在丽江的旅游开发中有很多东巴文化的开发乱象,导致了东巴文化的变迁乃至变异[①],就以"东巴"命名的旅游商品就不计其数,东巴文化的商品化现象繁杂,但是玉水寨案例在滇川纳西族尤其是东巴们的面前却是一个特殊的代表,在东巴文化的旅游展演与文化保护中发挥着重要作用。

---

① 光映炯:《旅游场域与东巴艺术变迁》,中国社会科学出版社2012年版。

第四章

"东巴圣地"白地：半景区展演与民间团体的保护

一 白地与白水台景区概况

"白地"是香格里拉纳西族主要聚居区之一，它方圆不过百里却在整个纳西东巴文化中具有举足轻重的作用。在纳西族群的历史上一直被认为是东巴文化的发祥地和东巴教的"圣地"。

对于纳西族来说，白地是迁徙路上重要的一站。最早在白地定居的民族是纳西族，后来才有清末到民国时期迁入白地的汉族、彝族。据史书记载，源于中国西北氐、羌族群的纳西先民于汉代向南迁徙到大渡河上游的牦牛道，被称为"牦牛夷"，从三国到唐初的数百年间，雅砻江以东的纳西族先民逐渐向西南迁徙，称"摩沙夷"。公元3世纪初，越巂郡定筰县（今四川盐源县）已有"摩沙夷"居住。8世纪末叶，迁徙到今金沙江流域的滇西北一带，白地的纳西族大概就是在这个时期开始在此定居的。①

明代，丽江木氏在加强对滇、川、藏交界地区武装控制的同时，采取了政治、经济、文化、宗教各种措施，推行村寨领主（拇瓜）制度，大量开采金、银矿，移民造田等，促进了这个地区社会经济文化的全面发展，带来社会稳定、民族团结，使纳西族地区实现了政治、经济一体化。

---

① 历史学界认为纳西族主要渊源于远古时期居住在我国西北甘、青河湟地带的古羌人。向南迁徙至岷江上游，又向西南方向迁至大渡河与雅砻江流域，之后再南迁至金沙江上游。唐代樊绰《云南志·名类第四》曾载："磨蛮，亦乌蛮种类也，铁桥上下及大婆（鹤庆）、小婆（永胜）、三赕（丽江）、探览（永宁）、昆池（盐源）等川，皆其所居之地"，已和当今纳西族的分布很相近。

这时期有多支移民从外地迁到白地，如现在居住在古都村、波湾村、吴树湾村的"普都"祭天群杨姓纳西人，由丽江木家桥迁到白地。① 水甲村一支和姓纳西人从丽江迁来，他们首先在现在的下知恩村附近居住了一段时间后，再迁到了白地。②

汉和帝元十三年（101年），牦牛徼外白狼、楼薄等部十七万口内附，香格里拉地区与中原有了联系（时香格里拉地属白狼部落）。三坝唐属吐蕃神川都督府，宋为磨些大酋所据。元代，白地、瓦刷、哈巴和江边属宝山州，而同属三坝乡的东坝属吐蕃。三坝明成化二十三年后，由木氏土司占领，清雍正二年，滇西北地区实行改土归流后，属中甸县五境之江边境。③ 民国初仍属江边境，时称为北地村。④ 民国27年（1938年）中甸县推行保甲制度，白地属第三区三坝乡。民国27年设三坝乡，下辖7保96甲，时称白地为白地甲。⑤ 1950年中甸县（现改名为香格里拉县）解放，沿设三坝乡，白地分为了白上村、白下村。1957年乡改为区，村改为乡，白上、白下、瓦刷并为白地乡。1961年改为白地公社，下设白上、白下、瓦刷三个管理区。1962年恢复区乡建制，白地属三坝区之白地乡。1968年三坝区改为三坝公社，其下的白地乡分为白地、瓦刷两个大队。1984年，改为三坝区，白地设为乡。1988年复改为三坝乡，1989年成立三坝纳西族乡，白地设行政村至

---

① 参见和继全《木氏土司与白地历史文化——兼论木氏土司的起落和纳西东巴教的兴衰》，《丽江木氏土司与滇川藏交角区域历史文化研讨会论文集》，中国藏学出版社2009年版。

② 历史学界认为纳西族主要渊源于远古时期居住在我国西北甘、青河湟地带的古羌人。向南迁徙至岷江上游，又向西南方向迁至大渡河与雅砻江流域，之后再向南迁至金沙江上游。唐代樊绰《云南志·名类第四》曾载："磨蛮，亦乌蛮种类也，铁桥上下及大婆（鹤庆）、小婆（永胜）、三赕（丽江）、探览（永宁）、昆池（盐源）等川，皆其所居之地"，已和当今纳西族的分布很相近。

③ 中甸县五境为大中甸、小中甸、格咱、尼西、江边五境。参见云南省中甸县地方志编纂委员会《中甸县志》，云南民族出版社1997年版，第48—49页。

④ 和清远修，冯骏纂（民国）《中甸县纂修县志材料》："在江边境，曰良美村，曰格路湾村，曰所邑村，曰吾竹村，曰车竹村，曰天吉村，曰木笔湾村，曰拉咱古村，曰哈巴村，曰东坝村，曰洛吉村，曰北地村。"见和泰华、段志诚标点校注《中甸县志资料汇编》，中甸县志编纂委员会办公室，1992年，第23页。

⑤ 段绶滋纂修（民国）《中甸县志》，和泰华、段志诚标点校注：《中甸县志》（民国），见中甸县志编纂委员会办公室，《中甸县志资料汇编》（第3册），1991年。

今。① 三坝纳西族乡的乡政府设在白地行政村的水甲自然村。2009年，乡政府在香格里拉县三坝白地完小所在地建设白地新村（新自然村），随即，三坝纳西族民族乡政府、三坝纳西族民族乡法庭、三坝纳西族民族乡派出所等依次从水甲村搬迁至此。②

"白地"是纳西语 bər³³ dər³³ 的汉语音译，也写作"北地、蹦地"等。"白地"一般是指云南省迪庆藏族自治州香格里拉县三坝纳西族乡白地村民委员会所辖区域。③ 三坝乡位于香格里拉县东南部，哈巴雪山之东麓，乡驻地距县城香格里拉县有100千米，路不好走，弯道多。辖江边、哈巴、瓦刷、白地、东坝、安南6个村委会，75个自然村，人口1.5万，有纳西族、汉族、彝族、藏族、回族、傈僳族等世居民族，其中纳西族占62%以上。其中的白地村委会下辖15个村民小组（自然村），其中古都、波湾、吴树湾、水甲、恩水、恩土、补主湾、阿鲁湾8个自然村为纳西族村庄；而距白水台较近的主要有四个纳西族村，即波湾、古都、吴树湾和水甲；上火山、中火山、下火山、陈家村、熏洞5个村为汉族村，马家村、陆家村为彝族村。由于距离香格里拉县城交通较远，比较封闭的地理环境使其很少受到外来文化的影响，保存了比较古老的东巴文化形态并流传至今，是目前纳西族东巴文化原始风貌保存比较完好的地区之一。2012年，被住房和城乡建设部、文化部、财政部三部门列入第二批国家级传统村落名录。

白地东巴文化圣地的内容一般认为主要包括：圣人阿明和阿明灵洞、圣地白水台、东巴经书的古老独特风格以及东巴文化的深厚底蕴。首先，纳西族民间把白地当成东巴教的圣地，各地凡有条件的东巴一生中都要到阿明灵洞朝圣，举行烧天香和求威灵的祭祀仪式。民谚称"没到过白地，不算好东巴；没到过拉萨，不算真喇嘛"。连纳西东部方言区永宁坝的东巴（东部方言，无文字，自称'达巴'）们，也认为他们的口诵经是从白地学来的。④

---

① 和继全：《白地波湾村纳西东巴文调查研究》民族出版社2015年版，第29—30页。
② 王蕾：《忧郁的白水台——香格里拉三坝纳西族群身份的当代展演》，硕士学位论文，华东师范大学，2015年。
③ 白地，按当下行政区划单位为白地村民委员会，简称白地村委会，其下辖自然村称为村民小组。为叙述方便，本书依照传统习惯，把自然村称之为村。
④ 和志武：《纳西东巴文化》，吉林教育出版社年1989年版，第57页。

灵洞，位于白地东北面的山上，为喀斯特岩溶洞，洞分左、右二洞。右洞较小，左洞分上、下两层，上层约15平方米，洞内平整、干燥，光线柔和，非常适合禅修打坐。阿明修行的岩洞，民间也有认为是阿明的藏身洞。据传阿明是白地水甲村人，小时候因家贫欠债被藏族贵族僧侣抓去养马抵债。他一边干活，一边暗中学习，逐渐精通了经典和法术。阿明放马的地方有一条大河，河上有一座独木桥，是回家的必经之路。阿明放马时将一匹好马训练得具有遇桥飞奔，遇河猛冲的本领，而其他马一到桥边，他就扬鞭猛抽将它们赶回，使它们养成了遇桥回头的习惯。有一天，阿明窃取了全套经书和法器，骑马飞奔过河，僧侣们骑马追来，一到桥边，马就回头，只好眼睁睁看着阿明逃走。阿明逃回白地，为逃脱追捕，隐藏到水甲村对面山上的岩洞中。于是岩洞被称为阿明灵洞，成了东巴教的圣地被后世加以崇拜。[①] 东巴如能到阿明灵洞举行加威灵仪式，据说便具有镇鬼降妖的法力，所以各地东巴都以到白地朝圣祈求威灵作为人生的崇高目标，至今仍然是东巴教信徒们梦寐以求的理想，也研究东巴文化的学者们向往的地方。[②]

需要指出的是，去阿明灵洞的游客很少，而去白水台进行民俗活动的当地人和去白水台景区观看的游客却是经常性的。所以，本研究主要集中在白水台景区的旅游空间，且以距白水台景区较近、关系较密切的古都村、波湾村和吴树湾村为重要研究对象。

以古都村为研究重点的原因是：一，古都村传说是白地最古老的村庄；二，2014年调查时，古都村现有东巴六位，和志本、和志强、杨文金、和永兴、和永红、和卫（见表4-1）。其中，以和志本最有名，1928年生，属龙，89岁，是白地甚至东巴界为数不多的名副其实的大东巴。[③]他于1999年被云南省评为民间美术师；2007年被中国非物质文化遗产中心评为"纳西族手工造纸传承人"，但年事已高，已不再做仪式了（和志本，于2017年5月去世）。三，古都村与白水台景区结为一体，村口有古都村的祭天台，甚至白水台景区内现仍有部分古都村的社有林。

---

① 参见和钟华、和尚礼编《纳西东巴圣地民间文学选》，云南民族出版社1991年版；杨正文《圣祖遗迹留千古》，《东巴圣地——白水台》，云南人民出版社1999年版，第44页。
② 和继全：《白地波湾村纳西东巴文调查研究》，民族出版社2015年版，第54页。
③ 杨亦花：《白地和志本东巴家祭祖仪式和祭祖经典研究》，硕士学位论文，西南大学，2010年。

表 4-1　　　　　　　　　白地古都村东巴现状（2014）

姓名	年龄（岁）	基本情况
和志本	89	1928 年生，属龙。1999 年被云南省评为民间美术师；2007 年被中国非物质文化遗产中心评为"纳西族手工造纸传承人"，大东巴，擅长造纸和绘画。"文革"以前，大概 20 岁时跟舅舅学的。1957 年停掉，1977 年又慢慢一点点学（做）起来。
和志强	83	和志本的弟弟
杨文金	74	东巴
和永兴	61	和志本的大儿子，会造纸
和永红	50	和志本的三儿子，属马，会造纸，部分仪式，不做丧葬仪式。
和卫	43	30 岁开始学，经书 10 多本，画画不行，会一点舞蹈，不会造纸

波湾村又写作"崩湾"，翻译成汉语为高地蛙头村寨的意思，是白地最高的村庄。波湾村延续了古老的东巴文化传统，甚至在白地的宗教活动中还具有一些特权。20 世纪 50 年代以前，白地的大型东巴祭祀仪式都由波湾村的东巴主持，尤其是"二月八"的活动。1957 年的时候，全村 30 多户 184 人，有东巴 15 人，东巴人数占总人口的 8% 强，① 而目前，全村有 80 户左右，东巴只有三人：树应田、和学胜、和学仁，还有学徒三人：和袁、和正武、和文胜。

每年农历二月初七，由波湾村的东巴主持举行大除秽仪式，祭天、祭自然神、祭胜利神、顶灾等仪式，二月八的这天才是附近各村寨的各民族尽情狂欢的日子。现在，这一习俗仍然在延续。笔者于 2010 年 3 月曾参加过白水台的"祭天"和"二月八"，但"东道主"的"亲历"更能呈现节日的气氛、文化的变迁及种种，见"日志摘录"。

吴树湾村现有 96 户，448 人，全村 100% 为纳西族，其中多数是纳西族汝卡支系，占了 87%。现在比较有名的是一位年轻东巴和树昆等，曾师从著名东巴和占元。

由于较少受外来文化和汉文化的渗透和影响，白地至今还保留着祭天仪式等传统文化，白地有三个祭天群，普度、古徐和古扎。普度祭天群的祭天台就在白水台入口处旁边。白地曾被列入云南省历史文化名村，2006 年纳西族造纸工艺被列为国家非物质文化遗产之一。但是，随着近年来东巴的老龄化或离世，白地东巴文化的保护与传承也相继出

---

① 和继全：《白地波湾村纳西东巴文调查研究》，民族出版社 2015 年版，第 3 页。

第四章 "东巴圣地"白地：半景区展演与民间团体的保护

现了难题。

[日志摘录]

3月18日，星期一

今天是二月初七，每家人都在为第二天的"祭天"节日做准备，女人都在舂饵块，洗衣物。而乡里今年要举办歌舞活动，特邀省里、州里、县里的有关部门还有丽江市有关部门来参加，准备在今天下午一点开始歌舞活动。上午，须由白地波湾村全村人到白水台搞传统的"祭天"活动。一年一次的祭天活动，不知道延续了多少年。

清晨，全村男女老少，背上炊具和食物，组织几名青壮年将祭天猪送上山。这只猪，是由政府出钱买的一头重几百斤的肥猪，宰杀的猪肉由全村老少平分。同时，还有两只大公鸡，一只是剥了皮的；一只大公鸡用来放生。放生时，须由经师念经做仪式。在祭天坛里，有专门用来祭杀猪和鸡的祭坛，各种仪式要持续几个钟头。

刚吃过饭，就哗啦啦下了一场阵雨。虽然对祭天和演出有一定的影响，但对农民来说，这是一件求之不得的事。因为近几年干旱，从去年入冬以来，还未下过一场雨雪。在以往，随时会有老百姓自发组织到白水台求雨而做的各种传统祭祀仪式，而今天的雨，有可能跟祭天有某种联系吧，是众神高兴而下的圣水吧！

阵雨过后，到政府组织的活动现场去观看演出。这次表演的演出单位是省文化厅下属的单位团体，而乡政府到各地纳西村庄里邀请了能歌善舞的群众来演出，很有本地特色。下过雨后的天很冷，节目安排演出很精彩，不知不觉就下午六点多了。

3月19日，星期二

在三坝纳西族里，最为隆重的节日是"二月八"，称为"朝白水"。方圆几百千米以内，所有的纳西族都会到白水台参会欢度节日。在我的记忆里，那天的白水台，是人山人海，是歌舞的世界。

早晨，我得准备所要用到的各种炊具及吃的饭菜，还要特备一只大公鸡，然后由马驮上白水台，然后回到售票室工作。

村里的孩子们，也都早早穿上父母为他们准备的节日盛装欢天喜地地向白水台进发了。但是，只有20%的男性和40%的女性穿着纳西族古老的服饰。

以前，不管来自哪里的人，都要牵着马，把东西放到马背上，或骑着马到白水台。现如今，时代变了，各家都开着自家的大、小汽车，拖拉机而来。近两千米的公路两旁停满了车。

而今的节日，都为了一顿饭，吃过午饭，很多人就匆匆下山去打牌了。几年前，还有赛马场、歌舞场，如今都是空空如也。

当然，人们还是要到祭坛前祭拜、烧香、磕头，喝口圣水再装瓶圣水带回家。祭坛上，香火从早到晚一直不断①。

需要提及的是，在白水台旅游景区现在常有三位东巴，其中有两位东巴是古都村的，一位是波湾村的。据调查了解，最早来白水台景区为游客烧香、念经的人是树银甲，之后就是和志本。东巴和志本告诉笔者，"当地一些人知道我是大东巴就请他上白水台做仪式，那时这里（白水台）还没卖门票"。"大概是2003年去的，已经有十多年了。以前各民族全都相信，所以都上白水台祭神、烧香、祭菩萨，各民族都搞，现在越来越少，搞也不搞了，念也不念了。那些来旅游的人，大部分不相信迷信，相信科学了，就不来那里拜了，而是绕着走"。

后来，波湾村和学胜坐在泉水旁边靠近波湾村的位置，古都村的和永兴坐在他的对面位置，和志强坐在求子洞旁，三人的位置固定，不更换。现在，是古都村和志强、和永兴以及波湾村的和永合在烧香台旁从事一些简单的仪式活动。

经常都在的有两位。和志强，现年81岁，古都村人，身体依然十分健朗，20岁开始跟舅舅学习东巴文化，在白水台求子洞风雨无阻坚守了13年，除了接待来求子的当地人外，还接待了来自广东、上海、美国、澳大利亚、日本等的游客。老人家向我们述说了一对俄罗斯夫妇在求子洞求子后第二年产下孩子，为答谢他将他接到俄罗斯为小孩做仪式并取名的故事。和永兴，现年61岁，古都村人，父亲是当地有名的大东巴和志本。和玉兴是和志本的大儿子，作为东巴世家子弟的他，50岁才开始向父亲学习东巴文化。九年前开始到此地接替父亲为游客念经、求平安等（白水台景区开发后，和志本在20年前便到此为游客烧香、念经等）。自己平时在家写写经书。

---

① 2014年记录。日志记录人，和先生。整理：光映炯。

上述三位都是在白水台景区开发后自发而来，有10多年了，他们认为他们的职责是保护好这块烧香的地方。他们不属于白水台景区公司管理，无工资。不过，三坝乡的东坝、哈巴等地还有一些影响较大的东巴如习尚红等。而且，白地至今还有一些在制作东巴鼓的年轻东巴。白地的东巴仍然在民间存活着，丽江、俄亚等地东巴也常常来白地进行相关交流，不仅学习、交流东巴经书，也带走了造纸、做鼓的手工技艺。

二 "东巴圣地"的旅游发展历程

"没有到过白地，不算真正的东巴"。

图4-1 白水台东巴胜迹

图4-2 香格里拉天界神川自然公园白水台景区导游图

由于独特的自然景观和文化资源，白水台地区自古就吸引了无数的中外游客前往观光游览。就白水台景区的旅游发展而言，依据介入的社会主体的不同可分为三个时期。

（一）1987年以前：民间性的朝拜与旅行时期

据说唐代就有来自木里、盐源、丽江等地的纳西宗教人士前往白地朝圣祭祀丁巴什罗。之后，又有很多东巴教徒都要到白地为毕生所追求去拜师、学经、研习东巴文化，特别还要在阿明灵洞举行"汁占"（"加威灵"）仪式。从广义的角度来说，具有宗教朝圣的"前旅游"的意义。

之后，有很多名人的游览为白水台景区增添了更多的文化内涵和旅游知名度。唐宋时代的白水台即已成为滇西一带有名的游览胜地。在源头的石壁上刻有明代纳西土知府木高所题诗一首："五百年前一行僧，曾居佛地守弘能。云波雪浪三千垄，玉埂银丘数万塍。曲曲同流尘不染，层层琼涌水常凝，长江永作心田玉，羡此高人了上乘。"诗末题"嘉靖甲寅长江主人题释哩达禅定处"。嘉靖甲寅为公元1554年，由此上溯500年，即公元1054年。此虽举其大概，但可谁知在北宋中期，东巴教的祖师就在这里修行传教。丽江上知府木高400多年前就去朝觐"圣地"，题诗摩崖。当代著名美术家、被誉为"摩些先生"的李霖灿就曾于1941年到白水台游览并与当地的藏、纳西、傈僳、彝各族人民欢庆"二月八"。美国的洛克也曾到过白水台，"北地是一个朝圣的著名地方，因为每个纳西东巴教徒的愿望是在他的一生中，要到北地'世罗内可'圣洞朝一次圣。……据说，纳西东巴教的创立者东巴世罗曾经住在这洞里，并从那里向四处传教"①。还有陶云逵等一些著名的纳西东巴文化研究者也无数次到此地进行调查和游览，这些旅行活动都或多或少地带有宗教文化旅游的特点。

（二）1995—2002年：政府行为的主导时期

1981年修通中甸到三坝的公路（毛路），旅游者开始进入白水台景区。1987年，白水台地区成立文物保护区，并聘用三人进行白水台的保

---

① ［美］约瑟夫·洛克：《中国西南古纳西王国》，刘宗岳等译，宣科主编，杨福泉、刘达成审校，云南美术出版社1999年版。

护工作。① 据调查，1995年时，三坝乡成立了乡旅游管理委员会以加大对景区的管理，当时有5—6个工作人员，由副乡长分管。1996年由于香格里拉的旅游热潮，到中甸再到白水台的旅游者开始增多。

1998年年底开始发动村民修水沟，用于补给白水台水源。据了解，波湾村100%的用水、古都村30%的用水均取自这一泉眼。1999年修景区栈道，专为旅游者行走。2000年由乡政府出资，古都村将原先的人行道改建为马道。在2001年初，公路改建为柏油路。②

1999年，国家实行"五一""十一"黄金周的休假办法（2008年取消），游客量逐年增多。据了解，当时白水台景区一天的最多游客量达2000人左右，一年的收入在140万元左右。

1992年，中甸正式对外国人开放。1995年，州县旅游局的成立标志着中甸旅游业开始走入正轨，而香格里拉的发现开始了中甸旅游业的全面发展，再有"天保工程"的实施，逐渐造就了中甸旅游业的支柱产业地位。③ 而自2000年开始，白水台景区由中甸旅游局下属的门票办统一负责有关票务工作，门票收入上交县财政④。

这个阶段，由于有政府和当地有关部门的共同参与努力，白水台景区的"五景"及其规模都已基本成型，景区面积有100多亩。白水台景区具体由白水泉、仙人遗田、求子洞、仙人游池、烧香台、摩崖诗、白水河瀑布、阿明洞、野炊塘等景点组成。在泉台左下侧有一天然塑像，洁白如玉，形如怀孕女子，当地群众视为生殖的"神女"。旁边有一形似女性生殖器的石形，纳西人凡遇事都会前往求拜，人们称为"求子洞"，据说相当灵验。而景区最核心的地方当数出水口旁边的烧香台了。

（三）2002年至今：企业组织的运作时期

2002年3月，香格里拉天界神川旅游业发展有限公司成立，该公司

---

① 肖佑兴：《旅游目的地旅游效应及调试对策——以白水台为例》，硕士学位论文，云南师范大学，2002年。
② 同上。
③ 杨桂红、孙炯：《香格里拉的腹心地——中甸旅游业发展及管理模式——兼谈中国西部老少边穷地区旅游》，《经济问题探索》2001年第2期。
④ 肖佑兴：《旅游目的地旅游效应及调试对策——以白水台为例》，硕士学位论文，云南师范大学，2002年。

图 4-3　白水泉

图 4-4　求子洞

是由云南澜沧江实业有限公司和香格里拉县人民政府共同组建的、有相当规模的大型景区管理和旅游资源开发的合作有限公司。公司于 2002 年 4 月正式启动"天界神川之旅",包括虎跳峡急流峡谷探险景区;哈巴雪山自然风光环山景区;白水台东巴文化探秘景区;碧塔海高原湖泊植被考察景区四个著名景区。2005 年前后,丽江至香格里拉旅游线路中,游客们大多都会经过白水台并前往参观,曾经的东巴文化山庄也很"火"。而天界神川旅游业发展有限公司对古都村所属的白水台景区先租用,后又以每户每亩 6 万进行了征用,但是至今在景区的中部还有一片社有林,这造成了林地使用与管理上的诸多矛盾。

由于很多原因,如特别是由于交通通达性较差,香格里拉到三坝的弯道很多,丽江到三坝沿线虎跳峡经常有碎石滚落。特别是 2006 年以后,在香格里拉约 200 千米的东环线上，还分布着普达措国家公园、碧塔海国际重要湿地、哈巴雪山、虎跳峡等更多旅游景区景点的开发，到白水台景区的游客量开始逐年减少。

图 4-5　白地古都村祭天场

图 4-6　白地古都村社有林（中部）

自 2006 年始白水台景区的旅游发展则处于相对变革期。白水台景区被迪庆州旅游开发投资有限公司①购买，现隶属于香格里拉虎跳峡旅游经

---

① 云南省迪庆州旅游投资集团成立于 2006 年，截至 2008 年年底，公司注册资本达 1 亿元，总资产达 11.31 亿元。主营对迪庆州内旅游景点景区和宾馆酒店进行开发投资，并开展国内、国际旅游业务。主要是旅游重点开发项目、旅游基础设施、旅游精品工程以及相关配套产业的投资建设和经营管理。下设"梅里雪山国家公园开发经营有限公司""虎跳峡旅游经营有限公司""滇金丝猴国家公园经营有限公司""普达措国家公园旅业分公司"等公司，并经营管理多家酒店、旅行社、商品开发公司及演艺公司等。

营有限公司。据了解，2013年年底迪庆旅游投资公司又被昆明旅游投资公司收购，从2014年初开始预计将投资2700多万进一步开发白水台景区，项目包括：大型停车场、门禁系统、职工宿舍、栈道维修、白水河源头引水工程等。

香格里拉虎跳峡旅游经营有限公司的白水台景区部门，现主要有两个方面的旅游管理机构：一个管理部门（4人），负责景点管理，包括景点的保护、垃圾清运、景点治安和监督旅游者的不良行为等；一个售票部（5人），负责门票（30元）的销售、监督和处理等事务，以及一名炊事员负责景区工作人员的日常饮食。另外，还有一帮马队（12人）。马队成员主要来自古都村村民，全村90户分为4个组接待游客，主要在旺季负责接待。

到2001年10月为止，白水台附近共25家企业（据乡工商所统计）。[①] 而到2015年，在通往香格里拉的公路沿线只有10余家的私人酒店、客栈。规模较大的有：白玉园假日酒店（1998年由昆明一位老板投资建成，主要经营餐饮和住宿等，为两星级酒店，现已没有接待游客）、东巴文化山庄（均为木制房，1998—2006年曾生意兴旺）、宝丹商务酒店（宝丹即"白地"）；后来又有东巴集贤苑、白水台乡村民族风情庄、白水台纳西农家乐、乡情鱼庄、三斤客栈、白水河饭店、白水台鱼庄等。目前，只有宝丹商务酒店的设施要相对好些，而东巴集贤院因是东巴和志本的儿子开设，现为"三坝东巴文化非物质文化遗产第一传承点"，老板可向游客进行旅游向导、文化解说、交通联系，游客也可观看造纸技艺、深度了解东巴文化，所以接待情况相对好些。

另外，从2006年开始，私人投资的"东巴文化圣地——白水台纳西生态文化村"也在筹备建设中，目前已完成项目规划设计，建成水电路和部分标志性建筑，完成前期投资1000万元，并开始接待国内外游客。"白水台纳西生态文化村"的选址在白水台滋吾村，其目的是抢救文化、挖掘文化和宣传文化。生态文化村将建成纳西族生产、生活习俗、民族宗教、文化传承的东巴学校、民居接待、农家餐馆、展演厅、民间工艺美术展销厅、东巴音乐茶室、文化研究以及文化对外交流等设施，占地80亩，

[①] 肖佑兴：《旅游目的地旅游效应及调试对策——以白水台为例》，硕士学位论文，云南师范大学，2002年。

要把东巴村打造成世界上唯一活着的纳西族历史博物馆。① 但是，现在由于受到游客流量的限制，这个生态村很少发挥出它的实际功能。

从目前的经营管理现状来看，白水台景区由于游客量少，游客一般"看一眼"就走，停留一两个小时，而且都是香格里拉—丽江一线的过往来客；而且景区的景观大不如前，像自然及人文等方面的破坏，栈道受损，水源越来越少，有部分台地已变黑，景区的经营管理也相对散漫。据说，昆明旅游投资公司将投资 2700 多万元进一步开发白水台景区，项目包括：大型停车场、门禁系统、职工宿舍、栈道维修、白水河源头引水工程等解决这些问题。

文化成为资源就会成为旅游市场中争夺的资本，但是与纳西族在丽江的"独特"性和特有文化权力比较而言，白地的纳西文化没有香格里拉藏族文化那样的地位和文化权力；从旅游开发价值来说，也比不过虎跳峡景区。对开发商而言，白水台景区自身吸引力不强并且路途遥远，而虎跳峡是"东环景区"中最"有价值"的景区。2008 年 9 月 4 日，迪庆州十一届人民政府第 21 次常务会议决议收回虎跳峡、白水台等景区（旅游东环线）专营权。2008 年 11 月，迪庆州人民政府责成迪庆州旅游投资开发有限公司（作为迪庆州政府的独资企业）出资 1.5 亿元收回虎跳峡、白水台景区及旅游东环线虎跳峡路段 33 千米道路管理、使用权。2008 年 10 月 23 日，迪庆州人民政府同意成立迪庆州香格里拉虎跳峡旅游经营有限公司，全面负责虎跳峡景区及 33 千米公路的规划、开发、建设、经营、管理。2009 年，迪庆州香格里拉虎跳峡旅游经营有限公司投资 2 亿元，对旅游虎跳峡景区东环线 33 千米路段进行改建、扩建。如今，迪庆州旅游开发投资有限公司几乎完全控制了地方旅行社的经营行为，并且暗中禁止本地旅行社招徕游客进入白水台景区旅游（长线地接团以及国外游客除外）。② 在政治资本与经济资本的博弈过程中，白地的文化资本受到严重打击，文化权力更是薄弱。

---

① 《香格里拉东巴文化圣地白水台纳西生态文化村建设项目可研报告》，http://www.doc88.com/p-4415470578097.html，2014 年 7 月。

② 王蕾：《忧郁的白水台——香格里拉三坝纳西族群身份当代展演》，硕士学位论文，华东师范大学，2015 年。

三 "看"与"被看":两难的境地

在调查中多次了解到,2005年来到白水台景区时游客很多,但现在游客很少,"很冷清",与丽江旅游的发展相比差别太大;"不来白水台觉得遗憾,来了白水台也觉得遗憾"。在游客对白水台景区的旅游凝视中透视出白地的旅游变迁,而当地人也在白地的简单平凡与外界的浮躁纷繁之间穿梭,在"看"与"被看"的两难中重复着日常生活。

(一)"纳西人心中的文化圣地":白地的文化空间与文化保护[①]

1. 白地的村落空间

"白地",是纳西东巴文化的发祥地和"圣地"。村落的公共空间根据不同的分类标准可以有很多类型,且已从一个事物的内在与外在两个部分进行比较全面的来分类[②]。通过调查并结合白地的实际情况,白地村落公共空间的特殊性主要体现在以下几方面:

首先,它是一个物态空间和意态空间的结合体。

"白地"可理解为"白色之地",即指白水台。据有关专家测定,白水台已有20万—30万年的历史,含碳酸氢钙的泉水流出地表后,受热氧化后变成碳酸钙,长年累月沉淀而形成台幔,好似层层梯田,纳西语称之为"释卜芝",意为逐渐长大的花。从外观上看,这片白色的自然奇景在这里非常显眼。白地的白水台是我国最大的华泉台地,面积约3平方千米,是由于碳酸钙溶解于泉水中而形成的自然奇观。白水台是白地村的主体景观,由于其独特的自然条件和人文因素,在滇川地区的纳西东巴文化中具有举足轻重的作用。

白地,在东巴教中有独一无二的重要地位。和志武认为:东巴教开始大规模用象形文编写东巴经可能始于被奉为神明的白地人阿明。他生于北宋中期(11世纪),这时的东巴教已发展到著书立说的新阶段,标志着东

[①] 光映炯、和继全:《白地的村落公共空间、认同维护与文化保护》,《纳西学研究》,民族出版社年2015版。

[②] 郑赟、魏开:《村落公共空间研究综述》,《华中建筑》2013年第3期。

巴文化已形成于白地。① 而且白地出过阿明大师，有著名的白水台和阿明灵洞圣地，有保持古老独特风格的象形文字和东巴经书，是东巴文化形成的中心，学问高深的大东巴也比较多，因此民间有"没有到过白地，不算真正的东巴""白地东巴最贤能"之说。圣人阿明和阿明灵洞、圣地白水台、大东巴和东巴文化等文化特质形成了深厚的文化底蕴，又被誉为"东巴教圣地"②。

其次，它是一个仪式空间和休闲空间的结合体。

据说，白水台最初是作为神祇来敬奉的。相传，纳西族东巴教的圣祖丁巴什罗从西藏学佛归来，经过白水台被其自然美景所吸引，留下来进行传教活动，因此是纳西东巴教徒的神圣之地，并形成纳西族的主要聚居区之一。"二月七"，当地纳西族必须在这里举行隆重的祭天仪式，要去"朝白水"；二月八，白地村和周边其他地方的纳西族、藏族、傈僳族、彝族都会前往进行娱乐活动，跳起"阿卡巴拉舞"和其他的民间舞蹈。传说，白水台的"仙人遗田"是创世之神修的梯田模型，要人们模仿白水台的样子修梯田、种粮食。人们认为他们的保护神就居住于此，所以是当地各族人民祭祀神灵的地方，一些重大的东巴祭祀仪式和节日都在这里举行，如每年的"二月八"祭天仪式等。③《光绪新修中甸志书稿本》中有载："仲春朔八，土人以俗祀为祭，赍币承牲，不禁百里而来；进酒献茶，不约千人而聚。此一奇也，亦胜景也。"④ 因此，独特的自然华泉台地和纳西东巴文化组合了良好的旅游景观，并吸引了无数的中外游客前来旅游观光。

最后，它也是一个生活性空间和景观性空间的结合体。

白水台是当地纳西族日常生活举行祭祀活动的重要场所，同时也是游客观光的主要旅游景观。白水台景观主要是由白水泉、仙人遗田、求子洞、烧香台、摩崖诗、仙人游池、白水河瀑布、阿明洞、野炊塘等景点组成，最核心的地区当数白水泉，当地话称为 [ji^{55}k'ɤ^{214}miɛ^{51}]（"吉卡枚"），意为"大水源"，男神女神嘴里喷出来的水。村民来求保佑，先

---

① 和志武：《纳西东巴文化》，吉林教育出版社1989年版，第91页。
② 杨正文：《东巴圣地——白水台》，云南人民出版社1999年版。
③ 和继全、和晓蓉：《传统节日的文化传承与多民族宗教和谐功能—以香格里拉白地纳西族传统节日"二月八"为例》，《思想战线》（人文社会科学专辑），2009年。
④ 和继全：《白地波湾村纳西东巴文调查研究》，民族出版社2015年版，第3页。

用圣水洗脸洗手,再烧香求保佑。泉眼烧香处主要是求平安,面对泉眼有左右两块石头,分为公母,男神女神是由前人做的。遇到属相的日子时到泉眼这里烧香,求平安。

2. 白地的文化空间与空间维护

从白地、白水台、灵洞、祭天台、泉水处等地的各种含义可以看到,"白地"是一个多义的公共空间,是集中展示村落民俗文化的重要场所。在这个场所中村民们可以自由进入,开展日常交往、参与公共事务等社会生活,但在社会的现代化发展过程中被赋予了多元的文化内涵。最突出的也是最重要的就是,尤其白水台景区一带是当地民众民间信仰的重要胜地,兼具朝圣和旅游的功能。

由于受历史、文化等多种原因的影响,村落空间的发展与维护体现出层次性、秩序性和权威性。白地村距离白水台较近的主要有四个纳西族村,波湾、古都、吴树湾和水甲。朝白水那天,只有波湾村的纳西族才能在白水台进行祭天仪式;第二天,只有吴树湾村的纳西族才能在白水台泉眼处旁边先跳起阿卡巴拉舞,而后,才是其他村的村民和外来者在附近跳民间舞蹈;古都村的纳西族是来白地村的最早先民;水甲村则是乡政府所在地,以四个村寨为主的各村落共同形成了白地的村落空间。

白水台尤其是白水泉处对于整个白地来讲具有重要的意义,它不仅是当地人的重要水源地,也是文化信仰的重要场所。因此,白地纳西族在平常的生活信仰和行为中进行着空间维护;村落的公共空间在泉眼处又分成具体空间区域以区分不同村落各自的空间行为。

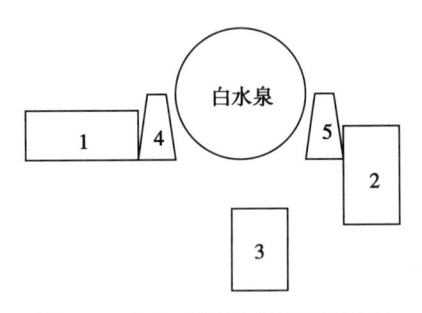

图 4-7 白水台景区内核心地示意

烧香台是当地人上香的地方,也烧树叶。在白水泉边共有三处上香台并分别对应不同的村落。1 号烧香台对应的是波湾村和水甲村的村民。2 号烧香台对应的是古都村和吴树湾村的村民。3 号烧香台对应的是东坝和香格里拉一些地方的村民在此处烧香，也有部分吴树湾村的村民和外来的藏族可在此烧香（如图所示）。这种对应关系主要与四个村寨的地理方位有关。平时，纳西族在祭天时要将木牌画插在泉眼边，烧香时还会将鸡蛋、米等物品撒在其中。4号为男神石，5号为女神石。若是为男性烧香，要在4号处撒面粉等；若是为女性烧香，则在女神石处举行。石头在造型上稍有不同，男神石稍高要多一层。但据说也没有特殊的含义，只是为了便于区分。

一般认为，村庄公共空间的维持离不开四个要素：公共场所、公共权威、公共活动与事件、公共资源。①白地纳西族传统节日"二月八"的祭祀仪式就在白水台举行，每年一度的节日集历史、宗教、民俗、文艺、民族关系等内容为一体，集中体现了当地传统农耕文化、游牧文化、东巴祭祀文化、民间歌舞文化等丰富的文化内涵。②平时，若在初一、十五或遇考试、结婚等重要事情时都要来烧香，具有很强的神圣性，是纳西人不可缺少的生活场所。白地村的纳西文化主要都以白水台中心而展开，白地重要的活动都离不开白水台，这里不仅是公共场所，也是"圣地"权力的体现。白水台的民俗信仰与禁忌很多，烧香时不能爬到烧香台上，不能抽烟不能乱讲话，但是游客不知道也不会顾及这些禁忌，常有游客会爬上去拍照的事情发生，文化空间受到了外来文化的影响。

由于特殊的地理位置与空间文化，白地的纳西族在历史积累中形成了特定的文化认同意识并在此过程中积极维护着这个生活空间和意义空间，白地纳西族对空间的认同还可分为内部认同和外部认同两种形式，对于白地的空间认同主要是外在的体现并以白水台为中心而形成；而内部的认同则是对白水泉的心理情结。

白地的内在文化认同主要表现为"家—村寨—白地"三个层次基础之上构建的文化空间所形成。家庭是社会的基本单位，在白水台的各种仪式活动中体现了其凝聚的重要功能；特别是距白水台较近的四个村寨在白地一带基本具有不同的强烈的社区归属感，尤其以离白水台最近的波湾村尤为明显；而白地的文化空间认同则更多的是因为历史上"圣地"的地位而形成。

---

① 董磊明：《村庄公共空间的萎缩与拓展》，《江苏行政学院学报》2010年第5期。
② 和继全、和晓蓉：《传统节日的文化传承与多民族宗教和谐功能——以香格里拉白地纳西族传统节日"二月八"为例》，《思想战线》（人文社会科学专辑），2009年。

图 4-8 "二月八"

图 4-9 镜头前的吴树湾村阿卡巴拉舞

在白水台上,每个家族都有固定的野炊的地方,世代不变,且神圣不可侵犯。祭天前,祭祀主持东巴要到白水台布置祭祀场地,还要为每户绘制一张祭祀用的木牌画。当晚,每户人家都会带一升粮食到东巴家请木牌画。初七早上,全村每户人家都带着祭神的香、五谷、饵块、麦面、酥油、木牌画、鲜花等供品和米、肉等野餐食物前往白水台。① 现在的祭祀

---

① 和继全:《东巴圣地白水台与波湾纳西村》,《中国国家地理》2010 年第 9 期。

主持是和学仁、树格若、和宇恒三位东巴，他们必须提前来到白水台，主持除秽、祭自然神、祭天、顶灾、祭战神、祭村寨神、向神灵忏悔赎罪等仪式。村民要把木牌、鲜花插在白水台的出水口，然后在水泉边的烧香台烧香。在东巴们举行仪式的过程中，村民要按严格的次序向各路神灵敬献贡品。祭天的牺牲猪在完成祭献后分成78份，每户都能分到1份。初八那天，村民都要穿上民族盛装集中到白水台，也有慕名而来的远道客人，以纳西人为主也有周边的汉、藏、彝、回、傈僳、普米等族。人们以家族为单位聚拢在各自的火塘野炊。傍晚，从白水台离去时，每户人家都要带走一壶圣泉水和一把树枝，象征把神灵所赐的福泽带回家。每个人都要在头上插一小枝树叶，表明得到了神灵的庇佑。纳西族对家的感情是十分浓厚的。①

图 4-10　东巴诵经

在众多的村寨中，波湾村是所有纳西族地区最早恢复祭天仪式的村庄，从1987年至今一直没有中断过。而白水台"二月八"的祭天仪式必须由波湾村的东巴主持，因为波湾村与白水台有着一种特殊关系。② 过去，主持白水台祭天仪式的是波湾村的"阿普贡"东巴世家，他家是中华人民共和国成立前波湾村甚至所有白水台的东巴世家中地位最高的，曾出过好几位"东巴王"。一直到20世纪60年代，阿普贡家都保存有一件

---

① 和继全：《东巴圣地白水台与波湾纳西村》，《中国国家地理》2010年第9期。
② 同上。

图 4-11　分成 "78" 份

丽江木氏土司赠送白水台"二月八"主祭东巴的绸质法衣，据他们家的东巴传人树格若讲他小时候还见过这件法衣，可惜的是这件法衣后来毁于火灾。① 在波湾村这个强调集体协作的纳西村里，被淡化的个体归属于村寨、家族、家庭，受其庇护也受其制约。除了向天神感恩，波湾村还要在白水台祭村寨神，祈求村庄平安兴旺。祭村寨神仪式中有个最重要的程序：家里若有新增加的成员，出生的婴儿、嫁来的媳妇或上门的女婿都必须向所有村民赠送礼物，以期被村里人所接纳。20 世纪 90 年代之前，波湾村挨家靠户的木结构房屋使村民们有着唇齿相依与同命相连的关系。每年农历十月，家家户户都要放一瓶水在房顶，以避火灾求平安，一直到次年的四月全村人都要轮流巡夜。

纳西人这种强烈的村社归属感由来已久，在漫长的群雄博弈年代，纳西各部星罗分布互不统摄，坚固的村寨无疑是生存的第一条件。古老的东巴经卷中把建立新的村寨称为"开天辟地"，村寨的英雄故事也时有提及，其中有段经文这样说："不是圣洁的村庄不能孕育英雄，不是英雄的男儿不能使村庄坚固如铁。村寨神灵每天护佑外出的男儿，每夜护佑走失的灵魂。"

3. 白地的旅游空间与文化保护

白地是云南省范围内除丽江玉龙县以外纳西族聚居最多最集中的地

---

① 和继全：《东巴圣地白水台与波湾纳西村》，《中国国家地理》2010 年第 9 期。

方。近年来，随着香格里拉旅游业的发展特别是"大香格里拉"旅游轴心区的大力推动，也极大地带动了白地村的旅游经济发展。白水台通过旅游东环线南连哈巴雪山、虎跳峡、214 国道，北连属都湖、天生桥、松赞林寺、香格里拉县城，在 200 千米范围内有着珍珠串似的景区景点，大大方便了游客的观光游览活动。

相对地说，白地从文化空间到旅游空间的转换还需要的外在各种因素才能实现，白地现在还只是简单的文化空间为主体的旅游吸引物，其他的旅游交通、旅游住宿、旅游设施和基础设施还处于粗放式的发展特征。

根据白地的村落空间及文化空间现状和等级，白地的村落空间具有双重性特征，既有村落意义上的层级性特征，也有以白水台而形成"白地"的概念和意义，如距白水台的远近区别、行政村和自然村的区别。

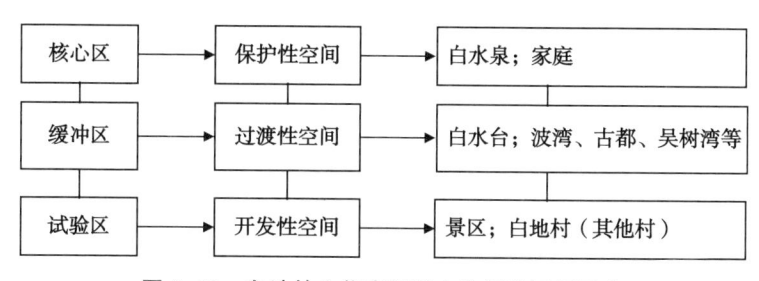

核心区	→	保护性空间	→	白水泉；家庭
缓冲区	→	过渡性空间	→	白水台；波湾、古都、吴树湾等
试验区	→	开发性空间	→	景区；白地村（其他村）

图 4-12　白地的文化空间及文化保护层级示意

从保护的视角来看，白地也相应地产生了不同等级的保护区域层次。白水泉是白地的核心，也是白水台景区的核心区；而家庭是社会的基本单位也是村落空间内在文化认同的重要单位，所以也应当作为保护性单位。而距白水台较近的四个村：波湾、古都、吴树湾和水甲，由于特殊的地理位置以及与"白地"特殊的文化渊源关系，除在更上更大一级的文化空间。旅游景点也具有公共空间的特点，必须合理把握其等级序列的平衡，满足人们基于公共空间的各类需求。因此，若要对其空间进行科学的开发与保护应在便利与安全的基础上，发挥自身特色和优势，正确处理空间尺度，根据人们对空间审美及实践距离感受进行开发设计和布局，并获得良好的社会效益和经济效益。[①]

但是，对于白地尤其是白水台景区（售票处）来说，它的"左边"

---

① 刘高勇：《旅游景点——作为公共空间的一点思考》，《韩山师范学院学报》2004 年第 25 期。

是丽江,"右边"是香格里拉,但凡"冷热交替"的地带都会面临"尴尬的"处境。从丽江进入白地的游客要买虎跳峡景区的门票,而从香格里拉要到丽江的游客也要买这"过路费",据说是因为虎跳峡景区在夏天经常有掉落的石头,为了方便管理就用门票来进行统一。而白水台景区就像"中途站"一样,看着两边的"人来人往"。

其实,白地的文化保护意识"自发"得很早。早在20世纪60年代之前,崇尚"和合"的纳西族村寨几乎都有自己的神树林和祭天场。改革开放以来,白地的交通得到改善,由土路变为沙石路。1980年冬天,一条公路从今香格里拉县城修到了白水台,但是,当时遭到了村中老人们的强烈反对。原来公路规划要从村头神树林穿过,那里是波湾村的祭天场,老人们认为公路既破坏了神树林,又会破坏村子的风水,这对于波湾人是无法接受的。经过双方的协商,最后公路改道从村下经过,虽然损失了百亩良田,而且从公路往村里运输物资时要靠人背马驮,吃尽苦头,但也使波湾村成为唯一保留神树林的纳西村庄。也正是由于这条公路,白水台独特的自然景观和纳西文化成为吸引众多旅游者前往旅游的重要通道,而且在公路沿线还形成了客栈聚集区域,白地村落空间的公共资源被外来力量挤占,公共空间及其意义在逐渐延伸拓展。

随着公路的修通,前往白水台旅游的人数不断增加,对文化的保护也日益显出其重要性。事实上,白地的东巴文化保护工作也有很多"人"在做。如三坝乡水甲村的杨正文老师毕业于云南大学中文系,一直从事文学和学术研究等工作,著有《最后的原始崇拜——白地东巴文化》《纳罕人风俗》《东巴书画选》等书,整理和保存了大量的东巴文化资料。而且在1999—2001年期间,他还自筹开办了"圣地东巴文化学校",后因种种原因而中断。但是,在三坝乡对东巴文化的保护与传承做了大量工作的主要有以下两部分的社会行为者,但其中困难重重,收效甚微。

(1)政府部门展开的保护与传承工作

据调查,三坝乡政府就做过很多具体的工作。1985年,三坝乡举办了东巴文化和艺人的唱讲会;1988年,东坝举行了三天的全乡东巴座谈会,1992年,三坝乡又举办了一个"东巴文化学习班",有一个月的实践,当时是习阿牛与和志本两位东巴当老师;1993年,举办了东巴造纸传承活动,时长一年,有一位老师三位学生,和志本当老师。原来的文化站有2人,后来有3人。他们进行了长期的文化传承、文化保护等相关工作，调查了解三坝的文化，还包括大量迁徙文化的调查；有整个三坝的东巴名录；每年春节还召开艺人座谈会；特别是对二月八的祭祀活动和节日安排进行了大量工作，每年大概资助 2000 元，包括提供祭祀用的猪、鸡和人工费用等。通过 20 世纪 90 年代三坝乡政府和白地村民的共同的努力，恢复了传统的祭天，虽然已很难恢复到过去的节日和仪式习俗，因为只是祭暑也要好几天，但还是将二月八和祭天一起恢复了。现在的二月七，就包括祭天、祭暑和消灾而且一直承袭着。又据笔者调查，1998 年三坝乡政府曾出台过《三坝纳西族民族乡人民政府东巴文化保护和开发暂行办法》（1998.10）（详见附录 4-1）。

近年来，三坝乡政府围绕"加大对民族文化的传承、保护与开发，充分发挥民族文化魅力，促进纳西东巴民族文化平台建设，打好文化牌，以文化带动经济的发展"思路，积极打造以"二月八""阿卡巴拉舞""东巴造纸""东巴书画""东巴技艺"等为品牌的民族文化产业建设，延伸形成了东巴文化传习馆、文化演出协会，形成了"东巴圣地·民族文化艺术节"，建设了滋吾古村、东巴文化生态博物馆，同时结合东巴文化发祥地及"仙人遗田"白水台景区开发打造文化延伸产业。但是，存在的困难和问题也不少。文化产业发展的路子没有真正形成，文化产业尚处于萌芽状态；东巴文化基础设施建设总体上依然薄弱，资金困难是最大的瓶颈，东巴文化建设步伐缓慢；而且东巴文化活动缺乏有效管理，白水台有成为"死水台"的危机，东巴文化的传承者、研究者和保护者等资源没有得到合理整合等。[①] 所以，三坝乡的东巴文化"不发展、难发展"，而需要更有力的社会行动者及其资本转换来带动和促进三坝整体的文化与旅游的积极发展。

（2）民间团体的保护组织

白地文化的保护工作还有开办学校、设传习馆、办艺术团、整理经书等多种形式。从 1998 年开始，在吴树湾村创建了"吴树湾汝卡东巴文化学校"，开始时有 7 个学员，后来有 22 个学员到更多；以师带徒、能者为师、互帮互学的教学方式传承东巴文化[②]，教学员东巴经书、东巴画、东巴舞蹈等内容。2002 年组建了"白水台汝卡东巴学校艺术团"，现有学员

[①] 三坝乡政府：《文化调研汇报材料（2014 年）》，2015 年 8 月调查。
[②] 《东巴文化传承之白地汝卡东巴文化学校》，http://www.gwyou.com/newsshow/news-164-1648.html，2010 年 3 月 27 日。

65人。2010年3月22日（农历二月八日），建成了迪庆州东巴文化传习馆，这天举行了"迪庆纳西东巴文化传习馆"的挂牌仪式。仪式上表演了很多民间歌舞如阿卡巴拉舞，重点表演了东巴舞蹈：孔雀舞、尤麻舞、丁巴什罗舞和肯课舞等。现在，传习馆现设13个点，大多以村落和家庭为单位；还有以非物质文化遗产传承工作进行展开的传习点，如和志本家设为国家非物质文化遗产传承点第一个传习点。2011年10月，在传习馆主办下，乡内的30多位东巴集中进行了丧葬仪式的程序培训活动，2012年，举办了首届纳西东巴舞与纳西民歌展演大赛。以吴树湾为传承中心形成了"点线面"的传承网络机构，相互学习、互通有无、相互支持的合作机制。

图 4-13　吴树湾村东巴文化传承学校的部分学员（2012年3月）

经过十多年的传承实践，三坝的东巴传承危机得到了缓解，如搜集东巴经书、恢复东巴仪式，展示民间歌舞、积极参与进行学术交流；同时也积累了一些经验，如传承必须基于民间文化生态、依托村落、依靠民众，加强与外部政府、学者和媒体的社会交流，夯实传承的组织机构等。但是，存在的问题也不少，如东巴传习馆与东巴学校资金匮乏，东巴大师奇缺、文化生态恶化、外来商品经济冲击等，有很多东巴学员或结婚成家或外出打工；而且迪庆州对东巴文化传承投入不足，传习馆多次申报"文化生态建设村""东巴祭天""阿卡巴拉歌舞"等申报"非物质文化遗产"项目一直未果。[①]

---

① 迪庆州东巴传习馆：《薪火相传，根脉不绝——迪庆州东巴传习馆传承东巴文化十四周年汇报材料》，2012年4月。

总体来看，三坝乡政府的文化调研和迪庆州东巴文化传习馆已经做了大量的基础工作①，大致抢救、保护和传承三个层次。但是由于资金匮乏而很难对东巴文化保护起到更积极的保护效应，而是民间散存的传习点在坚持做着自发的东巴文化交流、文化保护和传承，且是"活态的，在民间"的。对和先生的访谈更能说明此点。

问：到底是什么"保护"？

答：有保护、抢救、传承三种。这十五年来，我们组建了一个以纳西东巴文化为主的活的"纳西文化博物馆"，小小的博物馆，只有一寸高，两寸长。"活的"是因为这个博物馆会"说话""跳舞""唱歌"。

问：就是一个活态的、在民间的吗？

答：对，活态的、在民间的。

问：会不会以表演性的形式去做这些仪式？

答：不会，宁可学校散了我们决不搞表演性的。当然，跳一些一般的舞，民族民间歌舞，那是随时都可以搞，但是那些祭祀仪式是不会随便搞。比如正月十九必须祭牲畜神，其他时间就不能祭。我们有场地，祭天有场地，祭署有场地，祭牲畜神也有场地，每个村都是，我们都有场地。祭风有祭风场，但是没有人非正常死亡呀（就不会举行祭风仪式）。

问：有人认为，有些旅游景区的文化展示在一定程度上可以起到一个保护东巴文化的作用，那您是怎么看的呢？

答：我认为，文化是旅游的灵魂，旅游是文化的载体。搞得好（旅游）是载体，搞不好旅游会变成文化的坟墓。这块必须处理好，处理不好，表演性的文化只是一个泛化的保护形式，真正的保护形式必须要在民间传承。原来说过"传承民间化""学术国际化"（2003年的时候），这几句我非常赞同。这是我的观点，不知对不对，我们要搞（传承东巴文化）。万一以后热起来，我们必须两块分得清清楚楚，一块和一块不干涉，一块服务一块。这样我认为日子会比我们现

---

① 后据悉，2018年3月，迪庆州非遗中心、香格里拉市非遗中心、三坝乡党委政府主办，迪庆州纳西东巴文化传承馆承办召开了"三坝纳西族乡首届东巴文化保护、抢救、传承研讨会"。

在好得多。现在我们是很苦，但是苦的只有我们自己知道，苦和甜都是为了自己的民族文化，我们这代人不搞，谁来搞，特别我们是喜欢文化的人。搞文化有好几种搞法，我们是"喜欢文化而搞文化"①。

（二）"游客眼中的旅游景观"：白地的景观萎缩与公地尴尬

一方面，当地人在极力地试图保护这个"白地"；但另一方面，白水台由于旅游开发后且由于日常缺乏管理和维护而出现了诸多问题。目前，白水台景区所出现的问题具体集中体现在白水台的双重"两难"：一方面是白地的"公共领地"具有神圣性；另一方面，它作为旅游之地也是一个社会公共空间，面临的问题具体表现如下。

1. 白水台的景观空间在逐步萎缩

尤其是白水台景区与古都村几乎为一体，古都村的祭天场就在白水台景区的入口处，景区中部的一片核桃树林至今仍为古都村的社有林。由于交通不便，白地过去较少受到外来文化的影响，保存了比较古老的东巴文化形态，但近年来受现代化特别是滇西北旅游发展的影响也开始产生了各种式微。

近年来，白水台顶端泉眼的水量逐年减少，现有水量满足不了冲刷台面的需求；当地村民开挖了一条水渠，把下半部冲台用水全部截走；木栈道残缺不全，同时栈道的设计也不尽合理等，自然环境和条件逐步恶化。同时，也给旅游景观的治理带来了一定的混乱。如旅游宣传内容与"地方性知识"体系并不匹配，适用性较弱。景区入口处宣传栏上的"五景"为："明珠翻花、明镜映天、仙人遗天、神女显灵、银水游龙"；而白水台景区在当地民间也兼具朝圣与旅游的功能，具体包括白水泉、仙人遗田、求子洞、仙人游池、烧香台、摩崖诗、白水河瀑布、阿明洞、野炊塘等景点组成，当地人的朝拜、休闲活动与外来游客的旅游观光活动是明显不同。

受现代文化的影响，纳西族过去烧的香用的是一种香树的树枝，后来用的是现在这种一根一根的香。香格里拉、丽江等地的纳西族及其他地方的藏族、纳西族、傈僳族、彝族都会来到这里烧香，藏传佛教的僧侣们也

---

① 访谈时间：2014年1月，访谈地点：和先生家。整理：光映炯。

有来烧香，藏族则称白水台为"黑白水"。据说，烧香台在"文革"时被毁，后经当地的大东巴重新垒砌而成。曾经来游玩的人很多，有一小孩掉进水里，就往里填一些石头，泉眼口也变小了。而且，白水台顶端泉眼的水量逐年减少，现有水量已满足不了冲台的需求，白水台的公共空间已发生了一定程度的萎缩变化。

2. 景区的日常功能丝毫不减

目前，白水台地区的东巴信仰在民间仍然是"活态的"，有家祭、村祭和地区祭。白水台景区的野炊塘就是每家每户在祭祀时的重要地点，有家用的烧香台，如二月八等重要节日时就在自家地点进行野炊；有村祭，如祭天的时候必须先是波湾村的纳西族到白水台举行仪式，第二天（"二月八"）才是其他村子的纳西族到白水台进行娱乐活动。历来，香格里拉、丽江等地的纳西族及其他地方的藏族、纳西族、傈僳族、彝族都会来到这里烧香，僧侣也都有来烧香，像藏族称白水台为"黑白水"。也有节日祭和日常祭，而且还有很多严格的规矩。平时，若在初一、十五或遇考试、结婚等重要事情时都要来烧香，具有很强的神圣性，是纳西人不可缺少的生活场所。

当地人的信仰习俗需要尊重，民间的仪式规矩也需要尊重，而每年"二月八"、火把节、祭祀烧香、野炊等活动中烧香所带来的火灾隐患活动成为景区的一大难题，也会增加景区管理的难度。

3. 景区使用主体的多元化与复杂性

当地纳西族的日常生活中少不了白水台，地方社区、所属政府部门、旅游企业、游客等都与白水台有着不同程度的关系。在白水台景区的中部有一片160多亩的核桃树林从2005年开始就属于古都村的社有林，树林的日常维护都由古都社村民进行，景区被旅游企业征用后这片林地也一直为社区所有。

此外，景区内从2000年左右开始出现了具有"商业性"的法事活动。白水台景区内现有三位东巴，泉眼处烧香台两位，求子洞旁一位，三人的位置固定，不更换，这大概有15年的时间了。他们不属于白水台景区的有关公司管理，无固定工资。他们平时没有事情每天都会到白水台，收入主要来自香客的烧香钱；若有游客，一般"随喜功德"，从1块起不等，五一、国庆的时候收入还行，平常大多是空手而归，因为如果遇到村民来烧香的话就很少收钱。

4. 景区的旅游产品单一及旅游发展受限

调查中发现，旅游淡季时游客要专程来白水台进行旅游是简单而无聊的，因为坐上4—5个小时的车程就只能看到作为自然景观的白水台，再没有其他任何的文化审美体验。同时，由于当地没有为游客直接提供的文化旅游项目，旅游旺季时的游客也是在到丽江或香格里拉旅游线路中的"附属"行为。而白水台最热闹的是"二月八"的民间节日活动，但那时是"当地人"多于外来的"游客"，外来的"游客"中也是"附近的"游客多于来自"远方的"游客，东道主与游客的社会交往行为很少。游客的停留时间很短，"看看"就走，"对少数民族文化真正感兴趣的游客很少"。跨文化行为也只是简单的认知，没有深层的了解与互动。不仅如此，旅游经济的发展也受到相应的制约，对白地纳西东巴文化的保护就更谈不上积极地促进了。

5. 景观维护与景区管理堪忧

白地具有丰富的生态旅游资源以及得天独厚的条件，但游客对于景区的人为破坏很严重，如游客留下的纸屑、饮料瓶最多；游人在参观泉华台地的过程中任意践踏正在沉淀的钙华颗粒。虽然，在白水台的钙华台地上拉上一根铁丝禁止游人进入，但很简单，不能保证景区及游客的旅游安全。还有，在旅游旺季时对马匹的管理不力，导致垃圾很多。也有很多简易的竹编垃圾篮，没有形成良好的景观保护环境。另外，景区沿线的旅游接待设施简易，旅游从业人员的接待能力和从业素质都有待提升。

特别在景区门票一事上，不对当地村民进入景区设限，不收门票，这就需要门票处的管理人员对进入景区的客人进行区别。而且，售票处在景区入口处的对面也不方便管理游客的进入，甚至"叫游客买票，有的还不买"。同时，对从香格里拉进入丽江的游客因途中要经过虎跳峡景区也要收取门票，这对景区的门票管理、经济收益和旅游声誉等方面都有一定的阻碍。

由于白水台景区在地理位置上以及与经济、文化、政治中心上的距离及"边缘"性，也由于在旅游线路和旅游产品中存在资源和竞争力的薄弱等问题，还因为"圣地"与"旅游地"的公共性争夺，白地虽曾出现过短暂"热闹"但总的还是处于一种十分"尴尬"境地。（见日志摘录）

2月28日，星期四，晴

游客一天比一天少了，景区进入了淡季，可在景区旁的食宿点一年比一年增多。七八年前，景区附近只有五家食宿店，比较完善的只有两家，可现在增至十七家，在路旁强拉客的人很多。

今天，四位游客准备吃饭，可他们身边围满了拉客的小贩们，叽叽喳喳，各出绝活，最终他们之间起了矛盾，拌上了嘴，有两家食宿店老板还差点动手打架了。作为景区的工作人员，感觉很痛心，这种事在景区附近出现是很不合理的。也许，近几年这边比较干旱的原因吧。现在，大都市跟我们边远山区的生活环境有很大不同，甚至是天壤之别，处在完全不同的两个世界。

3月4日，星期一，晴

近来，每天30人左右的游客数，我的工作也很清闲。

4月28日

来白水台旅游的游客中，除了自驾的、团队的；包车的、徒步的外，还有部分是乘坐公交车来的游客。每天多多少少都有10人左右，而最为受罪的是中午班的游客。早上9点多从香格里拉县城出发，到上午12点左右到达白水台，下午2点20左右就要返回香格里拉。若在途中还要随时上下客人的话，有时要12点30分以后再到达，所以游客在白水台景区停留的时间就相当有限，有时甚至会误车，我们就要为他们找车才能赶上。

5月27日，星期一，晴

这段日子来，丽江来的游客较多，都讲着纳西语，很多都会要求减免门票。有时让我很为难。一般他们来的人数都较多，7人以上；也有少数的。

6月9日，星期天，多云

这几天的老外朋友很多，同为旅游者，可他们有天壤之别，一看就可知道他们的"来头"，衣物比较脏乱，背上大包小包，要么是徒步或坐客车、骑单车的稍好些。基本都是肥胖的老外肯定是较豪华的旅游团队，整个团队基本是有备而来。司机、陪同、导游、医务人员等。一般，这些游客的年龄偏大。有些旅行团人数很少，两三人一个团，他们买票从不讲价，就算上年纪的也都劝票付钱，带着小孩的同样以成人票购买。

7月8日，星期一，多云

今天，我早早地起床，要在6点半以前赶到值班室开门，开始一天的工作。路上遇到了很多前往白水台烧香的，有些已经从白水台回来了。原来，今天是初一，农历六月初一。纳西族最讲究的是初一、十五两天，传统中吃斋饭的日子。这两天不能杀生，连一个鸡蛋都不能碰破壳，停止一切生意往来，不能扫地，往外倒垃圾、灶灰等。只要时间允许，老户人家都会安排一个人的到白水台烧香、装圣水，采摘吉祥树枝或好看的花草带回家。

今天来的人特别多，八个自然社的每社都有人来烧香。①

四 小结

白地的自然村落空间、文化空间和旅游空间现状从不同的角度体现了白地的现状、困难、尴尬，也反映出从"文化"与"旅游"的互动是一个复杂的过程。其中，涉及了政府的主导、开发，有企业的经营与不作为，还有当地民间文化人士的意识和努力。"白地"既为当地人敬奉，也为游客开放，属于半景区的形式，在对东巴文化的保护进程中，政府、个人和民间团体都有产生过具体作用，发挥着不同的职能，但现在是民间行为的保护与传承效应要大于其他尤其是企业进入后所应发挥的作用。

突出的问题是，白水台景区作为"纳西人心中的圣地"在日常生活中具有绝对的权威性和民间规矩，而作为"旅游者眼中的景观"却只存在于旅游线路当中作为部分的游览之用。"纳西人心中的圣地"与"旅游者眼中的景观"的背后体现的是"纳西人"和"旅游者"的同时凝视和使用，其价值和意义明显不同。

在市场经济的影响下，公共空间具有公共产品的性质并使得村落空间萎缩，村落日益陌生化，很多村民外出打工，如当地有很多年轻人到香格里拉县当出租车司机。同时，公共空间也吸引了更多外来的社会力量进行旅游开发，公共空间的参与性、交流性与互动性也更强，而公共事件的维

---

① 2013年记录。日志记录人：和先生。整理：光映炯。

持显得特别重要。白地村落的公共空间是有等级序列的，社会力量的介入可依此分为政府、企业与社区居民，且不同的社会角色应发挥相应的不同作用以共同维护乡村的空间及其文化，特别是"二月八"等众多的民族节日或仪式活动需要更多的社会行动者予以维护。不同的是，文化空间是联合国教科文组织在保护非物质文化遗产时使用的一个专有名词，主要用来指人类口头和非物质遗产代表作的形态和样式。公共空间及其社会秩序的维护是保护文化的空间基础，只有维护好村落公共空间，才能守住文化空间，民间文化才能更好地"活态化"传承与沿袭。

旅游目的地的"东道主"和"游客"都在同时"享用"白水台，旅游景区的"双重属性"对民族文化的发展和旅游目的地的管理带来了相当的难度。由于"东道主"与"游客"之间的文化差异及两种不同的行为方式，才会经常发生这些"不和谐"的现象；同时在作为旅游资源被开发后，已经介入了各种社会力量并对乡村公共空间形成了很强的挤压，有形成"公地悲剧"的趋势。景区具有的"公地""旅游地"的"双重性"就要求对白水台地区进行"跨文化"的管理。基于此，在"旅游与文化"的旅游发展模式中一方面要对东道主进行文化意识管理并对目的地景区旅游进行文化主题管理，也要加强对游客的观念管理、行为管理和消费管理。同时，在明确产权关系的基础上需要政府部门的主导作用和协调管理，还要求旅游企业进行有责任的跨文化管理，协调好企业与社区的利益关系。

第五章

"纳西古寨"俄亚：乡村展演与集体记忆式保护

一 俄亚大村概况

"纳西古城在丽江，纳西古寨在俄亚"。

图 5-1 "俄亚纳西古寨"指示牌

纳西族聚居的俄亚大村隶属四川省凉山彝族自治州木里藏族自治县俄亚纳西族乡，是俄亚乡政府所在地，位于北纬 27°55′56″，东经 100°22′56″。俄亚大村处于云川两省丽江、中甸、宁蒗、稻城、木里五县交界处，东与依吉乡以冲天河为界，东北与宁朗乡以子洛后山为分水岭，南面与云南省丽江市、宁蒗彝族自治县隔金沙江、冲天河相望，西面和西南与云南省香格里拉县山水相连，西北与甘孜州稻城县接壤。① 四周被重重的高山和金沙江、无量河、龙打河环绕，是"鸡鸣两省五县"之地。俄亚乡政

---

① 百度百科：《俄亚纳西族乡》，2015 年。

图 5-2　俄亚大村——省级历史文物保护单位石碑（2013 年立）

府驻地龙打河①西岸，距木里县城约 298 千米。四周被重重高山和条条大河环绕，道路崎岖交通闭塞。

俄亚纳西族乡的农作物以玉米、水稻、小麦、大麦、洋芋等为主；经济作物有海椒（辣椒）、南瓜等；经济林木以柑橘、花椒、核桃等为主；畜牧业较发达，耕地面积 8500 多亩，森林面积为 2 万多公顷，属金沙江—冲天河沿岸防护林和用材林区的组成部分，林区资源丰富。俄亚纳西族乡境内有丰富的资源。一、丰富的水能资源，其中，冲天河、龙达河、东义河，水电开发潜力大。二、草地面积 9318 公顷，特别是地处高山的龙达河和东义河沿岸的天然草场和矮山的卡瓦、立碧、苏达、鲁司村水草丰茂，草域宽广，发展畜牧业得天独厚。三、矿产资源：如黄金、银等，尤以黄金闻名国内外。其中，东义河、抓子河、龙达河、冲天河黄金储藏量极为丰富。著名的龙达金矿，早在清末就已开采，民国时期云南王龙云和四川军阀刘文辉的二十四军相继开采，期间曾数次发生撑矿事件，造成数以千计的人员伤亡②。

俄亚纳西族乡辖六个行政村：俄亚大村、苏达、立碧、俄碧、卡瓦、

---

① 龙达河又名苏达河，是东义河（又名冲天河）的支流，东义河在俄碧村附近汇入无量河，无量河在抓子村附近流入金沙江。无量河当地人又叫水洛河，古书上写作"鼠罗河"。一说无量、水洛、冲天分别是同一条河三段的名字。（曾小鹏：《俄亚托地村纳西语言文字研究》，光明日报出版社 2013 年版）。

② 百度百科：《俄亚纳西族乡》，2015 年。

鲁司，以纳西、藏、汉三个民族人数居多，纳西占总人口的59%①。因纳西族是该乡的主体民族，所以成立了俄亚纳西族乡，而在纳西族的人口总数中，有近一半的人数就聚居在俄亚大村。在2008年以前，俄亚纳西族乡境内的物资运输大多靠人背马驮，各村组之间有驿道相通。由于居住分散，地处山区，马帮运输成为主要交通工具，全乡的主要生活用品、农用物资以及农牧民生产的农副产品，都分别在邻界的云南省永宁乡、丽江市、香格里拉县、稻城县购买和销售。由于俄亚纳西族乡地处木里县西南边缘，交通不发达，经济发展严重滞后。

俄亚大村，背靠"斯兹兹"（烧天香的大山），四周群山环抱，沟壑纵横。从远处望去就像一座神奇的城堡，走进俄亚大村就像进入了一个迷宫，再加上"非常传统"的纳西文化，一直受到人们的广泛关注。由于极度封闭的自然环境，使俄亚保留了许多纳西族的古老遗俗，被称为"纳西族原生态文化留存地"②，又被誉为"一块巨大的社会活化石"，更有"纳西古城在丽江，纳西古寨在俄亚"之说。

俄亚大村，在洛克的《中国西南古纳西王国》中有记载，"在永宁束吉河山谷上不大的一个村子俄亚，汉人称之为窝亚，它是丽江纳西人聚居居住的村子，这些纳西人大都是明朝木增统治时期（1587—1646年）防守在这个区域的纳西士兵的后裔。"③"自1406至1729年，俄亚受纳西土司的管辖。传说是被纳西土司木生白派遣到这里的，他们中的很多人也是木里土司的卫兵。④"可惜的是，洛克未曾到达俄亚，没有详细的记载。

俄亚大村，现隶属于木里县俄亚纳西族乡。到2013年1月时，俄亚大村有224户，1700多人。住房一般为木石结构的土掌房，以块石为基础砌墙，以圆木为主柱，用木板间隔成房间，屋顶用革和黏土筑成，屋檐用薄石片铺成。房屋一般为三层，最低一层为畜圈，中层为正房，是全家居住和活动的中心。最高一层为草楼和晒场，楼梯均用独木进行攀登。200多户的房屋连成一片，蔚为壮观。

---

① 刘龙初调查整理：《四川木里藏族自治县俄亚乡纳西族调查报告》，《四川省纳西族社会历史调查》，2009年，第73页。

② 百度百科：《俄亚乡》，2015年。

③ [美]约瑟夫·洛克：《中国西南古纳西王国》，刘宗岳等译，宣科主编，杨福泉、刘达成审校，云南美术出版社1999年版，第278页。

④ 同上书，第146页。

图 5-3 俄亚"艾纳威"

图 5-4 俄亚建筑

俄亚大村的经济以农业为主，家畜饲养为辅，养有黄牛、马、骡、猪、山羊、鸡等，是当地居民的肉食和日用经济的主要来源。农业生产全为牛耕，由于交通、气候、水利、土质等所限，技术落后，生产力水平很低。人们的主食主要为小麦、苞谷和洋芋，米多为红糙米。蔬菜品种极少，只有蔓菁、白菜和蒜等。田间劳动一般要到很远的庄房区，赶马运输、看护庄稼等。俄亚纳西族的家庭，现大多是一夫一妻，但仍有很多一夫多妻和一妻多夫的家庭，与家庭财产、生计方式等有密切关系。

《木里民政志》载：俄亚系纳西语，意为大岩包（因过去管理该地的土官"俄亚木官"的官署建造于大村大岩包之上而得名）。俄亚四面环山隔水，道路崎岖，交通闭塞，人们同外界接触十分艰难。前几年，从俄亚到木里县所在地乔瓦镇，马帮要走10天左右，日常生活所需的很多物品如盐和茶必须通过马帮的交通方式从最捷径的香格里拉和永宁等地运入。

虽然，最近出现了几个杂货店。但与处于其他地理空间的纳西族群相比较而言，俄亚大村的社会发展空间非常有限。封闭的自然生境，也造成了相对封闭的社会生境。

从历时角度看，纳西族源于南迁的氐羌族群，至今香格里拉三坝白地的纳西族在人死后的东巴吟诵的送魂路线中明确提到了俄亚的地名，然后再从俄亚往前送。木里地区正好在白地的东北方①。综合各种历史和文化的因素，距今1600多年以前，俄亚一带就应该有纳西先民了②，后主要与从丽江、香格里拉等地迁徙而来的纳西人融合而形成了如今的社会群体。人口流动的历史，充分反映了俄亚与丽江、白地的渊源，也将三者历时性地连通在了一起，具有一种叠加式的文化认同和社会认同，且促成了整个纳西东巴文化生态系统的有机组成和景观生态的结构与格局。

但是，由于相对封闭的自然生境与社会生境，俄亚保留了独特而传统的纳西文化，是"一块巨大的社会活化石"，而其主要核心与特质就是东巴文化并体现在以家族为社会单位的东巴仪式文化中。俄亚的纳西族，信奉东巴教，在俄亚人的生活中凡事都离不开"东巴"，出行、建新房、取名、成人礼、婚俗、丧葬等等，都需要由东巴进行占卜或做仪式。生活中的东巴具有很高的地位，"东巴不管走入谁家，也不论东巴的年纪长幼，主人家都会热情地请他上座，就坐靠近神龛的上位"③。

据了解，20世纪90年代，俄亚大村比较有名的大东巴有三人：东巴英扎次里，瓜扎本地和扎巴戈土。东巴英扎次里，善于打卦、做仪式，但不善画画，2011年去世。瓜扎本地，87岁，能做仪式，善于画画，于2014年去世。扎巴戈土，不善画画，善于念经和跳舞，也已去世。

2013年1月，笔者第一次进入俄亚大村时，俄亚大村能主持仪式的东巴有20人左右，木瓜家族有木瓜仁青、木瓜夏纳；东巴家族有东巴加若、东巴达杰；瓜扎家族有瓜扎本地、瓜扎戈土、瓜扎英达次里、瓜扎扎西德基；等等。现在，大村的东巴人数正在急剧减少，已有不少年轻人因

---

① 和钟华：《中甸县三坝区白地乡纳西族阮可人生活习俗和民间文学情况调查》，《纳西族社会历史调查（三）》，民族出版社2009年版，第1页。

② 和发源：《俄亚纳西族的婚俗》，《滇川纳西族地区民俗宗教调查》，云南民族出版社2008年版，第131页。

③ 鲍江：《象征的来历：叶青村纳西族东巴教仪式研究》，民族出版社2008年版，第54—56页。

为生计的原因而中途放弃，像瓜扎英达次里的两个徒弟都是托地村及外村的非本家族成员。

截至2016年1月，俄亚大村有东巴18人左右，如表5-1所示。

表5-1　　　　　　　　　俄亚大村东巴现状（2016年）

家名 （13家名）	东巴户里的东巴 （19位东巴）	年龄	基本情况
东巴	东巴加若	78岁	世代东巴，家族第12代，善星象，自己不会写东巴文，妻子是大村木瓜的后代（木瓜仁青的妹妹）。其大爸6爸东巴英次里善写，小爸爸善画，家有经书近百本，并收藏古书几本。
	东巴达杰	28岁	东巴加若的小儿子，也跟舅舅木瓜仁青学习。
木瓜	木瓜仁青（2016年1月去世）	78岁	世代东巴，家族第5代，分家后开始东巴，善星象和书法，是村委会负责算纳西新年日子的主要东巴。去过丽江。
	木瓜夏纳	33岁	木瓜仁青的儿子，跟父亲学，功力不高
瓜扎	瓜扎本地（2014年去世）	87岁	属兔，大东巴，家族第6代，15岁时开始烧天香仪式了。善仪式、画画等，年事已高，很少做主祭东巴了。
	瓜扎戈土		瓜扎本地的孙子，跟爷爷学习。
	瓜扎英达次里	45岁	现为大村里青年东巴里最厉害的一位东巴，上过初中，会汉话，主持过很多仪式，主要跟舅舅瓜扎本地学习，有三个徒弟，大徒弟已能独立主持仪式，家藏经书240本左右，自称在大村最全。妻子体弱未生育。去过丽江、白地等地。
	瓜扎扎西德基		瓜扎英达次里的儿子
委玛	委玛辛格	73岁	14岁开始跟父亲委玛委塔学习，第9代，各种仪式都能做。家族的仪式由戈土家的东巴主持。
	委玛果玛	35岁	委玛辛格的儿子，第10代，跟巴戈土学过一年。
杜节	杜节委布	85岁	字写得很漂亮，听觉不行了，经书很多。
	杜节英扎	33岁	孙子，13岁跟爷爷杜节委布学习。
瓦粗麦	瓦粗麦格柔	30岁	功力弱，跟扎巴戈土学过一年，爷爷瓦粗麦邦地也是东巴。
委布	委布涅若	30岁	功力较高，师从木瓜仁青，爷爷委布委卜也是东巴。
扎巴	扎巴委古	38岁	功力较好，师从扎巴戈土，爷爷也叫扎巴戈土，也是东巴。
占扎	占扎委古	35岁	祖父占扎玛尼也是东巴，师从扎巴戈土。
基册	基册那布	35岁	功力好，其父亲基册戈土也是东巴，2009年去世，留下各种经书200多册。
委加	委加夏那	58岁	是瓜扎英达次里的幺舅，30岁才开始学习，50年代把家里的经书都藏在一处岩洞中，全部腐蚀，现家有经书130多本。

续表

家名 (13家名)	东巴户里的东巴 (19位东巴)	年龄	基本情况
索节	索节委尔	37岁	十六七岁，师从杜节委布，父亲索节委果50多岁就去世了。
阿普果	阿普果涅塔	22岁	父亲阿普果英扎底基也是东巴。跟瓜扎英达次里学习过。

资料来源：根据曾小鹏《俄亚托地村纳西语言文字研究》，光明日报出版社2013年版，第13页中的资料和田野调查整理。

四川木里县俄亚大村的自然生境较为封闭，其社会生境与云南的丽江、香格里拉白地有着很强的时空积累和关联；拥有独特文化生境的俄亚与丽江、白地在"大时空"尺度上形成了以东巴文化为核心内容的文化景观分布。而交通道路特别是"客栈"的出现预示了俄亚文化生境的演变趋势；尤其是丽江旅游场域的扩散效应对俄亚大村也产生了趋向性。

二 俄亚大村的日常生活与东巴文化

（一）俄亚[①]的日常生活

俄亚纳西族群的文化没有受到旅游开发的直接影响，仍存活着"活态"的日常生活文化，不仅大村的村落建筑景观历史体现了俄亚纳西族群的集体记忆，尤其是仪式保留着俄亚诸多社会记忆和文化传统，维持着俄亚纳西族群的文化认同且协调和强化着俄亚特有的社会秩序。

对于俄亚大村来说，最令游客难忘的就是它的建筑奇观。纳西族的住房一般为木石结构的土掌房，以块石砌成，用木柱作支撑；房屋一般为三层，最低一层为畜圈，中间一层为主屋，用木板间隔，铺地板，设火塘卧室、仓库，最高一层为草楼和晒坝；楼层多以黏土铺筑而成，上下楼多用独木做成的梯子。一般是整个村子上百户的住房连成一片，每家每房之间可以畅通，鳞次栉比，错落有致，游人进入古寨，像闯入了世外迷宫，难寻出寨通道。2007年，俄亚大村古建筑群被列为四川省省级"文物保护

---

① 本文的案例点主要是"俄亚大村"，行文用约定俗成的"俄亚"之名也就是"俄亚大村"。

单位"。

从住屋文化的角度来说，"家"的观念对于纳西族来说非常重要，而厨房又是家里最重要的部分，厨房中最重要的三个结构又分别是火塘、顶天柱以及立柜。三者平面位置关系如图 5-5 所示。

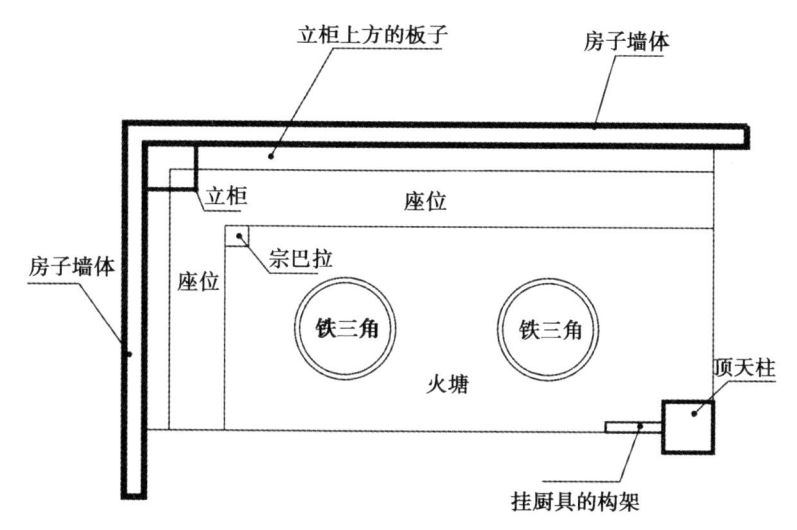

图 5-5 俄亚大村纳西族火塘建筑平面位置图

1. 火塘

白天，俄亚纳西族在火塘边做饭、议事、取暖；晚上，家里的主人就在火塘边睡觉。火塘，既是生活的重要场所，也是精神生活的重要内容，是俄亚纳西族与祖先、神灵间沟通的桥梁。火塘靠近立柜的角落，是火塘最重要的"宗巴拉"，是用于祭祀十八路神的最后一位"诺"以及过世的父母。父母亲已经过世的，主人家每天吃饭时，自己所吃的食物，所喝的茶酒，都需要献一点给宗巴拉，而小孩和未婚的青年则可以不用祭献。火塘中有两个用于放做饭器具的铁质三角，这六个角是祭祀十八路神剩下的17 位神，跟宗巴拉一样，每天吃饭喝酒喝茶时都要祭献。而过年的时候，还需在宗巴拉旁点三根香。火塘边的座位，面门是上座，一般是家里老人、东巴以及客人坐。俄亚纳西族对祖宗的崇拜和怀念都蕴含在火塘中。

由于火塘的特殊性，围绕火塘，有一些禁忌，如不可从火塘上跨越，已婚女人不能从火塘一边的座位穿到另一边。旧时，女的都不能坐在火塘边上，主要是旧时女的穿麻布裙子，坐火塘边时不够方便。各种禁忌体现出火塘的重要地位以及俄亚纳西族对火塘的崇敬心理。

2. 立柜

立柜，俄亚纳西语称"格固鲁"。在俄亚纳西族民居中，立柜面门，位于靠近宗巴拉的墙角。一般有三层，最上面一层用于祭祀"署"神，逢年过节需要点藏香、油灯、放供品，这里的居民一般会把藏香点在猪油上。

第二层和第三层一般放摆设、礼品。花瓶、装糌粑的容器等。第三层逢年过节的时候还会摆放海螺以及亲朋好友拜年的礼品，摆设的东西视经济能力而各不相同，但一般都有一左一右两个花瓶，插着艳丽的假花。立柜上还有一块板子，连着房屋的主题建筑，放置着香炉、三个连为一体的茶杯，还有素斗。这一层是祖先的座位，用于祭祀祖先。俄亚纳西族认为火塘是祖先的灵魂居住的地方，因此，火塘成为纳西族祭祀祖先的一个场所。每天早上，火塘里的火刚烧好，茶熬好，就要把香炉里的旧灰换成新的，把茶杯里的茶换成新的，年复一年，日复一日，家里饭可以不做，但早上火塘里的火不能不烧。春节初一到初三、成人礼的时候，该层还需摆放供品、水果等。"素都"里放置有多种物品，如石头、木桥、木梯、剑、矛、素卡、素跶、木手镯等，其含义也不同。

3. 顶天柱

纳西族民居属于墙承重与梁柱承重结合的结构，由于火塘位置的关系，厨房成为主要的活动中心，因此空间一般大于其他房间，需要在隔栅下加梁，形成了中心柱，俄亚纳西族称"顶天柱"，纳西语称"木斗"，仅厨房才有。

俄亚纳西族认为家中的一切都由"顶天柱"顶着，是家里最重要的建筑，厨房多方形，共9根柱子，而顶天柱是最中间的那根，这样立柜、火塘、顶天柱三者就正好位于房间对角线上。顶天柱中间穿过一横梁，用于挂厨房用具，如水瓢、锅铲、勺子等。顶天柱外面包着竹子编的篮子，用于插逢年过节要插的柏树枝、松枝等。

顶天柱在俄亚纳西族心目中地位甚高，家里起新房立顶天柱的时候必须请东巴来做祭顶天柱的仪式，在山上砍用于做顶天柱的树的时候必须标记好方位，拉下山立柱的时候必须按原来树木生长的方位来立。俄亚纳西人认为顶天柱是家里最干净的地方，所以会把祭祀仪式所用的招魂的"答迪"、成人礼、春节东巴或属相和的人所挂的"卡达"都挂在顶天柱上。

因火塘边常年烧火，部分人家杀猪后会在顶天柱横梁上挂猪脖，或起新房的时候把鸡蛋皮穿成一串挂在顶天柱横梁上，传说中这两样东西是担水的工具，可压火。

住屋文化将俄亚纳西文化非常直接直观地呈现在外人，展示在游客的面前，在游客与俄亚纳西人在无法进行深入交流的过程中起着重要的作用；同时，它也是游客对于俄亚的重要"旅行"印象之一。

（二）俄亚的东巴祭仪

宗教一般包括信仰和仪式的内容，信仰反映了人类对于自然、社会及个体的精神诉求，而仪式是表达并实践这些信念的行动。仪式的功能性体现了内在的宗教信仰，外在的娱乐性则强化了仪式的表达功能并具有展演性、象征性。格尔茨指出"作为文化系统中的宗教"是意义之网上的符号文化，因此，祭仪具有重要的文化内涵和意义。

俄亚大村一年中相对固定的祭仪、仪式很少，一月过新年，二月祭山神，三月祭山神，六月祭祖先，十一月祭祖先，十二月给牲口过年，最隆重的节日主要有新年等。

新年一般要持续四天，从头一年三十到大年初三，而大年初一，是最隆重的一天。十二月三十日（Ladu）这天是除夕，村民要除尘，洗头、洗澡，挂年画、祭十八路神，请东巴念"素库"仪式。大年初一（Cuoduodili），是新一年的开始，要到烧香台去念经、烧天香、拴卡达、喝黄酒、转山、唱喂蒙达、赛马，初二、初三也去烧香台。俄亚大村主要有两个祭天群："普渡"与"古徐"，分别有两个烧香台，"文化大革命"后没有了祭天的习俗，而烧香台却一直保留并沿用至今。过年时，不同的家族分别去各自的烧香台敬香。二月八（Heishu，又有人说是星宿节，touyiwei）是祭山神的日子，要烧香，不准杀生。这天还要祭三个神，分别是 heishu，sanduo、jianhua（城隍的音译），这三个神都是丽江三个村的神，对应的是"白沙"（beishie）、"丽江"（gubei），"束河"（xiawu）三个地方。固定祭祀这三个神的只有在二月八，而现在每天都要祭这三个神。三月初三（zhibei）也是祭山神的节日。过去，祭山和祭天的东巴是同一个，现在没有这种区别了。六月（初一，以前）初十二（Cibei）是祭祖先的日子，要杀猪，吃黄酒、喝茶。还要去娘家敬酒、请亲戚吃饭。十一月初二（Cibei）也是祭祖先的日子，与六月的活动是一样的。十二月初十三（Geizhi）是"给牲口过年吃饭"的日子。要持续三天，还要到庄房去过一天。过去，还要集中吃饭。这天不能杀生，也不能碰鸡蛋。十二月二十八是"Tage-lege"的时间，即给小孩子行穿裙子和穿裤子的仪式。之后，就到新年了。

特别要指出的是，俄亚的仪式反映了一种"原生性"的祭仪行为及民俗生活意义。仪式不仅是一种物化的行为方式，也在讲述浓厚的敬祖情结和族群的集体记忆，每年的祭祖仪式讲述纳西的族群源流史，特别是二月八还强化着对丽江等地的社会记忆。族群认同不仅依赖于文化特征，更重要的是依赖于一系列社会文化行为所被赋予的特殊社会含义来维系。由于对俄亚仪式的记录和描述得很少，在此以两大重要的完整仪式过程呈现以增进了解其族群的重要社会文化行为实践。

1. 穿裙子礼/穿裤子礼

在过年之前的两三天是"tage-lege"（穿裙子、穿裤子）的日子，休息一天后就是迎接新年的开始，也寓意着他们长大成人并将迎接新的一年。

俄亚大村的小孩平常都不过生日，所以穿裤子、穿裙子的这天就是小孩子最喜欢、最高兴的日子。小孩子长到13岁（虚岁，本命年的那一年）左右就要行穿裙子礼或穿裤子礼。可以提前举行，但不能推后。提前的情况一般有两种，一种是行礼时，小孩子的属相与家里人有相冲时就要提前一年。还有一种就是，家里希望小孩能早为家里分担家务时要提前举行。

仪式一般要由本家族的东巴来主持，由家中属相合的同性别年长者为小孩子穿裙子或穿裤子，同时宴请家族的成员，来祝贺的人要给一些礼物。每年都至少有十来个孩子要经历这样的仪式，这样的习俗世代相传。

过去，父母要给女孩子甚至几年前就要准备传统的火草制成的裙子或裤子，现在大多是由麻制成。在举行仪式的头一天，父母就要做好各种安排，要请好家族中的东巴，有时家族中举行仪式的孩子较多，就去抢东巴，或请了住在自己家，或者说好仪式当天天不亮时就去将东巴请过来。还要请好家族中属相合的年长者来担任穿裙子或穿裤子的那个人，若是女孩要请女性，若是男孩则请男性。这天不准骂小孩，不说不吉利的话。

天还未亮，家里人做好各种准备，然后请来东巴坐到火塘边，属相合的人也来到家里，就可以开始整个仪式了。先是东巴念经，家里用柏枝等除秽。然后，小孩站在米袋上，因 2015 年属羊，所以站在白色的米袋上，属相合的人给小孩先穿事先准备好的裙子或裤子，然后穿上上衣、鞋子、头饰及各种配饰，家里人吹响海螺，东巴、属相合的人、家里的老人为小孩系上白色卡达。小孩向老人磕头后，就可接受亲朋好友的礼物了。然后，小孩向东巴、属相合的人敬酒，招待客人吃早饭了。鸡蛋、夏达汤和香肠、勒骨、米灌肠等都是这天必须要准备的食物。

孩子的"成人礼"是一个重要的社交场合。送来的贺礼大都是一块自纺的麻布或者一坨腊肉，主人家则回敬早已准备好的"份饭"①。对俄亚的纳西族人来讲，"成人礼"意味着责任，不仅是长大成人的宣示，也是对家族和种族的责任。

仪式时，裙子或裤子是俄亚的传统服饰，而举行完仪式后则可以换新装，女孩子换上永宁摩梭人的裙子，男孩子换上木里藏族的楚巴，女子胸前戴"格鸣"，男子则佩带藏刀。据说，这种习俗的改变从 20 世纪 80 年代后开始直至现在。

图 5-6　穿裙子礼

2. 过年

再以 2015 年的过年（kuxi）习俗为例。大年三十这天，家里人要将大堂打扫干净，然后请家族里的东巴来祭十八路神。东巴在家里念经，要敬素神，用三个核桃、一碟酸菜、小麦献给素神；还要用一碗酒、一碗茶、一碗大麦面、小麦面、柏树叶、茶、酥油、黄酒、蜂蜜的混成物，将这些干净的物品敬给山神、水神。

---

① 《俄亚：古代社会的活化石》，《凉山日报》2012 年 4 月 7 日。

图 5-7　（过年）转山

初一这天早上是烧香、拜年。烧香是先在家里举行，然后到大村背后山上的烧香台去，去烧香台烧香时每家都要有代表。一般是先给女方家的老人拜年，给老人带麻布衣服、裤子、猪腿肉、前腿、猪膘肉等。近年来衣服多为汉族的衣服、裤子等。全家都要身着新衣去拜年，小孩给老人拜年，老人给压岁钱。以前也给，给银子，给男人送麻布、给女人送猪膘肉。然后就要到烧香台准备，每家都要将事先准备好的竹子、杜鹃、松叶、柏枝，以及黄酒、卡达线等带上烧香台。一般来说，从大年初一到初三，村里人可以随便哪天去，而哪天去都要看属相，属相合的那天就去。以 2015 年为例，这年属羊年，初一属兔，初二属龙，初三属蛇，这三天凡是与之相合的人都可以去。而属相不合的则只能在初三那天去，如蛇、鸡、牛、狗等。当然，最近几年来这样的禁忌也没有过去那么严格了。

过去，每到初三这天就要到大村的三岔路口处去唱喂蒙达、跳笛子舞、金搓搓、葫芦笙，高高兴兴跳一天。现在没有比较大的空地，也就没有跳舞了。烧香时有很多禁忌，如不能往上看，不能哭、不能掉东西等。

整个仪式由村里的大东巴来主持。主祭东巴到达后开始做准备，山神的坐骑是虎，先将虎的图片放上，挂上经幡，将经书拿出、东巴画挂上，除秽、烧天香，吹响海螺，就开始举行仪式了。

东巴先带领着大家跪拜、转烧香台，口念"Aseli"，将橘子、梨、虾片、肉等放在天香台上，酒、大麦、大米、菊花叶全部放在火中。东巴又带领着几位年轻东巴念经书，每家都有一个代表手拿长竹，祈求长命百岁，保佑一年平安健康，插在天香台上。在烧香时，东巴又在烧香台旁边放上了两张图片，一张是毛主席的图片，另一张是习主席的图片。然后，东巴带领大家用黄酒、柏枝祭山神，举行加威灵仪式。

接下来，女人跪在主祭东巴面前用黄酒先敬东巴，说吉利话；女人起立与他人敬酒，然后大家就开始一起喝黄酒，"大家高高兴兴一起喝"。在高兴之后，东巴带领着一队人进行喊魂。有人手捧大麦，有人拿着刀向着烧香台相反的方向压仇人，放鞭炮，撵走一切的不吉利。

然后，请东巴拴卡达。与羊的属相相配的是白色，但今年有拴白色的，也有拴其他黄色、红色、紫色等，必须跪着，请东巴拴。小孩头一次拴，必须看颜色。村里全部人的卡达都由主祭东巴拴，而东巴的卡达则是有村里属相合的年长者为其举行，不用跪。

大家要再次跪拜，转烧香台。这次从左往右转烧香台时，要牵着马，往烧香台上丢玉米、大麦、大米。口念"Hajialong"（藏语），吉祥的意思。最后，再跪拜后大家一起唱起了喂蒙达，赛马、玩游戏，一起娱乐。

表面上看，俄亚纳西族群主要通过历史、语言、宗教、服饰、节日习俗等文化特征来进行区分，但根本上是通过具体的文化行为及实践来维持族群的特质及族群认同。在俄亚大村最具特殊性的两大节日习俗中，过年是社区的集体行为，在过年行为中表达着国家认同，如祭天台上所挂毛主席像和习主席像，一起喝黄酒来维系感情、联络关系并维持俄亚大村的认同。穿裙子（裤子）礼是家庭行为，在家族内部所进行的成人教育体现了家族的互助与紧密关系，而且还从所换服装中体现出对外的社会关系和族际交流。从这些习俗中还可以发现"东巴"在其中具有重要的地位，他们是维系这些社会关系、社区组织的重要纽带，东巴文化也是俄亚大村纳西族群边界及其稳定性的重要因素之一。由于封闭的自然环境与独特的族群文化形成了明显的区域文化，这些文化特质将其与丽江、白地等其他纳西族群相区隔，形成了独特的"俄亚"纳西族群及认同。

（三）独特的"东巴文化"与集体记忆

俄亚大村拥有一种特殊的东巴文化"特质"，主要表现在东巴的社会分层、世袭制传承、家族式仪式分工等方面，形成了与丽江地区纳西东巴文化的明显不同。

据调查，俄亚大村的东巴具有社会分工与分层的特点，包括三个层次："东巴""贝汁"和"斯日"。"东巴"是最主要的一部分人，主持相关家族的各种仪式；"贝汁"是东巴的助手，在仪式中起辅助作用；"贝

图 5-8 调查时与东巴、贝汁在一起

汁"没有经书,但可以背诵很多经书中的内容,像扎西洼古就是村里非常有名的担任过"贝汁"一职的人。一般来说,"东巴可以做贝汁,贝汁当不了东巴",有些"贝汁"可以做"东巴"做的事情。"贝汁"不拜师傅,没有经书,东巴叫做什么就做什么,如帮忙准备仪式用的树枝、念诵仪式末段的经书等。"东巴家"(族)的后代才能学习做东巴,而其他家族的就不能做东巴,只能做"贝汁"。在丧葬仪式中,东巴是不处理尸体的,而由"斯日"的人来处理尸体,类似于"入殓师"的工作。每个家族内部都有"贝汁"和"斯日"。需要说明,"斯日",也是指一个家族,是丧葬仪式过程中对家族的称谓,而平时生活中的家族叫"赤"或"得赤"。相对地,"得赤"是大的家族的概念,"斯日"则是在丧葬时对举行丧葬仪式的那个家族的专用,或是对分家以后的家族的指称。

对于东巴的"传承",一般是"世袭"的、"家族"的。俄亚人一般没有姓,只有家名和名字的说法。名字,是由东巴取的,而家名的来历是由东巴来定或者分家后东巴取的一个新的家名。家名的来历一般有几种情况,一是以最早的祖先命名,如东巴、木瓜、委玛、瓜扎等。二是根据职业来命名,如"委玛"是喂马的,"占黑"是放羊的。三是根据家庭所在的位置、地盘名,如"委古",是"村头"的意思,"委吕"是"村中"的意思、"委麦"是"村尾"的意思。四是以一个家庭分家的情况或其派生出的新家命名。"高杰",是"上一家"的意思,"本杰",是"下一家"的意思，"杰西"，是"新房"的意思，"依汝"，是"旧房"的意思。据木瓜仁青说，最早的时候来了六家人，"木瓜"家是木家当官的、"东巴"家是做东巴的、"委玛"家和"拉布"家是做通信员的、"瓜扎"家就是有困难或有死人的时候被请去做仪式的（专做丧葬仪式等），以及"占黑"家。从最早有六个大家族发展到 20 世纪 80 年代约有 60 个家族①，一直到现在俄亚的家名又有新的变化。一般而言，自家的东巴不做自家的仪式，而是由其他家的东巴来做主祭东巴主持仪式。另外，作为一个东巴并不是俄亚大村所有的家族都会请他去做仪式，他只是做部分家族的仪式。若是其他家族的需要帮忙，就需要其他家族的小东巴坐在上方，他就坐在旁边帮忙或指导。

瓜扎英达次里会 200 多本经书的念诵，也会很多仪式，上过初中，能用汉话进行交流和沟通，现在已成为当地非常重要的一个"向导""翻译"和"文化工作者"，也是当地与外界接触和交流最多的一位东巴。他所用的纸张主要都从外面买回来，俄亚没有"东巴纸"，他从三坝白地回来后开始尝试"东巴造纸"。2012 年年底的时候，"试验"成功了，他给笔者看了他新做成的东巴纸，和白地的纸张已是一样。2013 年，瓜扎英达次里也带领着他的两位徒弟参加了丽江玉水寨景区举行的第 13 届东巴法会，且感受到了丽江对东巴和东巴文化的"重视"和"尊重"。尽管如此，相比之下俄亚大村与白地的交流还是相当有限的，一方面由于交通的原因，另一方面当地人到香格里拉也大多进行物资交易，很少会再坐车到三坝乡白水台附近的波湾村、吴树湾村、东坝村等地；即使有几次来往但停留的时间和短暂，交流的内容也很有限。而在历史上，俄亚凡是学东巴者一生至少一次到白地学习并接受"加法力"（汁占）仪式，如东巴家族"历代东巴先祖都曾到过中甸县白地东巴教圣地进行招降威灵法仪"②。

俄亚的东巴文化是"活态存在"的，但就在该课题研究期间，笔者曾拜访过瓜扎本地和木瓜仁青两位大东巴，他们已于 2015 年 7 月，2016 年 1 月先后辞世。俄亚大村的东巴人数正在急剧减少，还有不少年轻人因为生计的原因而中途放弃。东巴文化的传承不再限于"家族式"，仪式的

---

① 刘龙初调查整理：《四川木里藏族自治县俄亚乡纳西族调查报告》，《四川省纳西族社会历史调查》，2009 年，第 99 页。

② 李国文：《人神之媒东巴——祭司面面观》，云南人民出版社 1993 年版，第 241 页。

传承也面临着消失的危险。俄亚的"祭天"在"文化大革命"时被迫停止，由于宗教禁忌到现在都还没有恢复，唯一做过祭天仪式的老东巴东巴加若也由于年事已高很难再恢复了（见访谈记录）。

  问：爷爷做东巴多长时间了？到阿普（这里）有几代了？
  答：阿普是第 10 代，到他儿子已经是 11 代了。
  问：还记得木天王派纳西人到俄亚的故事吗？过去，有没有人讲给你们听？
  答：丽江木天王的属下来这里打猎，打猎几次以后就看中了这个地方，……后面才搬过来几家人住在这。
  问：搬来（俄亚）大概有几家？
  答：带过来的就是 40 多家，木瓜、东巴、魏玛这些家是几个官，拉吧，现在说起来也是瓜扎家的那一支，和木瓜家的兵一样的，（来的人中）其他的有几家，具体做什么分不清楚。魏玛，魏玛官，加黑这些是喂马的，加黑家是××。也就是说，瓜扎家的这一支是木瓜家的兵。他说"啊日"这一支是木瓜家附近的那种。
  （东巴家）原本木瓜家带进来的东巴，不好的那些（经书）是不念的，他们家是专门念现在丽江祭天的那些，好的那些才念，死人那些是不念的。后来才念了这些死人的（仪式经书），祭天那些就没有干（做）了。
  问：那阿普现在还会吗？
  答：还会的。俄亚（大村）所有的东巴都不会整，也不准整，除了他。
  问：为什么只让他学祭天这些，不让他学"不好"的那些呢？这里面有没有什么说法？是一拨人只能做祭天，另外一拨人做其他的仪式，为什么要这样分？
  答：其他的东巴，帮他的那些都不太管这些。他也只管两门，一个是祭天，一个是祭山。其他的那些人是专门管死人的。别人家里有事，撵鬼啊好多事，都是其他的人管。原先是这种，现在死人的，他也管了。
  问：几岁开始学的？
  答：9 岁的时候就开始念了。

问：跟谁学的？

答：跟他父亲学的。他从9岁的时候就一直念了14年。那时候，"文化大革命"来就没有再干了，就是23岁的时候就停了。

问：后来，就再也没有念过了吗？

答：没有。那时候就经书也全部烧了。那个的（祭天）经书是没有了。死人的时候用的（经书）还有，这个多，有一天和我说将近有一两百。

问：他小时候是怎样学习祭天（仪式）的？

答：他们家有个小爸，大爸是念死人的那些的，小爸是念祭天的。他9岁那年，他小爸走了，到其他家去了，那没办法了只好跟他父亲乱念，学也学嘛，就在那个位置上做起来了，那年就开始教了。就从那年开始，就跟着书上念。

问：后来，他有没有把祭天仪式教给谁？

答：教是可以教的，祭天的经书没有了，"文化大革命"的时候就已经烧掉了。但是要怎么做，这一步做什么，下来又做什么他还是会的。

问：那有没有想着把它（祭天经书）写下来？

答：根源上的是记不得了。他说他说是说得出来，但写就有点难了。

问：那"文化大革命"结束以后，他怎么不恢复祭天、祭山这些仪式呢？

答：他说"好耍得很！就没有人管我了"。书也没有了，就也不想念了。

问：如果是要恢复祭天的话，他还能不能做？

答：他说以前念过，但没有念的时间长了，老也老了，糊涂了，现在经书还有一本，但现在他看也有很多念不出来了。他有很多时间没有念过了。现在不是太能写了。他以前很少写，以前小的时候没怎么念过，现在就更写不起（写不出来）了。①

笔者在调查中还了解到，像祭天这样的仪式已经没有其他东巴能做

---

① 访谈时间：2013年1月，访谈地点：东巴加若家，翻译：东巴本地。整理：光映炯。

了。因为有像东巴加若提到的（宗教）禁忌，所以他也不会去做，而这些仪式也只能存在于集体的记忆中了。

近年来，公路的修通特别加强了俄亚与外界的联系，2012 年至今已有六家小客栈，越来越多的年轻人到丽江打工。传统村落是有记忆的生命集合体①，但俄亚的文化生境在发生着演变，要使文化尽可能地活态存在和保护就应尽量保存下现有的完好的文化景观和记忆场所，留住村民共同的文化记忆，否则将来的建设、开发、保护、发展和发明，将更难找回纳西的集体记忆了。

三　俄亚大村的文化生境及演变

文化的独特性决定了俄亚大村在整个纳西东巴文化生境中的异质性和特殊地位。近年来，俄亚大村一方面在坚守着自己的文化独特性，与此同时也已有所"开放"，和外界发生了各种文化交流。与稳定的族群组织相比较，俄亚所处的社会关系或社会环境在不断地影响着俄亚族群的对外交流关系，并在文化生境演变过程中从内向稳定转向外向的族群流动。俄亚大村与外界的接触及所受影响可从以下行政、经济、教育以及旅游等社会事件反映出来。

（一）俄亚的社会变迁

1675 年 9 月，西藏五世达赖颁发文书将俄亚等五村赏赐木里，俄亚即归木里土司管辖直到解放前夕。建县前，俄亚属木里大寺衙门管辖，土司派驻该地的地方官称"木管"②　世袭并授予"姑擦"职位。同时，木里大寺衙门另派官人一名驻该地与木官共同管理地方事务。20 世纪 50 年代的民族大识别中，俄亚的纳西族群被识别为纳西族。1972 年 10 月整建社后，改建为俄亚人民公社，共辖 6 个大队 19 个生产队。1983 年恢复乡

---

①　裴攀：《集体记忆下传统村落空间形态的保护路径探析——以井冈山地区为例》，《金田》2014 年第 8 期。

②　这里提到的"木管"，与"木官"及后文中的"木瓜"，都是同音，后来由官名变成家名。（王世英："四川木里县俄亚纳西族乡大村调查"，《滇川纳西族地区民俗宗教调查》，云南民族出版社 2008 年版，第 3 页。）所以，在家名的汉音写法中，用"瓜"以示有所区别。

的建制，全乡辖6个村28个村民小组①。到1984年11月，经四川省人民政府批准改建为俄亚纳西族乡。② 于是，俄亚纳西族乡的纳西族群在木里藏族自治县的辖区范围内展开各种社会事务，接受教育、看病治疗等都必须去到四川境内。在社会发展过程中特别是行政变革下俄亚大村的行政认同浮于历史认同之上，也同时成为俄亚大村的基本认同表现之一。

20世纪80年代初，迅猛发展的农村体制改革也到了这个偏远的山区，以包产、包干到户为主要形式的联产承包制改革也深深地影响着俄亚的农村经济发展。但是，封闭的交通和恶劣的自然条件是农村经济发展的最大障碍，至今俄亚也仍处于贫困境地，经济资源极其有限，去遥远的"庄房"耕作也是俄亚特有的农村经济形式之一，至今俄亚大村仍分为七个小组。虽然20世纪80年代至今有很多专家、学者对俄亚大村的社会调查记录是外界了解俄亚的重要资料，但俄亚还有很多不为人知的重要信息未全部展示在世人面前，所以还保持着强烈的神秘性。

1999年，通过一个扶贫项目借马帮拉来了一发电机，装机容量55千瓦，俄亚大村有了"通电"的历史。至今，已有很多小型电站，水电已大部分覆盖。1999年、2001年丽江先后举行了两届"国际东巴文化艺术节"，吸引了俄亚个别的东巴前往，产生了很大的社会影响，俄亚大村的影响力也越来越大。2007年6月，俄亚纳西古建筑群被批准为四川省省级文物保护单位。2011年以后，特别是水库、电站的发展大大促进了木里到俄亚的公路修通。通路之后，俄亚大村出现了几个客栈，到2015年有六个小客栈，大大方便了各种来往需求与服务。2014年，位于俄亚大村村旁的俄亚纳西族乡小学王偏初在中央电视台和《光明日报》联合主办的第四届"寻找最美乡村教师"大型公益活动中被评选为中国10位"最美乡村教师"之一。之后，越来越多的关于俄亚的各种信息被广泛传播开来。

于是，与"外面的世界"相对应的现代文化相比，"原始"状态的俄亚已成为很多背包族、摄影发烧友的新景点，吸引着越来越多的游客，"纳西古城在丽江、纳西古寨在俄亚"的文化景观已成为旅游开发中最响

---

① 百度百科：《俄亚纳西族乡》，http://baike.baidu.com/link?url=6EeJ6n6IRxfLa2fssaS1KLUn1yi1wWwBR-C4H2gRPfHvaZblM2q6LZSqJM2XPewbhRy-MmmCwR4Absh U6o9aK_，2015年。

② 转引自曾小鹏《俄亚托地村纳西语言文字研究》，光明日报出版社2013年版。

的宣传名片。2006年俄亚纳西族习俗被凉山州评为州级非物质文化遗产。1999年俄亚纳西族乡仅有小水电站1座,装机容量55千瓦完全处于原始状态,因此对于摄影发烧友和背包族来说,这是最新的景点线路。2015年年底,中央电视台播放的《聆听中国——传承》又讲述了纳西东巴的传承故事,而"俄亚"在大多数人的眼里都被认为是东巴文化保留较完好的地方,是云南的丽江、香格里拉很多纳西人特别是东巴都想去看一看的一个地方。

俄亚纳西族群的多样文化特征越来越多地呈现在人们面前。据调查,穿裙子礼、穿裤子礼后的"换装"是在20世纪80年代后才出现的现象,穿藏族的楚巴,穿永宁摩梭人的裙子,穿丽江纳西族的裙子,甚至穿着其他种类的裙子,所形成的"纳里藏外"现象①表达着一种特殊的中间身份,特别与对木里藏族自治县的政治关系以及与永宁、香格里拉、丽江等的文化亲疏。

近几年,仪式中所穿的传统的火草衣或麻布衣服的边上又多了一些花边和更多的装饰。在与多方的社会交流中族群的流动性也在逐渐增强,通公路后,越来越多的年轻人到丽江的饭店、景区等地去打工。据了解,2015年1月时有100人左右外出打工。通过"适应",语言沟通不再是问题,俄亚纳西族群的对外联系与交流在增强,族内认同的重心在社会流动中发生多向转移。2015年年底,四川盐源县达祖村的东巴到了俄亚,与俄亚建立了文化交流,在语言、东巴文化等方面又取得了联系并进一步增进了对纳西文化的认同。

(二) 俄亚大村与丽江的文化交流

俄亚大村与外界的交流和互动已在现状中有所反映,且主要集中体现于丽江在祭天仪式和"成年礼"的互动中,这两种仪式与对外的联系反映了俄亚大村内在东巴文化稳定性的"松动"。

东巴在俄亚有着特殊的社会地位。每年新年的日子,都要由东巴看星象进行占卜后确定。近几年,大村新年的日子都是由大东巴木瓜仁青看了日子后定下的。大村固定的节日不多,但生活中的仪式很多,祭风、挡口

---

① 鲍江:《象征的来历——叶青村纳西族东巴教仪式研究》,民族出版社2008年版,第109页。

嘴仪式经常都会做的。过去，俄亚有举行祭天的活动，也是非常隆重的仪式，但在"文革"后基本上就没有搞了。做过祭天仪式的东巴加若告诉笔者，"文革"期间停止东巴仪式后，就再也没有恢复过了。祭天的仪式由于历史政治的原因而中断了；而在丽江、白地，因为纳西族是"祭天的子民"，在民间仍有祭天活动而且在少数地区还相当隆重。

祭天必须要有祭天的场所，民间称为"祭天场"。据东巴古籍记载，纳西族最早的四个氏族为梅、何、树、尤，俄亚大村纳西族全部为尤氏族的后裔①。后来随着人口的增加，氏族内部又分为若干不同的家族。而这些家族又分属两大祭天群："普渡"和"古徐"。在俄亚大村，"普渡"包括"木瓜""瓜扎"和"占黑"三个家名的人；"古徐"包括"东巴""委玛"两个家名的人；"拉布"不属于任何一个家族。两个祭天群分别有两个祭天场，祭天场只有在过年时才使用。

在俄亚，祭天仪式只能由东巴家族的东巴来做仪式，其他家族的东巴是不能做祭天仪式的。东巴仪式有各种大仪式、小仪式，吉仪式和凶仪式。一般地，最大的仪式就要宰一只猪、一只羊、一只鸡、一只猪崽等，小仪式就只有一小部分"祭牲"。而东巴按职能可以分为"白东巴"与"黑东巴"②，"白东巴"一生只从事祭天一类的仪式，"黑东巴"主要举行祭风等超荐仪式，丽江则没有这种黑、白之分。据悉，现在有当地人提出要恢复祭天仪式，却因种种原因已经很难了。虽然，有人从丽江地区带到俄亚一本祭天的经书，除了年事已高的东巴加若会念诵外，其他家族的东巴已很少会念、能做了。

近年来，俄亚与外界特别是丽江在东巴文化方面的交流逐渐增多。从2009年开始，在丽江的黄山完小小学生中开始了"成年礼"的仪式。仪式的内容，主要是从俄亚"传过来"的，但仪式的时间、人员以及颈上戴的"卡达"都已有很大不同。在俄亚每年的新年之前，一般是纳西年12月28日左右，俄亚大村和附近村寨13岁的孩子都要请东巴为他们举行"穿裤子礼""穿裙子礼"（成年礼）。成年礼被当地人认为是非常重要的一个仪式，举行成年礼特别讲究选择时辰，还要由东巴给孩子送吉祥

---

① 和发源：《俄亚纳西族的婚俗》，《滇川纳西族地区民俗宗教调查》，云南民族出版社2008年版，第132页。

② 戈阿干：《东巴神系与东巴舞谱》，云南人民出版社1992年版，第23页。

布条"卡达",而不同的属相、五行,对颜色的选择是不同的。① 而在丽江,"卡达"统一挂成黄色,没有"给裤给裙",现已有 100 人左右参加过成年礼仪式了,有时还录像,时间很短、过程很紧凑,仪式被提炼、被简化。另外,丽江的各种东巴文化培训班也吸引了俄亚大村和卡瓦村的人参加,如已有人参加了 2011 年 12 月在丽江鲁甸新主举办的国家级非物质文化遗产东巴画传承基地第二期培训班。相比之下,受丽江社会发展和旅游场域的影响,俄亚大村与丽江的文化交流要更广泛和更深入,从丽江"成年礼"的仪式可有所窥见,反之,甚至更加深了当地人对"俄亚人是从丽江来的"一种社会认同,增强了"纳西"东巴文化生态系统的有机联系。

(三) 俄亚大村客栈的出现

俄亚大村是一个封闭的地方,其村落景观和民俗风情直到近年来才被人们逐渐认识,但由于交通不便几乎很少有游客进入。

早从 20 世纪 20 年代起,就有很多社会人士想进入俄亚,美国人洛克②、"摩挲先生"李霖灿③等,但因各种原因没能进入。直到 20 世纪 50 年代开始,才有专家和学者进入俄亚进行调查和研究,如国家民委指派的民族工作专家团宋兆麟同刘尧汉、严汝娴、张燕平一行(1981 年初)④、刘龙初(1984 年 8 月)、丽江东巴文化研究院的王世英、和发源与和力民(1988 年 5 月至 7 月)、鲍江(2002 年)、喻遂生和他的研究生们(2006 年)等。此外,外国学者孟彻理、张慧娜等,以及其他记者等也都曾先后进入俄亚,有一些研究成果和文字记述,内容涉及俄亚的历史文化、婚俗与亲属制度、成人礼、宗教信仰、丧葬习俗、语言文字、经书典籍等多方面。这些文字资料的背后,不仅充满了进入俄亚的艰辛与苦乐,从广义的角度来说也可看作最早的"探险旅行者"起到了传播作用。但是,与丽江、香格里拉的发展和大众旅游特征相比,文化传播影响力仍是极其有限的,俄亚大村的社会信息流动也相当闭塞。

---

① 鲍江:《象征的来历——叶青村纳西族东巴教仪式研究》,民族出版社 2008 年版,第 110 页。
② 撰文/税晓洁,摄影/李天社等:《在俄亚的天空下》,《中国国家地理》2007 年第 4 期。
③ 郭大烈、和志武:《纳西族史》,四川民族出版社 1999 年版,第 51 页。
④ 宋兆麟:《俄亚大村:一块巨大的社会活化石》,四川人民出版社 2003 年版。

这些专家和学者进入俄亚都有一个共同性，就是必须要依靠"马"的交通工具，马成为连通丽江、香格里拉和俄亚大村三地形成的线路廊道中非常重要的交通工具。在俄亚，至今几乎每家每户都要养至少一匹马，平时来往与庄房也都离不开马匹。在俄亚大村，有很多人都做过"马脚子"。据东巴委玛辛格说，过去的马帮依路程的长短分为"长驮"与"短驮"两种，最远到过丽江永宁、四川盐源等地。据东巴瓜扎本地讲，他23 岁那年（在 1950 年左右），俄亚大村组织过一次大村人去四川盐源去驮盐的事情，"人一个马一匹"，还带着弓箭，"去了好多人"，有 10 多天。但之后，就很少与外界联系了。可以说，与外界联系的困难在很大程度上维持了其东巴文化的稳定特质。

然而，这种稳定早在 1999 年开始就已受到各种干扰因素的影响。1999 年丽江举办了东巴文化艺术节，俄亚大村有很多东巴都到过丽江，如木瓜仁青，瓜扎英达次里等还去过白地；还有两人在丽江工作过一段时间，后来因病去世了。所以，现在去丽江工作的东巴几乎没有了。当地也有很多东巴去过白地，像宋兆麟先生调查到的就有当时的英扎赤里、英扎爪若、扎巴高土、独基洼布等。[①] 但总的说来，进行物资交流的迁移与流动要更多一些，而俄亚到白地（或香格里拉）的路，是与外界联系最近的路线。不过，驱动俄亚生境变化的最大干扰因素莫过于道路的修通。

据笔者统计，前往俄亚的路线（以昆明为出发点）大致有以下五条：路线一：昆明—香格里拉—洛吉—漆树湾—俄亚；路线二：昆明—丽江—永宁—俄亚；路线三：昆明—丽江—奉科渡口—拉伯乡（树枝村等）—依吉甲波村—俄亚；路线四：昆明—香格里拉—东尼（朗都）—俄亚；路线五：昆明—木里—俄亚。其中，路线一需要两天的路程，途中要在漆树湾住一夜，然后骑马进村。这条路线是进入俄亚最频常的线路，也是俄亚的重要商品流通之路。据漆树湾的曹老板说，在 2008 年通公路前每天都有马帮来这里，现在就很少了，大多从俄亚到永宁进行物资交易。路线三的途中有"三江口"的独特自然景观，可以到达拉伯乡了解"汝卡"文化[②]，

[①] 宋兆麟：《俄亚大村：一块巨大的社会活化石》，四川人民出版社 2003 年版，第 134 页。
[②] 杨亦花：《宁蒗县拉伯乡加泽村东巴文化存活现状调查及建议》，《大理学院学报》2013 年第 1 期。

这是目前已知较为便捷的路程了。从木里到俄亚,大概有三条路线。① 虽然,从俄亚到香格里拉是最近的地方,但因俄亚属四川木里县管辖,看病等很多事情也还得去木里。因此,由于地处两省交界的"边缘",不仅是地理上也是行政上的边缘地区,俄亚大村在过去几乎就是一个"文化孤岛"。

需要提及,水电公司的进入更加速了当地公路的通达与对外交流的进程。木里有着异常丰富的水电资源,雅砻江、木里河、水洛河"三河"自北向南纵贯全境,落差达 3500 米。现在,围绕水电工业强县战略总体取向,木里确定了"水电资源是木里第一资源,水电产业是木里第一产业,水电经济是木里第一支柱,水电企业是木里第一企业"②的工作思路。过去,俄亚的对外交流都靠马帮,就连发电机都是靠马帮"拉来的"。村里的发电机是因为十多年前的一个扶贫项目,在由漆树湾进来的艰难路途中发电机组的功率由原来的 150 千瓦改为 55 千瓦了。现在,俄亚大村、苏打村和附近很多村寨都靠这个唯一的发电机组供电③。用电问题,一直是这里最大的困扰。虽然现在还没有班车,进入俄亚仍然存在诸多不方便,"马"的作用依然没有减退,但俄亚已被置于更广阔的社会生境中,人们的观念和行为也随着修通的公路发生了明显的变化。

同时,从俄亚新近涌现的客栈发展中,可以反映出当地人对旅游经济的态度与选择。据调查了解,在 2011 年公路修通以前,就已经接待过很多游客了,但大多住在乡政府行政人员的宿舍,自公路修通以来,到 2015 年 1 月,大村已有 6 家小客栈:"东巴客栈""大村客栈""纳西客栈"和"俄亚乡客栈"等,可接待游客近 70 人。除了位于乡政府的"俄亚乡客栈"外,其余三家就开设在龙打河畔,"非常方便客人","以后的

---

① 以木里为出发点,大致有三条路线。"从木里县城到达俄亚有三条路线,一条是从木里往盐源,再从盐源进入云南省的宁蒗彝族自治县的永宁乡,在永宁乡找向导租马,然后翻山过江经依吉到达俄亚;再有一条是先从木里到盐源,再从盐源到西昌,然后西昌到雅安,再康定、理塘、稻城、亚丁一路过来,然后等机会入俄亚;还有一条就是从木里县城往北到达桃巴乡,再从桃巴乡往西到达水洛乡,再从水洛乡沿水洛河南下到达宁郎,宁郎再继续往南,到达树坝,然后从树坝渡江,再往西行,最后到达俄亚"。陈庆港摄影报道:《走进俄亚》,《旅游》2010 年第 4 期。

② 《木里:向水电工业强县铿锵迈进》,http://news.bjx.com.cn/html/20120726/376017.shtml,2012 年 7 月。

③ 现在,俄亚大村及周边村寨的用电量大概需要 500 千瓦,现在对小电站进行维护与管理的管理人员是一位天津人,合同明年就到期,对小电站专业人员的需求非常紧迫。

客人可能就会多了"。总体上来说，当地的容纳人数有限，服务设施也很简单，旅游环境的成熟度不够，要开发旅游业还将面临很多实际问题。另外，越来越多的年轻人到丽江打工，传统的文化生境逐渐演变。

"客栈"的出现，刺激着当地经济的发展，也为当地带来了"新鲜"与"活力"。现在，已经有部分散客将俄亚作为探险之旅的重要旅游目的地之一。2009年10月，玉龙纳西族自治县户外运动协会组织了一行三人到俄亚"参拜、学习、研究和探路"①。不仅如此，还有很多去过俄亚多次的游客有着另外一种"凝视"。在此，以某一游客的微博文章摘录如下来感受游客所体验到的俄亚"质朴"之美。

> 这里是俄亚，一个远离尘世喧嚣的小角落，一个现代文明之外的纳西小村落。
>
> 在俄亚，喝酒是做客时的必要礼仪，但喝多少并不强迫。只是他们自己的习惯，主人端给你酒以后，你如果一直不把碗放下，就意味着你还想要，主人会一直往你碗里倒酒直到你把碗放下。所以，小野，人家还是看出来你是个弱女纸，只是你一直捧着碗，人家也是无可奈何。就算你放下酒碗，主人家也会把你碗里的酒斟满，所以，无论何时，所有人碗里的酒都是满的，真是实在的人们！
>
> ……
>
> 大东巴名叫英扎次里，47岁，自幼和身为老东巴的舅舅生活在一起，耳濡目染，常年随舅舅学习，加上内心热爱和天资聪颖，逐渐成长为俄亚最年轻同时精通东巴文化和技能的大东巴，现在已经有四个学徒，大家都喊他们小东巴。
>
> 用"温文尔雅"四个字形容大东巴半点没错，和他接触的四年里，我最大的感受就是，无论你多焦虑和烦躁，只要他开始讲话，一种神奇的力量会把你变得平静。不知道是不是常年诵读经书的缘故，他的声音平稳，语调温柔，没有起伏却充满情感，总叫人不好意思张狂。
>
> ……

---

① 《俄亚——被遗忘的村庄》，http://ljylhw2008.blog.sohu.com/137942363.html，2009年11月。

从这位游客的微博所选取的部分内容只是部分记录了俄亚大村的生活与民风，俄亚人的热情只有对曾有过类似经历的人才能引起心中的那份远久的内在情感与怀想，一句简单而朴实的招呼语："zi，zi，zi"（吃，吃，吃）经常会萦绕在耳旁，这与走过众多旅游景区的游客来说是很难以体会那份激动的心情。

文化的历史积累、文化的独特性构成了"纳西"文化生境的核心要素，而社会空间的对外联系不仅是文化生境的重要影响因素也首先从外在反映了当地的文化变迁趋势，三者共同形成了时空尺度下分析文化生境的三大重要内容。前两者，对于民族的文化生境而言具有根本性的作用，是文化景观形成的内核，而后者对文化生境的干扰作用也不可低估。除了上述俄亚与丽江、香格里拉白地在历史积累与文化交流方面的各种关联，水电开发带来交通道路的通畅以及与外界的各种社会交往对俄亚文化生境的变化也起到了很大的作用。特别是，在"俄亚纳西古寨"的旅游宣传中，还会有越来越多的人进入俄亚。旅游，已逐渐成为影响俄亚文化生境的重要社会因素之一。

四　小结

游客进入俄亚大村，大多属于非大众旅游条件下的旅行行为，可看作"前旅游"时代的旅游活动，个体性、主观性、个性化等特征尤为明显。而这些游客的游览都是为了解俄亚大村，都是依托于其他社会活动之下，或是满足调查所需，或是满足个人的公益，无论如何，古寨景观的静态展示和人文风情的淳朴是俄亚大村的最大吸引力。

现在，对俄亚文化保护的呼声日渐高涨，对俄亚传统文化的"遗产化"过程也体现了文化的保护路径之一。2011年，俄亚纳西族传统歌舞"金吉搓"被列入四川省级非物质文化遗产目录。据说，"'金吉搓'是所有纳西的地方都没有，只有俄亚这个地方才有的"。

"金吉搓"翻译过来的意思就是"搭云桥"。"传说，纳西族最早从丽江到奉科到四川这么上来，要走15天，起初结婚也在丽江找的，俄亚和丽江是通婚的。后来，因为太远就没有再联姻了。很多老人思念那边，就把很多的思念之情寄托给云朵，他们巴不得有一道云桥搭拢俄亚和丽江，所以在这里就产生了这样一种歌舞，唱起来，跳起来！这里面的内容是很丰富，但现在很多年轻人都不会了"①。

2016年11月，俄亚大村被国家住建部列入第四批中国传统村落名录，名录式的保护有其优势，但还需有能产生实际社会效应的保护或管理方式。俄亚自建乡以来就因用火不慎造成房屋火灾次数三起，每次火灾当地老百姓都是用最原始的灭火方式补救；另外，因为没有任何排污、排水和排垃圾设施，大村的脏、乱、差现象极其严重，影响着老百姓及外来人的健康安全。所以，俄亚目前面临的最大问题是现代化背景下村落景观的基本管理问题，安全、卫生、饮食、交通等。

虽然在俄亚大村没有进行旅游开发，这种交通的不便反而保存了最原始、最本真的文化形态，但是尽早对俄亚进行抢救、整理、研究和保护并将俄亚今后的发展纳入科学规划体系中，应当是目前最合理的选择之一。

---

① 访谈记录整理。2013年1月。

第六章

"飞地"达祖："摇摆"中的歌舞展演与学校式保护

一 达祖村概况

达祖村，"一个遗世独立的村落"。

达祖是泸沽湖边摩梭人聚居区里的一个纳西族小聚居地，也是四川盐源县唯一的一个纳西族自然村。目前，达祖村大概有 140 多户，900 多人，除了有几户汉族以及通婚进入的十多个摩梭人、汉族人、藏族人外，大多都是纳西族，所以称其为纳西村。达祖村过去在搬迁过来时大概有 50 户，有"达祖 50 户"之说，家名也 50 多，至今没变而延续至今。

达祖村[①]位于云南、四川两省交界的高原湖泊——泸沽湖东北角的湖湾里，南与云南省宁蒗彝族自治县的小落水村隔湖相望，与四川盐源县左所和云南永宁相邻，村前有一阿娜俄小岛，背山面水，风景优美，是左所区气候最好的地方，也是湖岸线最长的一个村落。

达祖村纳西族约 200 多年前居住于泸沽湖畔[②]，据说达祖村的纳西族是丽江木府士兵后裔，1723 年木府失去统治地位后再没回丽江而定居于此。过去，在纳西首领统治时期是属于丽江地区的，而后达祖在盐源左所土司的属地达祖村主要从事农业，主要副业以前有赶马运输，其次是打鱼，手工业不发达。范围，可却属木里活佛辖区，被称作木里的一块

---

① 达祖村，也作"达住""大嘴"，近年来又作"达祖"。
② 林佳雯、关华山：《泸沽湖地区纳西人与摩梭人居住文化之比较初探》，《第十六届中国民居学术学术会议论文集》，华南理工大学出版社 2008 年版，第 154—160 页。

第六章 "飞地"达祖:"摇摆"中的歌舞展演与学校式保护　　137

图 6-1　达祖全景

图 6-2　达祖晨曦

"飞地"①。1957 年左右，为了便于管理，盐源和木里共同协商把在盐源境内木里所管辖的"达祖村"和木里境内盐源所管辖的"后所"互换，此后达祖村就隶属盐源县所管辖，现为盐源县泸沽湖镇管辖。

泸沽湖镇位于四川省凉山彝族自治州盐源县西部，因地处泸沽湖畔而得名。1952 年设沿海乡，1972 年改公社，1984 年更名洞海蒙古族乡，1992 年建泸沽湖镇，现辖木垮、多舍、八家、海门、博树、纳洼、直普、舍夸八个村委会。达祖纳西村就属盐源县泸沽湖镇木垮村管辖，与闻名的摩梭风情相比，泸沽湖自然风光优美，人文风情引人入胜，泸沽湖属国家重点风景名胜区、国家级 AAAA 旅游景区、国家水利风景区，风景区因

---

① 林佳雯、关华山:《泸沽湖地区纳西人与摩梭人居住文化之比较初探》,《第十六届中国民居学术学术会议论文集》,华南理工大学出版社 2008 年版，第 154—160 页。

其摩梭人独特的母系氏族文化、阿夏走婚习俗和优美的湖光山色而闻名海内外，被誉为"母系氏族社会的活化石"，而纳西达祖村在这样的旅游景观中成为一个"遗世独立"的村落。

"达祖"是何意？洛克在《中国西南古纳西王国》中提到，纳西语称为"达住"或"达最"，这个地名汉语意为"盗贼"，意思是大强盗后拦路盗；纳西语地名用了汉语的音译，但没有汉语中所包含的"盗贼"之意。① 这个有"怪异名字"的村庄一直被人们误会，不熟悉的人总会称其为"大嘴"村。事实上，纳西语中"达"是懂事、睿智的意思，"祖"是聚集的意思，"达祖"就是懂事睿智的人聚集在一起，就是被派守的士兵聚集在这里的意思。

达祖村纳西族信仰藏传佛教和东巴教，两教并存和谐共处，村中有寺庙，玛尼堆白塔。因火灾，现正在重建经堂。达祖村至今仍保留着很多传统的纳西文化习俗，一般的取名、成人礼、婚礼等都请东巴，而举行丧葬仪式时必须请僧侣和东巴，僧侣人手不够时还要去前所、永宁请。村里现有五位僧侣，三位东巴，也有"贝汁"（东巴的助手）。

达祖信仰的藏传佛教是格鲁派。历史上曾归附木里。村里过去有经堂，但"文革"时被毁，1996年重建，2005年达祖寺因火灾被毁。据了解，经堂将于明后年完工。达祖以前也有自己的僧侣，没有时就去前所请。据说，达祖寺在木里是很有名的，属于"三大寺十八经堂"中，三大寺指的是木里大寺、康乌大寺和瓦尔寨大寺，达祖寺就是其中一个。

达祖的东巴具体分为两种东巴，祭天东巴和开路东巴。传统的祭天仪式在达祖也没有了，现在一般就是进行简单的活动，在大年初三的时候上祭天台由祭天东巴的后代和扎实主持。而开路东巴现在只有三位，分别是：杨加阿，76岁，属龙；杨边玛直之，35岁，12岁开始学，1981年出生；杨次里，36岁，1980年出生，13岁开始学，他们都去四川依吉乡去学过。现在，达祖日常的大小仪式都由他们三位主持，家中保留有大量与此相关的经书和物品，如开路经、神路图、木偶等。但因为与外界的联系较晚，对外的东巴文化交流相对较少，因此，保留的经书不太完整，纸张损坏也较大。

---

① ［美］约瑟夫·洛克：《中国西南古纳西王国》，刘宗岳等译，宣科主编，杨福泉、刘达成审校，云南美术出版社1999年版，第291页。

图 6-3　四川泸沽湖景区导游全景图

图 6-4　达祖村经堂（修建中）

二　文化叠压与共存的达祖纳西文化

达祖村，滇川交界处泸沽湖边摩梭人聚居区的一个纳西族小聚居村落，至今很少为外人所知晓的一个村落，由于长期和东部方言区的摩梭人生活在一个区域，其族群文化已深受影响，族群边界模糊，已和摩梭文化"融合"在一起，事实上达祖的纳西族群文化是基于纳西文化基础上的一种复合表现。族群及其文化的形成有很多历史的和社会的原因，达祖村这种现象便可以借用考古学的视角和一个重要概念"文化叠压"来进行分析和描述。主要通过田野调查和类比的方法对滇川交界处达祖村的纳西文化形态进行时间与空间层面的分析发现,由于达祖村特有的历史原因、文化区位、宗教影响等而使得达祖的纳西文化形态中包含了纳西、摩梭、藏族、汉族及现代旅游文化的因子,并呈现出原生纳西文化上的多元层叠特征。

在考古学的概念中,文化层的叠压关系可分为:叠压、打破、共存三种,原则是"老的在下,新的在上",即年代相对古老的地层一般位于相对新的地层之下。叠压关系就是最基本的地层分布。打破关系指晚期人类活动破坏了早期人类活动的地层上的遗迹遗址等,如灰坑、井等经常出现打破关系。共存则是指同一时期、地域,处在同一文化层上各个遗址、遗迹的关系。达祖的族群文化就包括了这样纳西文化、摩梭文化、藏族文化等外来文化的多元素,并主要体现为一层层的叠压和最后的共存。

(一) 纳西文化的元素

达祖纳西是由丽江迁来的纳西族,最底层和最核心的文化仍是纳西文化。

达祖纳西的语言属于西部方言区,但是与丽江的纳西语差别较大而更靠近四川俄亚;同时由于长期受到邻近东部方言区"纳日"摩梭的影响,在日常生活中大部分人通晓摩梭话,而摩梭人则不会说达祖村的纳西话,多数纳西人还通当地汉语,一些老人还会讲彝语和藏语。关于达祖纳西的语言,到目前为止还没有学者进行过专门的调查和研究,所以没有文字资料可供参考。

达祖纳西有两个部分:纳西、捏次。纳西在达祖占多数,是指从丽江来的老纳西人根根的后裔;而捏次居少数,是指从丽江来的,但其老祖先是汉人或白人根根,后融合于纳西的那部分人的后裔①。他们有同一个祭天场,却有不同的火葬场。达祖纳西共有四个大的"斯汝",红白喜事都按此分,有哇啦热、阿热瓦塔本、尼慈格画木画、阿慈嘿和啊社啦一个大组,根据方便或有亲戚关系在红白喜事又分为9个小斯汝,哇啦热、纳迪、不美快、阿热、瓦塔本、尼慈格画、尼慈木画、阿次嘿、啊社啦。近几年来,又略微有些小调整,正月初九上山的时候有7个斯汝"7个帐

---

① 李近春:《四川省盐源县沿海公社达柱村纳西社会历史调查报告》,《四川省纳西族社会历史调查》民族出版社 2009 年版。

篷"、哇啦热、纳迪、不美快、尼慈格画木画、阿热瓦塔本、阿慈嘿、啊社啦;而50户家名至今仍在民间沿用。

由于有祭天东巴和开路东巴之分,在正月祭天时开路东巴是不能上祭天台的,杨加阿为笔者简要地讲述了过去传统的祭天活动。正月开始,初一烧香,初二准备祭天猪,初三做香(土香),初四的那天,早上鸡叫的时候,三点左右要比赛,从柏树、青杆树摘下树枝来拿着比赛。这天的禁忌必须要遵循,不准说聋、瞎、哑等词,否则很灵,说什么灵什么;初五,做仪式;初六的晚上妈妈要打扮漂亮,跳舞,有的假扮僧侣,还要磕头、马、骑马、木马;初七做仪式,初八打拼伙;初九是最热闹的一天,也是新一年开始的一天,可以进行土地的开挖等工作。这些活动想恢复,但很难。现在,达祖纳西就在初三的那天到祭天台进行简单的祭祀活动了,但初九还是最热闹的一天,过完这天也就意味着过年结束。

在达祖纳西的生活中,取名礼、成年礼、婚礼和葬礼的人生四礼都要请东巴来念经举行仪式。调查中,笔者偶遇了一次取名仪式。取名仪式在小孩子满月后三天举行,是一位小女孩,请来了东巴,小女孩的干妈,就是家中属相与小孩子合的人,这次是小孩子爹的姐姐为干妈,还要请客。东巴开始主持仪式时,小女孩的妈妈、干妈都要在场。除秽、念经,老东巴给小孩取名为"杨科米",然后给妈妈、干妈、小女孩头顶抹酥油,还要把酥油抹在家里的女柱、门楣上。接着是用鸡头卜卦,看小孩的命。

特别是达祖纳西人的婚礼更深深地体现着纳西文化、东巴文化的内核。达祖纳西人的婚姻实行一夫一妻。过去,一般在村内"开亲"(通婚),一般是与斯汝以外的男女交朋友,谈情说爱,结婚;同斯汝是不能通婚的。现在,也有达祖纳西与周边的藏族、彝族和汉族等"开亲"的现象。在达祖村至今仍有两兄弟和两姊妹结婚后不分家的现象,分家的也是在子女长大后才分家。如阿塔家至今未分,有10多人住在一起。

过去,婚姻是媒妁说亲,父母包办。由于是父母包办,后来出现了一些离婚的,所以现在很少父母包办而自由恋爱结婚的越来越多。近年来,有少数年轻人也开始像汉族那样照婚纱照。现在的婚礼仪式一般有三天,第一天新娘家准备,第二天新郎、新娘家都要准备,下午男方要来"说聘",第三天男方家的女眷来接亲。为了便于记录和描述,以时间天为单位展开。

第一天,准备,新娘家准备第二天要招待斯汝的饭菜,请亲朋好友帮

图 6-5　占卜

图 6-6　婚礼现场

忙来一起做。

　　第二天，过礼。斯汝家的人必须前去帮忙。在新郎家，杀牛，掏心，意味着掏心掏肺，坦诚相见。还要杀猪，准备新房，也就是新郎家的一间房准备一下。稍后，由大舅舅或大娘娘备酒后送到新娘家。一般由新郎的姊妹背酒送到新娘家。东巴做准备，用青冈树、柏枝、松枝各三根还有三小根木头，中间划一下，还有木圈子（木手镯）放在用牛油垫底的盛有麦子的萝里，放在神柜上层的毛毯上放三天，牛油三天后分成三份给东巴。另外，还有一个盘子盛放象征家神的用酥油装饰的糌粑。新郎点酥油灯后，东巴就开始念经了。在祖母房首先开始除秽，由长者洒水清洁祖母房。稍后，新郎家的众长辈，特别是叔叔们先坐下，新娘的父亲，及其舅舅等长辈、哥哥、兄弟们依次坐好，听着念经声，吹响海螺，直到经书除秽、素库等经书念完。然后，新郎家要招待众人早饭。稍事休息后，新郎家要招待亲友吃午饭。要服侍好，服侍不好的情况可以"吵架"。婚礼中，中饭必吃夏达汤，即用最瘦的牛肉伴着生姜、蒜、陈皮、芫荽等物剁熟再加入白酒、水成为红红的美味汤。

待到2点半左右，媒人带着新郎方的七位小伙子带着彩礼来到新娘家下聘、说媒。媒人一般由男方斯汝家的，儿女齐全的，家顺的人担任。端来的礼物有钱（现在是几百到几千元不等）、烟叶、烟、酒、布匹、衣服及刀等，布匹给新娘的爸爸、妈妈，刀给新娘的表兄弟。而祖母房中已坐满东巴、新娘家的叔叔们、舅舅们，新娘家的全体斯汝50多人全部坐在房屋中间。进门后即开始最有意思的一段"辩论"。媒人一进门便下跪说明来意，媒人要磕头，向着山神菩萨、达祖托莱安、大水井、不在的老人磕头。而后，新娘的大叔叔说话、大东巴说话及众叔叔说话，要"丑话说在前"。因纳西人有男为大，房中坐着的全部是男性，场面很壮观，只有个别女性偶尔去倒水、帮忙的。而叔叔们说的话无非就是要请媒人进行传话，对新娘和新郎进行教育，成家以后凡事互相要多忍让，组建一个好家庭等，而媒人则一直站着回应着长辈们的"训话"，教育新人。据说，在过去也有在此场合直接进行"反对"的，而媒人则要能言善道，进行回应；而现在大多就是一个仪式，因自由恋爱的越来越多，也就没有了"反对"。长辈说完话，七位小伙子即带着聘礼进房中放下，东巴念念有词。整个过程结束后，媒人和小伙子出门，而新娘家的伙伴则手拿早已准备好的松针戳这八位。大家在笑声中坐入酒席开始宴席，而后离去。男子用过宴席后全村人就陆续将鸡蛋、玉米、粮食等礼物送来，或者帮忙，一起用餐，就是礼尚往来的一场交流。下午的活动就暂告一段。晚上，在新娘家准备小型晚会。

第三天，接亲。天未亮，4点左右，三位东巴就来到男方家开始念经。男方家就要安排年轻人吹起海螺，男方家的女性代表去女方接新娘。这时，新郎换上藏族的楚巴。新娘和父母告别后就跟着过来了。而男方家要不断吹海螺表示喊新娘回家了。当新娘和女伴到男方家祖母屋门口时，没穿新衣，头顶毛毡。进屋前，把门关上，要"刁难"新娘。男方家要将青稞面和白面粉混合物撒向新娘，寓意"白头偕老"。而同伴们通常也都会被撒得一身白粉，新娘在大家的笑声中进入祖母屋。东巴又开始念经。进屋后，新娘要坐上一块下面垫有带棘树枝和石头的毛毡上，暗示要勤劳，不能舒服享受，还表示清除沿途可能沾染的污秽和鬼。然后姑妈带着两位新人敬家神。仪式过后，新娘和伴娘就要去附近自家的亲戚家化妆、穿上新衣、吃早饭。

需要注意的是，新娘换上的是摩梭人的服装，而伴娘穿的是藏装，说是"方便点"。而男方家的叔叔们、伯伯们、舅舅们相继来到祖母屋中坐下，也有五六十人，准备举行仪式。一旁，厨房的总厨要准备好分发给各位亲戚的坨坨肉（猪肉或羊肉，猪肉与招待客人吃的不同，要小一些），不同的长辈和亲戚分到的猪肉是不同的。分的肉是有讲究的。长辈们分得的肉必须带骨头，大骨必须给长辈，肋骨给新娘的兄弟们，还有小骨和不带骨头的依次分给亲戚们，主要依据与新娘的亲疏关系来定。肩胛骨最重要，一部分分给新娘的父亲，另一部分给大东巴进行占卜。

各项准备工作做好，已有8点了，新郎和新娘就一起进入祖母屋，这时新人要一起向各位长辈磕头，然后是老东巴和新郎家最大的长辈讲话并送上祝福，递上哈达，新娘的父亲也要献哈达。东巴则把大家送来的哈达连带祝福一起送给新人。而后，众亲戚送礼钱，新郎家将分好的猪肉送出，新郎家的女性长辈则送上手镯、项链等礼物给新娘。整个仪式之后，就是新人敬酒，亲戚吃喜宴直到中午。先是祖母屋中的长辈们吃饭，之后才是其他亲戚来吃饭。席间，亲戚还唱上祝酒歌。晚上，几乎全村的人都来到舞场，一起举行联欢晚会。新郎和新娘点上篝火晚会开始，亲戚们都来表演节目，达祖歌舞队的表演者也表演节目；而游客则可以免费观看节目，好不热闹。据说，新娘要在男方家中神龛前睡三个晚上。

第四天早上，三位东巴又来到新郎家念经。整个结婚仪式才算完毕。而整个仪式过程中斯汝和家族的概念深深地贯穿其中，若是某一亲戚没有来婚礼帮忙，以后在村子里就会难再从亲戚中获得帮助。而整个婚礼中比较感动人的场景是，一个大家族的男亲戚们坐在一起，祝福新人。

达祖纳西族群的取名礼、婚礼还有成年礼都是由东巴来主持，集中反映了纳西文化中的"素库"（家）的观念、东巴在其中的重要地位，东巴文化深深地扎根于达祖文化中。需要补充的是，由于达祖村与永宁地区的藏传佛教信仰属于同一派系，达祖纳西更多地会和永宁的摩梭族群开亲，而不与四川境内信仰黑教的摩梭族群通婚，反映了与四川摩梭族群在宗教信仰上的不同，反之，大"纳西"的文化之根深深地保留着。但是，在葬礼中则是东巴和僧侣都会在场，分别念经，不仅有东巴文化也有藏传佛教文化的内容。

（二）藏传佛教文化的元素

达祖纳西文化也有受到藏族文化的影响。一进入村子就可以看到路边的玛尼堆，村里有50多个大大小小的玛尼堆；而且，在每家屋顶都挂有藏文的经幡和铁制的三叉戟，屋内神柜的旁边也都挂有很多唐卡，在过年时还要在家的六个方位贴上藏文的符咒。

据调查，达祖纳西从搬到这里时就有东巴信仰，这是纳西的传统。最早没有藏传佛教的僧侣，在划归木里寺管辖后，才设经堂、有宗教信仰，有寺庙，是重要的"三大寺十八经堂"中的十八经堂之一，走马帮的时候都是走木里的。以前僧侣的数量也不固定，据说以前有一僧侣，但做不成葬礼。现在，达祖寺有五位僧侣，像过年前、过年期间都要请他们念经，送旧迎新。但因今年（2016年）有人"不在"（去世），就是举办完葬礼后才陆陆续续请僧侣们来念经。

在举行葬礼的时候，是必须请东巴和僧侣的，有条件的要专为僧侣准备一间经堂，东巴坐在家中神柜前念经。东巴念经是要由开路经，将亡魂送归故里，而僧侣念经则是为其超度，点燃酥油灯为其照路。仪式中各司其职，互不影响，在时间和地点上也会相互"协调"。

下面专以葬礼为例，了解东巴文化和藏传佛教文化的共存。为了叙述方便，以时间天进行展开。

纳西的丧葬实行的是火葬。人一死就要请僧侣、东巴来家里念经，斯汝准备洗尸、裹尸，用麻布将尸体捆成婴儿式的蜷缩状，埋在生死门里的地下。埋的时间长短不一，最长有20多天。这次的葬礼因人是在过年前生病去世的，就埋了从大年三十到初九整十天。初九的年一过完，就开始准备葬礼了。

第一天，准备。请东巴、僧侣念经。选合适的时间，东巴三位，僧侣有九位，这次除了本村的五位僧侣外，还从四川前所寺请来了四位大师一同念经。东巴、僧侣分别念经。东巴们在祖母房、僧侣们在另一置办成经堂式的房间念经。僧侣在念重要经书时要穿法衣，东巴不一定，但在跳东巴舞或重要仪式时必须穿。先做好各种准备工作，包括面偶、各种供品。村里人要来祭奠，丧家要招待这些人三餐酒饭。丧家要隆重招待宾客，一般由斯汝准备一日三餐。这次是丧家准备早餐，其余两家准备午餐和晚餐。

第二天，是拴牛角的时间。请东巴念经，用麻线将牛角拴上引导到"瓜慈"，意思是将牛"打发"（送）给死者。拴牛角的时候还要吹响唢呐。一般是去盐源县请吹唢呐者。

第三天早上，僧侣、东巴继续念经。中午东巴念经时，由斯汝将尸体从生死门里取出，放在"瓜慈"里面（放的时间根据死者死的时间由东巴算了后而定），也就是一个木制"小房子"。稍后，亲属在"瓜慈"前跪着，东巴边念经，斯汝长者边发"丧帕"，一般发给儿女、孙辈及同斯汝的晚辈。午餐后，东巴要念开路经，然后3点左右举行洗马仪式。

洗马仪式由东巴主持，准备了四匹马，本家的牵一匹走在前，选最好的衣帽、褥垫和马鞍等，有两个穿牛皮衣的"将军"在前，手持大刀，大家在东巴的诵经声中走出路口，骑马者在最前，将军在其后，由东巴念经、跳舞，马由骑马者骑到第二天烧尸场顺时针，绕三圈，让马摇抖，直到马回来后东巴再念经，整个过程才告一段落。

晚上，东巴和僧侣的念经不断。斯汝要守夜，打扮好的将军要跳撵鬼舞。一般有四家人在跳，不同的斯汝家有的跳就好看，有的跳得就不好看，简单了点（撵鬼，娱已）。一般，东巴还要跳东巴舞，跳喔热热。

第四天，火葬。黎明之前，"瓜慈"要被抬到火化场，有专人牵匹带胺的马在灵柩前引路，将军同样要穿着牛皮衣护送。东巴将尸体送出家门，大师先到山上念经，准备。将"瓜慈"抬出路口，要由东巴在前，跳着东巴舞，来帮忙的准备好白布长条，斯汝们将"瓜慈"抬出，将白布长条拴在"瓜慈"上送出，要在每位子女前过一次。走到路口时，子女和至亲亲属在"瓜慈"下排队弓腰，斯汝们将"瓜慈"从背上依次抬着经过，意思是用晚辈的身躯给死者搭桥铺路，还死者恩情。男人们就将"瓜慈"抬上烧尸场，女人们可去也可不去，但子女不上山。

大家抬着"瓜慈"走老路，丧葬仪式必走的路，将尸体抬至山上。僧侣已穿好法衣念经，这次有六位，另有一位助手。斯汝们边将尸体由"瓜慈"中取出放在事先已搭好的火葬台中，准备火葬。由主持者扎西大师念完经后点第一把火，斯汝家的其他人将准备好的火把将尸体一起点燃。开始火葬后，来帮忙的人们就下山，下山时随手摘下路边的树条编成手镯放中一个地方，意思是送给死者的礼物，让他一路走好。同时，在旁边用杜鹃枝等进行火熏除秽，绕火堆顺时针三圈，口中念念有词，将不好的东西撵走，然后就回到丧家。而家中另外还有两位僧侣准备随后要念经书所需的面偶等工作。中午继续念经为死者超度。另外,在火葬时还要用鸡陪葬,夫死用母鸡,妻死用公鸡进行祭奠,这次用的母鸡陪祭,其实就是将母鸡放至山上。

第五天,火化后的次日,同斯汝的代表和死者的儿子共3—5人要捡尸骨装到瓶或罐里,送到该斯汝的坟地掩埋。火葬场过去没有小罐,现在有简单弄一些。

从整个仪式过程也看到,纳西文化中的洗马仪式、东巴文化、斯汝文化具有重要意义且是主要部分,与藏传佛教文化"和谐"共存地为民众生活服务。

图 6-7　葬礼(1)

图 6-8　葬礼(2)

(三) 摩梭文化的元素

过去，达祖纳西人的衣食住行基本上保持着纳西人的古老习俗，但是由于长期与摩梭共居于泸沽湖边，尤其是云南境内摩梭文化的影响，达祖的纳西文化中已深深地烙下了摩梭文化因子。20 世纪 80 年代，李近春先生对达祖村做过大量调查有着详细描述，但通过比较发现，至今保留了大部分的纳西文化，但近年来也有所改变，最明显的就是住屋文化了。据调查，在 20 世纪 90 年代以前，达祖的房屋中都有中柱①，90 年代以后大部分的房屋都有男柱和女柱、生死门等，逐渐向摩梭文化靠近，"达祖村正屋建筑平面示意图"可以更多地了解达祖的文化变迁及文化共存现状，左边的角柜上放电视机，右边是"传统"的神柜、上火铺，紧靠神柜的座位都是上位；1 号的位置平时做储物用，但家里有人去世时就会将尸体埋在土里直到举行丧葬仪式。

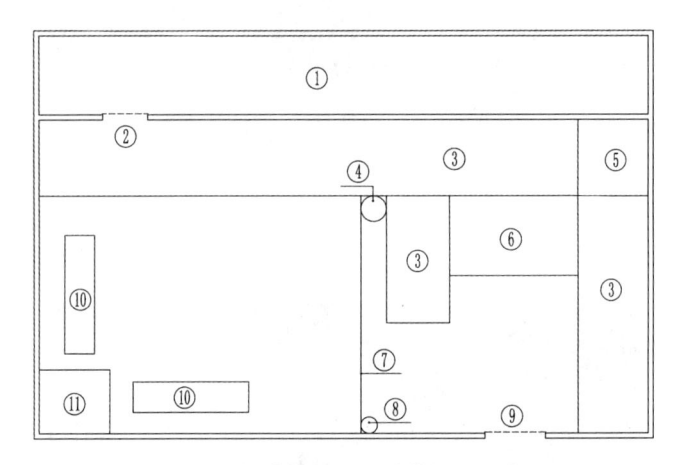

图 6-9　达祖村正屋建筑平面示意

说明：1. 储物间、土质；2. 生死门；3. 座位（也可睡）；4. 男柱；5. 神柜；6. 火塘（原来是上火铺）；7. 台阶；8. 女柱；9. 大门；10. 椅子；11. 角柜

粗略地看，达祖的文化习俗和摩梭的文化习俗是很难进行细致区分

---

① 李近春：《四川省盐源县沿海公社达住村纳西族社会历史调查报告》，《四川省纳西族社会历史调查》，民族出版社 2009 年版。

的。尽管如此,达祖村纳西族群还是有自己的一套"知识体系"来进行区分。[①] 同时,也可以从纳西文化与摩梭文化的比较中把握达祖纳西文化的重要特征。

(1) 房屋。相同之处:摩梭和纳西的房屋外观及布局相同,都是木质结构,都有正房即祖母房(都叫"依米"正房内有神柜、男柱女柱、上火铺和下火铺)、连着正房两侧分别有仓房与厨房、花房、畜圈、经堂、草房。不同之处:正屋内部结构有所不同,摩梭正屋内有多排横梁,纳西正屋则只有三排;摩梭人日常生活做饭烧菜都在下火铺进行,纳西族则在上火铺;摩梭正房在房屋正面靠右侧墙壁处设前门,与之相反方向还设一门叫"生死门",纳西则是中房屋正面靠左侧墙壁处设门,生死门也与之相反;纳西正屋屋顶会插三叉戟再加经幡以示士兵后裔,摩梭则只插经幡。

(2) 婚姻。摩梭实行走婚制,属于母系家庭,男不娶女不嫁,各自生活在自己家中,孩子跟随母亲生活,由父母双方共同抚养,孩子特别遵从舅舅的教育。摩梭不举行婚礼,由孩子满月仪式代替婚礼,俗称"办玉米酒"。纳西族在恋爱期间实行走婚,待准备生子后再结婚,由东巴主持举行盛大的婚礼,属于父系家庭。

(3) 丧葬。相同之处:摩梭和纳西都实行火葬,火葬仪式由大师主持,摩梭请达巴,纳西请东巴给死者开路送魂。两者的葬礼持续三天时间,葬礼第二天的三餐由死者的子女提供,以表尽孝。葬礼期间村中男女老少都会前来帮忙。两者都有停尸习俗。不同之处:纳西族在停尸期间把死者尸体放置生死门过道的地洞中密封存放,待到葬礼举行时取出放置正屋式棺材中,摩梭则把尸体直接放置于棺材中,摆放在正屋上火铺;葬礼期间纳西族有东巴念洗马经举行洗马仪式,摩梭没有此习俗;纳西族在葬礼中杀的牲畜由东巴念完杀生经后才能动刀,摩梭无此习俗;纳西族中葬礼第二天晚上请东巴跳驱鬼舞、唱挽歌,摩梭也无此习俗;纳西族在葬礼期间由死者长子媳妇的长兄全权保管家中一切财务,摩梭没有这一习俗。

(4) 节日。相同之处:摩梭人和纳西族都过春节、端午节,转山转海节、中秋节。不同之处:摩梭人的春节从腊月二十四开始持续到正月初七,纳西族的春节从腊月二十四开始持续到正月初九;摩梭人过清明节吃

[①] 这个部分主要根据达祖小学王老师提供的材料整理而得,在此致以衷心的谢意!

猪头，纳西族则不过清明节；纳西族一年有三次祭祖节（大年初三农历六月初三、农历十一月初一）、摩梭没有祭祖节；纳西族一年过三次牧神节（吃灌猪脚），摩梭不过牧神节。

（5）成人礼。相同之处：摩梭和纳西都在年满十三虚岁那一年的大年初一举行成人礼。不同之处：纳西族举行成人礼时给孩子换礼服的人选是在孩子出生时就选好，摩梭则临时再选。

（6）取名礼。摩梭人孩子出生由大师取名字，纳西族则由东巴取名字。

需要指出，藏传佛教文化的影响和表现是显性和深层的，具体表现在信仰层面和重要的仪式活动中，而摩梭文化的影响是隐性的和平面的，具体体现在衣、食、住、行的民俗文化方面。原因是，达祖纳西村长期隶属木里大寺管辖深受宗教的影响，而与摩梭人的关系则是浸透式地深入到生活文化之中。

（四）汉文化的元素

达祖村的纳西文化也受到了汉族的影响，如启用汉姓，有和（何）、杨、王、毛（木）、曹、张等姓。而且，过年时，达祖纳西的建筑中也逐渐有了汉文化的元素，在大门口要贴上汉字写的对联，以示祈福。也过一些汉族的节日，如中秋节，还有，现在小朋友们也开始兴过生日了。尤其，日常穿着更是汉化，不穿民族服装。另外，由于电视、计算机以及自媒体等现代高科技也在加深对达祖传统文化生活的影响，同时也加剧了达祖的汉化过程和社会变迁。

（五）旅游文化的元素

近年来，达祖纳西受到旅游开发的影响，也带来了更多的外来文化，如客栈等建筑文化的改变。2012年以后，客栈如雨后春笋般涌现。如今，沿湖一带已有客栈60多家，建筑文化也在发生着巨大变化，甚至有玻璃结构的风景房。人们在逐渐习惯与游客的接触、交流中，达祖的乡村文化也将继续发生变化。

事实上，可以看到在达祖纳西的民俗文化尤其是人生四礼中都有纳西、摩梭、藏、汉等文化的因素，很难将其进行绝对的分离，体现了一种多元复合性，呈现出文化的叠压和共存状态。

三 达祖村的旅游发展与歌舞展演

(一) 达祖村的旅游发展背景

达祖村旅游业的发展受到整个泸沽湖区域旅游开发的影响，随着泸沽湖的旅游开发而发展起来。

滇川所辖的泸沽湖是一个拥有多元民族文化的地区，湖畔各村落居住着摩梭人以及彝族、汉族、藏族、普米族等族群，形成了泸沽湖独特的人文景观，达祖村就位于美丽的泸沽湖畔。

泸沽湖古称鲁窟海子，又名左所海，俗称亮海，位于四川省凉山彝族自治州盐源县与云南省丽江市宁蒗彝族自治县之间。泸沽湖为川滇两省界湖，为四川云南两省共有，四川约占总面积的1/3，云南占总面积的2/3，云南远比四川湖面面积大，而湖岸线四川要比云南的湖岸线长约占2/3。泸沽湖四周青山环抱，湖中有5个全岛、3个半岛和1个海堤连岛，形态各异。①

其中，云南宁蒗一侧的黑瓦吾岛、里无比岛和里格岛，成为湖中最具观赏和游览价值的三个景点，被誉为"泸沽三岛"，也是泸沽湖云南段湖岸线虽没四川长却胜过四川的原因。黑瓦吾岛位于湖心，是昔日永宁土司阿云山总管的水上行宫，美国学者洛克也曾旅居于此。

滇川交界处的泸沽湖面积50多平方千米，湖水清澈蔚蓝，是云南海拔最高的湖泊，也是云南第二深的淡水湖之一，素有"高原明珠"之称。由于其美丽的自然风光、独特的人文风情而吸引了无数的中外游客。这里可供游客游憩的景点众多，如大草海、走婚桥、黑喇嘛寺、末代土司王妃府、扎窝洛码头、草海摩梭部落村寨、洛洼堡、博凹湾、博凹岛、小草海、鸭子垭口、祭神台、鸟觉湖湾、转山古道、后龙山、洼垮湖湾、情人滩、情人堡、达祖湖湾、安娜俄岛、格姆女神山、小落水村、大落水村、里格岛等。

其中，格姆女神山下的小落水村是云南境内泸沽湖边的一个村寨，云

---

① 《四川盐源泸沽湖旅游攻略》，http://www.99118.com/list/558/jieshao.htm，2016年1月。

南和四川的交界线就在村口，它是摩梭部落最古老的村寨之一，成为游客和专家学者体验摩梭风情的基地。四川境内的大草海，约15000亩，是罕见的生物大观园。建在草海旁的黑喇嘛寺，是藏传佛教最古老的"本波教派"（黑教）宗教场所，是泸沽湖唯一的黑教寺庙。

现泸沽湖沿岸居住有蒙古族和彝、汉、纳西、藏、普米、白、壮等7个民族，约1.3万人，其中蒙古族约6000人（四川泸沽湖沿岸摩梭人5000余人，现云南四川差不多各3000人左右）。风景区以其典型的高原湖泊自然风光和独特的摩梭母系民族文化形成了特色突出的自然景观与人文景观，四川省于1993年将泸沽湖列为省级风景名胜区。

摩梭人信奉达巴教和藏传佛教。达巴教是摩梭人的原始人多神教，家庭中凡逢过年过节、婚丧嫁葬、为死者灵魂归宗引路、主持成丁礼等各种祭庆礼仪，均由达巴主持举行。藏传佛教于元代初期传入泸沽湖地区，宗教传入这一地区后，由于政教合一的统治，摩梭人在信仰达巴教的同时，又信仰藏传佛教，两种教相互渗透，相互影响，凡有祭庆礼仪，都要请达巴和僧侣来念经作法，他们既互相配合，又各自为政。由于摩梭人中，僧侣社会地位较高，有儿子者多送入寺庙中做僧侣。藏传佛教在泸沽湖地区有黑、黄两教，两教的寺庙俗称大经堂。较大的经堂有永宁、前所黄教经堂和左所喇踏黑教经堂，三地经堂每年都要定期举行"喇嘛会"，由于信教者众，"喇嘛会"便成了泸沽湖盛大的节日之一。

然而，最为吸引游客的还是摩梭人奇特的母系大家庭和婚姻习俗。摩梭人的生活中，女性占有重要而特殊的地位，泸沽湖也被誉为"女儿国"，女人掌控一个大家庭的大事情，也没有"重男轻女"的思想；而"男不娶、女不嫁"更使得摩梭风情蒙上了一层神秘的面纱。

2011年7月，由丽江泸沽湖旅游景区管委会、丽江金沙旅游公司、丽江泸沽湖摩梭文化演艺有限公司、北京保利演出有限公司、云南红土情音乐艺术工作室历时三年，总投资超过1000万元，由国内多个知名创意团队打造，表现摩梭人走婚文化的歌舞演出"花楼恋歌"在宁蒗彝族自治县泸沽湖畔的里格村对外公演，剧场朝向泸沽湖一侧的墙面可完全开启，剧场与真实的泸沽湖相连，通过摩梭人原生态的音乐舞蹈，表现摩梭人出生、成长、婚姻、劳动、祭祀等生老病死的整个过程。

在泸沽湖的旅游业发展过程中，云南的旅游业开发要更早，可以说起了重大的助推作用。1986年，泸沽湖被云南省政府确定为省级自然保护区，1988年8月被国务院确定为第二批国家重点风景名胜区，1994年又成为云南省的省级旅游区。2009年11月，泸沽湖景区被评为AAAA级风景名胜区。但是，1992年四川盐源县泸沽湖镇的命名则将"泸沽湖"的这张旅游名片抢去了大半，这种现象的出现既是逐渐觉醒并日益泛滥的旅游地品牌战略抵牾和品牌经济博弈的结果，也是区域生态经济和旅游经济发展目标、思路相互接近，同质化竞争加剧的产物。①

2006年，四川省冬季旅游大会在凉山召开，难得的历史机遇推进了盐源县旅游的发展。2007年至今，盐源县将"旅游兴县"作为县域经济三大发展战略之一，坚持"政府主导、企业主体、市场运作、民众参与"的原则，在保护的基础上全面开发泸沽湖景区：泸沽湖鸟觉路、草海路、左右环湖路等景区公路，泸沽湖假日酒店，"两府一馆一中心"等旅游设施项目相继落地开花。盐源县委、县政府曾提出：以泸沽湖旅游为龙头，以摩梭母系文化为核心，以香格里拉旅游大环线为外延，着力打造"润盐古都·摩梭家园"两大旅游品牌，把泸沽湖建设成大香格里拉休闲度假旅游最佳前进基地和目的地。近年来，盐源县全面实施泸沽湖景区"五个一"工程：一部泸沽湖旅游详规、一部泸沽湖风光风情宣传片、一台大型摩梭精品风情节目、一部有影响的电影或电视剧、一台大型的泸沽湖宣传活动。2011年11月30日，由盐源县历时三年打造的四川首创、全球唯一的大型摩梭风情歌舞集《心中的泸沽湖》，在成都锦城艺术宫首度公演，获得了广泛的好评。2012年，四川雅西高速公路通车、西昌至泸沽湖高速公路通车。经过六年的跨越式发展，2012年时盐源旅游已成为凉山乃至四川的旅游重点县，盐源泸沽湖因此名扬四海，扭转了"云南日出四川雨"的被动局面。②

（二）达祖村旅游业和文化保护现状

特别受四川境内泸沽湖整个旅游发展规划的影响，达祖村的旅游业发展较晚，过去因道路交通的制约，现仍处于初级阶段。

据调查，达祖村在20世纪90年代就有游客进入，但只有很少的客栈。1996年湖边的大路修通，2006年左右铺油路，才开始有大批的游客

---

① 曹星：《川滇旅游冠名落地之争背后的经济博弈与启示》，《管理观察》2015年第1期。
② 《富民兴县：盐源旅游产业发展的科学实践》，《凉山日报》2012年8月27日。

涌入，且以散客游、自驾游、短期游比较突出。

在2002年到2010年前，据说大多的游客都是丽江俱乐部拉来的游客，从达祖骑马到亚丁，一次800元左右，单边7天，风险很大，有高原反应，一般9月到10月前去亚丁，路遇下雪就很危险。村里大多都去牵过马，现在有五六年没去牵马，去亚丁的游客有来自全国各地的。

近三年来，这里的旅游才开始大规模发展，但村民拿不出太多的钱，只能租给外地人如成都人、重庆人、山东人、广州人等开客栈，有一村民于三年前到里格岛去卖烧烤，那边生意好。而且，当地人盖的客栈与外地人盖的客栈不同，外地人的漂亮，设施更齐全，当地人修建的只有木头房、简单，建筑文化也在发生着巨大变化，甚至有玻璃结构的风景房。尤其是2012年以后，四川的道路修通后，客栈大量出现，而云南的客人由于丽江到泸沽湖的路在修建中又有所减少，总的来看，村民传统的农耕生活中已渗入了旅游接待的内容。

对于泸沽湖旅游业发展环境下的达祖村来说依然具有"飞地"这一特点。达祖村的旅游业是随着泸沽湖旅游发展而兴起的。而在云南境内要到达泸沽湖可从丽江进入小落水、大落水、里格岛，在四川境内要达到泸沽湖可从西昌进入，一般会去到草海及其附近的博树村、舍夸村等景点游览、休闲。直到2012年以后，达祖村的客栈才如雨后春笋般涌现，如今，沿湖一带就已有客栈60多家。同时，达祖村现在已有划船队、骑马队、舞蹈队。这三个民间组织都是根据村里的情况分为3个队6个组，10家3天一次，3家一个船，然后进行轮换、评分，队长的酬金由乡政府发。划船队的船是私家所有，救生衣也是，不过船只的安全问题会由四川盐源县海事局定期来检查，在保证安全的前提下才能使用。

在调查中笔者还了解到，2016年1月达祖村正筹备"四川盐源县泸沽湖镇达祖生态农业旅游观光专业合作社"。2016年5月已正式注册，将经堂山包进行打造，发展生态旅游、保护传统文化。达祖村（社）的有关负责人告诉笔者：

> 达祖村的面积相当大，尤其沿湖湖岸线是泸沽湖地区最长的一个村，从杨二车娜姆家到村尾的情人滩一带都属于达祖村。过去，后山是最好的地，因为可以种出很多东西，而湖边是最差的地，经常会受到浪潮的影响。分地的时候将村子分成了三个部分，中间、上边和下

边（湖边）共六个组，湖边的是一个部分，而后面就涉及有四个组。现在，这种情形正好相反，湖边风景最好，客栈可以租个好价钱。于是，村里的几个干部准备依托合作社进行招商引资，将后面涉及60户、100多亩地进行打造，以绿化为主，改造成景点，加强基础设施建设，如供电设施等，重点放在农业生态、房屋结构、民族餐饮、民族文化等方面的内容。这个山包上现在有漆树、核桃树和花椒树，但生产率很低，今后就改种其他树种打造成一个农业生态景观。

1996年左右的时候，村里有了最早的一家客栈："卢旺达"，当时还是民房，只有普间，没有标间，达祖村的旅游发展都在摸索阶段。现在，据2015年村里的不完全统计，湖边包给外地老板的客栈有30多家，本地人办的有10来家，2000多个床位，今年还有增加的趋势。目前，达祖旅游发展最大的问题就是商业化，而且集中在湖边的客栈的商业化。湖边的房屋结构已不像村里的房屋，有平顶、砖房、玻璃房、棉瓦屋等。最近，由于游客大量进入，有很多宾馆已住不下，价钱也是"乱"的，没有统一管理，会形成恶性竞争，"如果全部商业化就恼火了"。同时，还希望能通过发展客栈的形式带动餐饮业的发展。而且，客栈需要有一个统一的管理，先设制度，否则外地老板一走就麻烦了。

另外，达祖寺的修建也会一步一步完善。还有，东巴的祭祀场所祭天场也需要修缮，在不破坏原有的的基础上扩大规模；同时，云南省东巴文化保护与传承协会也派人来准备培养几个年轻人，达祖村的东巴文化保护工作也顺理成章地就起来了。2015年年底，俄亚大村瓜扎英达次里的二徒弟年若来到达祖，复印了一些经书去，逐渐与外界建立起了东巴文化的交流关系。俄亚没有东巴蹉（东巴舞谱），正好把达祖村的"东巴蹉"经书复印带了一套过去。

在此，要特别说明与达祖东巴文化密切相关的达祖公益小学。达祖小学，曾在2000年时由于教育资金短缺等问题被撤校，达祖社的适龄儿童转入威远希望小学。2004年8月，以台湾李南阳先生为首的台湾爱心团进驻泸沽湖达祖社，进行包括教育助学、环境改善、扶贫疏困、生态农业辅导与推广、生态旅游、文化保护在内的全方位资助，并于2004年年底开始带动达祖社人民重建达祖小学。达祖小学，现在有10多位教师，还包括很多支教的老师。此外，著名影星周迅也来到达祖小学体验过支教生活。达祖小学现已是一所完小，学校很漂亮，教室、操场、宿舍、澡堂、医务室、图书室、电脑房和电视网络一应俱全，去年开始还建有绿色农场、微店，将核桃等特产销往省外很多地方。在李南阳先生在世的时候就曾经策划过达祖的"泸沽湖生态旅游示范工程"，重视生态环境和纳西文化的保护。

从 2013 年开始，达祖小学增加了一门课程：《东巴文》，从二年级到六年级每个班每天都会有一节东巴文的课程，课程原来由杨甲阿讲授，因年纪的原因，现在一直是杨边玛直之在上。课程主要是对孩子们进行普及，教识东巴文字，有很多学生都很喜欢这门课程，称他老师为"东巴老师"。从 2015 年 6 月开始，在达祖小学又增设了东巴夜校，在农闲周末的晚上请杨边玛教东巴文和东巴经，现有 10 多个学员，年纪最大的有 50 多岁。2016 年 1 月开始，达祖小学的老师们又开始了另一项工作，"纳西东巴文化图书馆"的筹备工作，准备对东巴经书和东巴文化进行大力抢救和保护。

（三）达祖村的歌舞展演

对于达祖村而言，提供给游客最多的消费应当是泸沽湖的自然风光和客栈的住宿，虽然游客在逐步增长，但旅游市场的淡季、旺季之分也非常明显，大量游客的到来给这里的生态环境和人文环境都带来了极大的改变。

值得一提的是，2006 年，达祖村有了一个舞场，舞场供当地人使用也在晚上为游客提供观看、参与型的歌舞，每位游客的门票是 30 元。调查了解到，达祖舞场是跟当地人租用的，现在还有人住在里面，每个月租金 50 元。舞场设备简单，音响设备也简单，座位就是几块木头搭起来的，而篝火晚会上的篝火，也是由每家每户带来的一块木头而成。淡季的时候常常没有游客来，所以大家就会早早地回家，旺季的时候则是舞场爆满。

达祖村是一个纳西村，但表演给游客的演艺活动主要包括：节目式的摩梭舞蹈、与游客互动的对歌和跳舞等。他们经常与游客一起跳摩梭舞蹈、摩梭迪斯科、与游客一起对现代歌，甚至将游客高高抛起，场面热闹、气氛和谐，游客们尽兴而归。舞蹈队的节目大都是队员们自己编排，舞蹈队的人员都身着摩梭服装，给游客表演着摩梭舞，在篝火晚会时尽情

图 6-10　达祖的篝火晚会（2015.8）

展示着"摩梭文化"。

在歌舞队队长的访谈中了解到歌舞排演的时候更注重"互动"的环节，这最能体现民族地区的特色也最受游客的欢迎。

问：你担任队长有多长时间了，有几年了？

答：有一年多了，大概是从2014年开始的，划船队、骑马队和歌舞队都是我一人担任，是（达祖）村里村长找我的，说是要对村里的这些活动进行统一管理。以前在外面打工，但工资不高就回来了。现在，我的工资是村里支付。从2006年就有这些，但直到现在才有组长。以前全村养马的人多，80元一个，人户太多，不好管理。

问：达祖的篝火晚会上都跳哪些舞？

答：达祖10多年前就有篝火晚会了，舞场是跟人家租的，现在合同期已满，过年后要整个新舞场。泸沽湖边跳舞的地方有好几个，大落水、小落水、赵家湾……但大落水跳得最好，总结出两个词就是干脆、利落。跳的舞、技术都差不多，这边零零散散，那边是气氛搞得好，整齐，游客一进门看着就舒服，游客进来，看着不好看。都跳加蹉舞，跳得都一样的，跳摩梭舞、藏族舞，游客就喜看民族舞，看藏族舞，看走婚。

问：节目是谁排的？

答：都是村里的年轻人自己排的。以前是每个组自己的节目，以后要成立一个村里的歌舞队，这样节目就更好看。现在排的节目主要是摩梭的，还有藏族的，纳西自己的舞少。

问：节目的编排有什么特点？

答：落水村那边搞得好，特别是互动环节搞得很好，游客也很喜欢。这边（达祖）的互动环节就只有对歌、跳舞、高抛，很简单。互动搞得好，大家都高兴，效果也很好。

问：篝火晚会上的木柴是从哪里出的？

答：都是参加晚上演出的家庭，每家出一根木头。

现在，舞场的使用是要支付房东租金，以后村里会有自己的场地进行活动，就方便多了。2016年6月，为了改变这种现状，达祖将晚上的歌舞表演承包给了一批年轻人，村里半年之内不收费用而转为给他们一套音响设备，其实就是他们将自己负责营销，赚取收入和音响费用。据悉，现在歌舞队已和云南一些旅行社签订了合同，在保证客源的同时进行旅游合作。

从达祖的旅游业发展来看经历了以下的转变及特征。

1. 从"山坡"到"湖边"

据调查，过去在分田地的时候，山坡上的地被认为是最好的，因为可以种出好庄稼，可以有好收成；湖边的地没有营养种不出什么东西。但是，随着旅游业的开发，分到湖边地的人现在大多已开始经营客栈，甚至沿湖的大部分客栈还设有"湖景房"，经济收益明显大幅增长。久而久之，"湖边"与"山坡"反而形成了一种"不平衡"关系，合作社的发展目的就是"自己人"经营自己的家园，进行一种自我管理。

另外，2015年达祖小学设立了农场，种上核桃、青辞果树等，还远销省外到上海等地。从2016年6月开始，达祖小学又增设了纳西青辞果油、纳西纺织、纳西咣当酒等五种"达祖文创"项目，可以接待团队游客的参观，而且还可到达祖小学农场进行射箭、吃生态饮食等"一日游"的旅游接待服务。2016年7月，村内也进入了一家外来企业进行银饰品的营销，其宣传的是"达祖部落·女儿国"，旁边还有一家"摩梭风味餐厅"。从"湖边"的客栈经营到达祖村内的各种旅游服务，达祖村旅游已开始走向全面的乡村旅游发展之路。

2. "凉山州摩梭家园及泸沽湖旅游景区"与"云南丽江泸沽湖景区管委会"的共管机制

达祖村属于泸沽湖景区，泸沽湖景区为滇川两省共同管理，2010年云南丽江泸沽湖省级旅游区管理委员会与四川凉山州泸沽湖景区管理局双方经联席会议，决定成立滇川泸沽湖保护管理委员会，出台滇川泸沽湖保护管理公约。采取了一系列措施，对泸沽湖实行三级保护管理区域；每年将封湖47天；每户只可拥有一条猪槽船等。以"共同保护、共同发展、合作共赢"为宗旨，建立起滇川泸沽湖保护管理机构联席会议工作制度。至今，川、滇两省已签订了《滇川泸沽湖景区候鸟保护公约》《泸沽湖景区环湖交通营运公约》和《川滇泸沽湖景区规划公约》三个公约，出台了《川滇泸沽湖景区游船安全管理办法》等，对泸沽湖的水资源保护、交通营运管理、景区游船安全管理和景区规划等提供了制度依据。在机动船和猪槽船进入泸沽湖的问题上也曾有过争论，相比之下，猪槽船既能保护水体环境也能体验民族风情，深受广大游客的喜爱。2012年，国家财政部和环境保护部决定对泸沽湖开展生态环境保护试点，试点项目由川滇合作开展；四川省政府批复并出台了《四川省泸沽湖生态环境保护试点总体方案》，要求凉山州政府探索"一湖一策"的湖泊生态环境保护方式。为避免走"先污染后治理"的老路，滇川两省相关政府部门共同为保护泸沽湖的自然环境和人文环境做了大量工作。

泸沽湖周边的落水、里格、五子洛、大平子和达祖村五个村落由于良好的自然和人文生态而在泸沽湖旅游区有着很好的旅游发展机遇。但是，污水处理、垃圾处理、水生物保护、能源压力和自然生态系统也仍是泸沽湖景区面临的主要问题。"联席会议制度"对于泸沽湖景区的开发建设和摩梭文化的整体保护工作创建了一种共同管理的新模式。

3. 旅游展演中的"摇摆式"文化认同

泸沽湖地区居住着摩梭人、普米族、彝族、汉族，以及纳西族等十余个民族村落，其中，主体民族为摩梭人。人们对"摩梭"及其文化很熟悉，但是对"达祖"一直很陌生。在对游客的访谈中，大部分人对达祖的纳西文化不甚了解，而是更喜欢互动环节的活动；有些游客虽然知道这里是达祖，但也并不知道太多的纳西文化，还以为是摩梭人的村落；而有的游客只是知晓这里是"大嘴"村。

对于"达祖"的叫法和写法有很多种，笔者听过和见过的就有"大贼""大咀""大嘴""达住""达祖""达租"等。调查中，有两类说法传播的较广，影响较大。一是"大嘴"，这种叫法比较多。在学校经常有人这样叫。"小学时被同学开玩笑说是大嘴的，挺反感的"。笔者第一次到达祖村问路的时候，也遇到这样的情况，问"达祖怎么走？"他却反问，"是问大嘴吗"？可见，"大嘴"的影响不小。二是"达祖"。事实上，当地人大多都知道纳西语"达祖"是什么意思。而且，达祖小学，达祖村里的很多路标都这样写的，所以"达祖"的写法逐渐成为一种约定俗成。2016年8月，根据四川泸沽湖景区管理局的要求，达祖村在重要的交通要道处，在去往盐源县、宁蒗县和稻城的三岔路口处立了一个门楼标志："达祖。"据说是要立成"达祖古村落"，因达祖现在发展太快，村里统一成了"达祖"，只是柱子做了仿古处理，"达祖"两个字的下面是东巴文书写的"达祖"。

近年来的旅游发展对泸沽湖的民族文化进行了传播，扩大了影响。2015年，四川凉山州泸沽湖旅游景区管理局改为四川凉山州摩梭家园暨泸沽湖旅游景区管理局，积极推进"摩梭家园"的建设工作，对达祖的道路、电路、房屋等进行改造，展开村落保护性工作。① 但同时，对于一个"纳西"的村子而言，达祖村也在这场变化改革中发展出现了对摩梭文化的趋同。

很明显，"摩梭文化"已成为泸沽湖一个显性的旅游符号，在此符号下生存的族群文化都借助这个文化符号获得自己所需的各种利益。但是，达祖村的本地人还是会有自己的解释。问道，"你们是纳西，为何跳摩梭舞？"他们会回答"我们是纳西族摩梭人，摩梭是人，纳西是族，不是摩梭族"。或者"我们就是纳西，我们会保护我们自己的文化"。达祖纳西也有自己的一些民歌小调，但是长期受到摩梭文化的影响，加之泸沽湖畔摩梭文化的旅游效应，平时很少唱了，年轻人就基本不会。于是，特别在"摩梭文化"的旅游影响下，达祖的身份在"纳西"与"摩梭"之间"摇摆"，"外摩梭里纳西"使达祖的纳西认同被隐藏起来，摩梭展演被显现在旅游舞台中，使其生存于以摩梭文化为符号的泸沽湖旅游场景中。

四 小结

一般而言，旅游目的地的文化展演都是为了给游客提供特定的旅游需

---

① 《四川泸沽湖景区绿色发展提档升级，力争创5A申"双遗"》，http://mt.sohu.com/20160823/n465515387.shtml，2016年1月。

求，旅游形象大都是相对固定并维持其相对稳定性，但在达祖村的这个案例中所看到的却是另外一种情景，这是一个特例。

受泸沽湖旅游业整体形象和摩梭文化品牌的影响，达祖这个纳西村进行的是以摩梭文化为主的摩梭歌舞表演，而非仪式展演，这种最易被旅游展演的类型、最易满足大众游客的一般观赏旅游需求和参与性旅游体验，但也最容易表现出族群在旅游场域中文化身份的"摇摆性"。当然，如果一个族群中从未接触过异质文化，是很难产生族群认同的。在传统的族群认同理论中，从族群认同的起源和成因看，有"根基论"和"工具论"抑或"原生论"和"情景论"之别；从其表现形式看，有"主观论"和"客观论"之争。从达祖的案例可以看到，族群认同的形成及相对稳定是"原生论"和"情景论"相"糅合"的结果，尤其在旅游展演的激发之下趋向于"功能化"的摩梭文化认同。可以看到，随着大众旅游的日益发展，区域间的政治、经济、文化力量的格局不断变化，族际交往日益频繁和深入，族群认同的问题也愈演愈烈，又被赋予了新的内涵。族群认同产生及存在的基本条件必须是族群之间进行互动的基础上，接触到差异化的文化、情感，从而产生将自己归类、划界的认同感。正是在这种外部影响下，族群内部自身的文化认同很强烈并不断地加强对纳西文化、东巴文化的保护。

还要指出的是，达祖村属四川盐源县泸沽湖镇，其经济、政治、教育及旅游等领域的发展由四川主导，但在东巴文化的保护方面，却又参加了中国纳西文化传承基地丽江玉水寨的学位等级考核，其行政上的"飞地"影响延续至今，因此，对族群文化的保护还需加强对族群认同的保护，需要在实践层面加强各种对旅游产品的开发与管理。反向来看，达祖小学与合作社的"自我管理"则可以使村民意识到自己族群文化的价值和意义，或许可以更大程度地保存达祖纳西文化的重要内容。

第七章

旅游展演与活态保护的互动

一 旅游展演的类型、本质与效应

前述四个案例呈现的是四个不同的文本类型,玉水寨:有旅游市场推动的景区式的旅游展演与企业的生产性保护,白地:半景区式的旅游展演与民间组织为主的保护,俄亚:自然式的乡村展演与集体记忆式的保护;达祖:摩梭文化品牌下处于摇摆中的旅游展演及以学校为主体的保护,他们都已不同程度、不同层次地展示在大众游客的面前,不仅与飞速的现代社会环境及变迁有关,也体现了大众旅游时代各种类型的旅游凝视与旅游审美,有"人造的"、有"半自然"的和"自然的"。进一步地,通过对旅游展演各种形态的具体呈现,可以更全面地把握旅游展演的本质、特征和类型等问题。

(一) 旅游展演的类型

特别是随着旅游业的不断发展与扩张,旅游展演的类型已非常复杂,为了把握其具体表现形式并理解其复杂的社会性,结合四个案例及旅游市场中的一些现象可以从不同的角度和标准进行分类和深入分析。

1. 从展演空间的载体来看,可相对地分为封闭的与开敞的。封闭的空间如物态的、三维的剧院、展览馆、博物馆、画廊、特色餐厅、特色酒店和客栈等;开敞的空间如旅游景区、主题公园、村落,特别是民族民俗村、文化村、生态村、生态博物馆甚至广场、街区和古城等,具有四维的特点,是三维空间与时间的结合。前者强调物的展示性和人对物的观看、观赏,后者属于一种社会环境,更侧重人与人的交流互动和展演实践。展演舞台是展演主体对特定时空的建构,特别"乡村""古城"或"实景"是旅游资源与旅游景观的结合体。展演活动是一种社会活动,在社会环境及各种条件的影响下特别东道主与游客的互动推力下会产生更多的新形式。

在丽江除了与玉水寨外还有很多进行着与东巴文化有关的文化展演,如曾经的东巴宫的东巴舞展演、现在的东巴婚礼、东巴文字在游客中的展示和营销,以及各种文化生态村对东巴、东巴文化的几乎是全方位的展演,丰富了旅游展演的载体类型,有封闭的空间也有开敞的空间,有"人与物"之间的关系体现也有"人与人"之间的交流实践。

2. 从展演的主体和参与者来看,旅游展演不只是"观者—演者"的形式,其"脚本"的编写者也参与其中;"看与被看"的二元关系演变为"多位一体"的产品。展演主体包括如东道主(社区、居民)、游客、旅游企业(包括开发商和经营者)、政府等,还包括旅行社、导游、商铺、舞台化的演员等社会角色。

展演主体都是旅游场域中文化资本、经济资本和政治资本的主要承担者和社会行动者,展演的参与者也是旅游行为的重要实现者和实践者。旅游展演是旅游场域中资本转换的具体空间形态,展演主体与参与者的多元互动关系反映了各种资本形式和权力关系之间的博弈过程。相应地,在旅游场域成熟的旅游目的地,旅游展演能集中反映出各社会行动者之间的关系及资本转换,而在旅游发展初级阶段或未进行大规模旅游开发的地区很难施行资本的操作和博弈,也很难产生有效地文化保护效应及其他社会效应。

3. 从展演的内容和要素来看,主要包括物质文化、精神文化、社会文化和语言文化等生活文化。具体有饮食、建筑、服饰和特色交通;节日(如宗教仪式活动、庆典、节事等)、待客习俗、婚俗、体育和娱乐;艺术(尤其音乐、舞蹈、戏剧)和技艺;神话、传说、方言及特殊文字等。其中,物质文化最容易被旅游开发称为展演的内容和形式。

在这四个案例中,达祖的歌舞、俄亚的建筑、白地的仪式和歌舞以及玉水寨的各种景观展示和文化展演都是旅游展演中的重要内容。"仪式(或节庆)展演"和"艺术展演"是最主要的形态并具有重要的展演功能。仪式对游客会产生更大的吸引力,在旅游市场规定的时间中演变成节事旅游,而传统的节庆内容在此过程中发生着现代化嬗变,它不仅是一种意义模式也是社会互动形式。艺术也是最容易被搬上展演空间并最能形成旅游演艺形式和文化产品。礼仪文化的舞台化体现了族际的跨文化交流与现代社交模式。

需要指出的是，宗教旅游将朝圣与文化展演组合起来使旅游展演成为"仪式中的仪式"，表达着特定旅游场域的社会文化意义。旅游展演的这些内容和要素贯穿于旅游的吃、住、行、游、购、娱诸环节中，特别是"遗产"类资源和景观拥有特殊的文化资本和文化权力。像那些被列为国家级、省级和市级的各种非物质文化遗产名录中的传承人、传承项目在旅游开发中也都拥有特殊性而被旅游开发，或在旅游开发后拥有的文化资本而能很快转换为经济资本，经济资本进一步转换为政治资本并进一步进行循环。玉水寨的资本转换速度和效率是最快最高的，经济资本已能积极转换为文化资本，特别是 2015 年以来，国家级的纳西文化传承基地、省级的东巴文化保护协会进一步推动了它对滇川地区东巴文化资源的整合和利用，实现了有利的社会文化效应。

4. 从展演产品的具体形态来看，包括前台市场化的旅游产品、具有舞台真实性的舞台展演活动以及后台的生活文化。可以说，"舞台真实"中的"前台—后台"理论在一定程度上反映了民族旅游中文化产品的开发层级和市场化程度，是对旅游展演与民族文化互动关系的动态体现。当然，"旅游开发"与"文化保护"的两难之间就体现了政府、企业、民间等相关社会行动者的复杂社会结构关系。

若从这个意义上而言，俄亚的东巴文化还属于后台的存在形式；而玉水寨的东巴文化已是前台旅游市场化的旅游产品，2008 年以后又才进行工作分工将前台的旅游展演和后台的动态保护进行相对隔离，才更加有利于对东巴文化进行保护和传承；白地就还处于"看"与"被看"的两难境地中，进行科学的旅游开发和理性的文化保护显示出了重要意义。而对于达祖这个"飞地"来说，它的"前台"展示的是"摩梭文化"，反而更有利于保护文化叠压底层和核心的纳西文化，有利于达祖纳西族群加深对现代旅游环境下对纳西文化的认同和积极保护意识，这也是这个案例的特殊性所在。

5. 从游客的行为层次及过程来看，大致有观看、观赏和体验三种。大众旅游时代中游客是旅游过程的主体，也是影响和推动旅游目的地民族文化被展演形态及其演变的主要力量[①]。通过游客的看、听、说及身体的

---

① 潘宝：《旅游者与旅游目的地民族文化展演形态关系研究》，《广西民族研究》2014 年第 3 期。

移动、实践和体验，旅游展演反映出人与地、人与人、人与文化、人与社会及人与历史等多维关系的互动。

"人—地"关系，即游客对旅游目的地的景观审美与消费，对旅游景区、对自然景观、对山、水的抒怀与怅往。这是一种简单层次的旅游关系构成，是旅游主体和旅游客体所构成的审美关系和消费关系的反映。

"人—人"关系，包括东道主与游客、游客之间、导游关系等诸种关系，最为凸显的是人与人的亲近、协商、矛盾或冲突等关系。旅游过程中表象的最直接的是东道主与游客的关系，但其次还包括很多社会关系，涉及政府、旅游企业以及各种社会团体的因各种原因而缔结的复杂社会关系。正是这些社会关系而构建和形塑着旅游场域，并推动着各种社会小生境向前发展。反之，若是没有因旅游所形成的社会关系的缔结就没有旅游开发及发展的推进与演化。

"人与文化"关系，反映了人对"异文化"的生活体验与行为实践。在围绕东巴文化为主要内容的旅游展演中，所反映的是游客对纳西文化生活的了解与对东巴文化的认知和行为体验。

此外，游客与各社会行动者发生广泛交流而形成"人与社会"的关系，文化结构与社会结构互为镜像是相互独立又互相依赖的变量。文化也是历史的，旅游展演在"人与历史"的关系积累中负载和延续着由整个旅游文化秩序所发展的意义。

（二）旅游展演的本质

文化尤其仪式本身是具有表演性的，东巴文化内容的核心是和宗教信仰有关的，但在旅游场景中或者为游客有不同程度的观赏游览功能和服务时则具有了旅游展演的特性，而少了宗教展演的成分。由于一些旅游目的地的旅游场域已具有成熟的构型，很多商家、企业进行着旅游展演产品的大批量生产及消费，而有一些则是在"前旅游"时代进行着"我者"式的自然宗教展演和社会秩序发展。因此，在文化生境的演变特别是旅游小生境的背景下，出于对旅游场域的出场、发展及成熟度的考虑，笔者认为：旅游展演是旅游目的地通过特定的时空舞台为游客观察、观赏和体验"异文化"而建构、实施的一种展演实践。

与一般的文化展演不同，旅游展演从具体实践上看是一种动态性的复合体系。旅游展演的本质在于它不仅具有审美的艺术特征也是一种具有记忆、体验和交流的社会文化行为。其特殊性主要反映在如下几点。

1. 舞台性与时空性。旅游者借助旅游的"异时空"所构建的"舞台"特别是旅游展演构建的"非常态"时空结构具有一种特殊意义：它既是族群文化进行展演的主要舞台和空间，也是旅游者在实现旅游过程中的"神圣化"空间。通过各种实践行为，可实现旅游者乃至社会行动者的某些"特殊"需求，"物"的空间是客观而现实的，而意义的呈现则是超然于"物"外的。

玉水寨的旅游空间生产搭建起来的旅游舞台，不仅可以静态和动态地展示东巴文化，也为东巴文化的保护创造了有力的环境和条件。白地的文化空间向旅游空间转换的过程比较长，资本转换不力，虽然今年开始已进行旅游景观的修建，但对文化保护所产生的作用还很难短时间内得到实现，民间力量的效用依旧更大。相比较而言，俄亚的展演仍将是乡村建筑景观式的，游客在其中获得的自然性美感要更淳朴、原味；而达祖却在泸沽湖地区旅游业的影响"搭建"起了一个展演摩梭文化的旅游舞台。

2. 表演性与交融性。展演开始于"剧场"结束于"交融"。旅游展演中的"观众"与"表演者"，"我者"与"他者"通过多种实践行为在多元互视的表演结构中互换、交融。"观—演关系"被改变出现了更多的如"旅游名人""中间人""驻客"等社会角色，旅游展演还调整着旅游目的地的不同文化权力及多种关系转换。

达祖的歌舞表演首先是表现出直接的游客和表演者的关系，然后舞队的队员通过各种互动的对歌、跳舞等形式与游客营造一种融洽的热闹氛围。与剧场舞台或实景舞台不同，通过这种歌舞展演，游客可以与队员建立起一种"近距离"的"主—客"关系，"游客"是观众也是表演者，在"主人"面前展示一种放松甚至疯狂的状态，而"主人"与其说是表演者不如说是游客面前的文化解说者，他们通过彼此的凝视来进行"短暂"情感的互换与交融，甚至有些会建立起某种特殊关系。而在玉水寨每一年的东巴法会中，游客逐渐形成了与东巴的交流关系，他者会加深对丽江、对白地、对宁蒗、对俄亚的某位东巴的熟悉，而成为特殊旅游场景下的"名人"效应。在一定程度上来说，旅游展演中的展演层次和交融层次与旅游生产的不同程度有关，像俄亚瓜扎英达次里东巴现已成为滇川地区东巴"名人"中的其中一位了。

3. 审美性与消费性。旅游消费与旅游审美一起贯穿于旅游活动的整个过程。旅游展演既可满足游客的审美享受、旅游记忆也可满足消费者的最终旅游体验目的，是一类特殊旅游产品，具有舞台真实性和文化商品化的特征。而且，特别像民族旅游中的"多向审美"及消费行为影响着展演形态的多样化，展演空间即旅游景观，旅游景观亦社会文化交流空间。

旅游的过程本身就是消费的过程，但是对于经历这种文化展演的游客来说，在对民族文化的旅游过程所获得的旅游审美享受和旅游记忆都是相当特殊的甚至可以超越于经济的成本，不仅可以获得对服装、对建筑、对歌舞以及对民族的视觉审美享受，特别是与他者的在各种展演过程中接触、参与和交流还可以获得心理上的亲近感、纪念感甚至是现代旅游社会中特有的旅游经历感和文化实践感，特别是像玉水寨的东巴法会、白地的祭天、达祖的歌舞、俄亚的建筑以及各地的东巴们可以说是带给游客最强烈感受的文化事象、文化人物。

4. 视觉性与身体性。旅游不仅是视觉性的审美和消费，更是表演者通过语言与非语言的文化表达与游客通过身体认知隐喻[①]获得对异文化体验的互动过程。展示性的文化能满足大众旅游者的视觉消费，具有参与性的音乐、舞蹈和身体动作具有更多实践效力，可以满足游客的观赏、体验等诸多不同的旅游需求。

旅游的过程也是看、听、说、接触、想象的过程，狭义的旅游演艺可以获得最刺激的视觉观感，《印象·丽江》中东巴木牌画的展示、东巴舞的表演使游客获得一种观看、观赏的感受，而在更多的"主—客"互动过程中的文化体验中歌舞、音乐和微笑、握手等身体动作中则令游客具有强有力的旅游实践感。

5. 仪式性与体验性。旅游是一种现代朝圣仪式。通过旅游展演中的各种观看、观赏特别是体验实践可以强化旅游者的个体记忆并表达其潜在的文化心理。仪式展演中的"娱神"与"自娱"功能也发生着互换，像《印象·丽江》中的"祈福仪式"类的新型仪式性范式的现代艺术展演结构[②]更可以增强旅游的现代仪式感。旅游中"体验"和"表演"都是旅

---

① 邓萍、王丽、马小骅：《旅游风景中的身体认知隐喻》，《贺州学院学报》2011年第2期。

② 朱琳：《"印象·丽江"——实景演出的仪式性建构》，《民族艺术研究》2011年第2期。

游者的心理世界与外部世界的一种"对接"①,而内在的体验是旅游需求的核心。

旅游体验的获得必须是一系列的旅游过程中所发生的语言和非语言行为所构成的感官刺激后所产生的,现代旅游中已经逐渐加入了可以增强游客仪式的活动,东巴法会的强调以及近两年来人数的增加已逐渐体现出仪式对于纳西族群尤其是东巴们以及对于游客的特殊象征性;达祖歌舞展演中各种互动仪式尤其是"抛高"的行为事实上也有同样的效力,可以满足游客更多的体验需求。

6. 符号性与表征性。特别是民族旅游中的"民族"符号,遗产旅游中的"遗产"符号是旅游展演的主要形式,各种不同的生活文化都是主—客互动中的交流符号,甚至是游客个体与整个社会的互动符号。展演的舞台与空间是象征性的,文化符号的背后也有各种意义,意义是公共的,它表征着民族文化的特质也表征着社会的多重意义。

社会实践行为在旅游展演中对社会行动者的资本转换起着重要的转换作用,并使旅游展演在旅游场域中进行各种社会交流。因此,可以说旅游展演是旅游场域的"外化"和"具体化"(见图7-1)②,展演时空的建构体现了旅游展演作为文化实践和社会行为的特殊意义,展演实践的影响最终体现为从正、负两种向度形成了复杂而深远的多重社会文化效应。

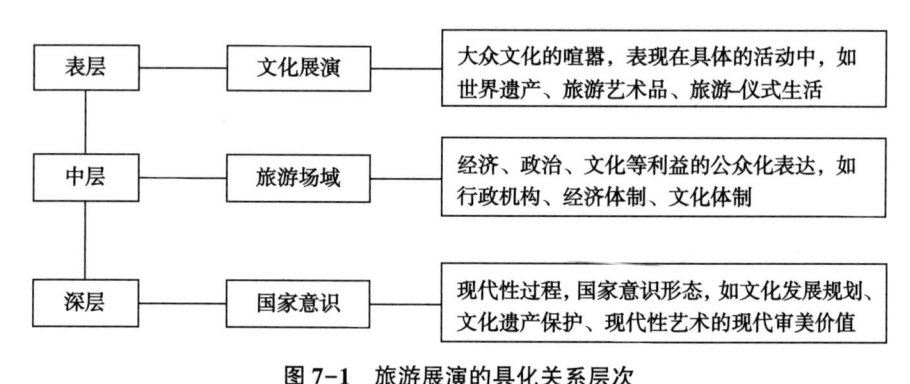

表层	文化展演	大众文化的喧嚣,表现在具体的活动中,如世界遗产、旅游艺术品、旅游-仪式生活
中层	旅游场域	经济、政治、文化等利益的公众化表达,如行政机构、经济体制、文化体制
深层	国家意识	现代性过程,国家意识形态,如文化发展规划、文化遗产保护、现代性艺术的现代审美价值

图 7-1 旅游展演的具化关系层次

---

① 刘丹青:《"体验"与"表演":旅游者的文化表达》,《中南林业科技大学学报》(社会科学版) 2008 年第 3 期。

② 光映炯:《旅游展演与东巴艺术变迁》,中国社会科学出版社 2012 年版。

（三）旅游展演的社会文化效应

社会实践行为对社会行动者的资本转换起着重要作用，使旅游展演在旅游场域中进行着各种社会交流。旅游展演是旅游场域的外化和具体化，展演时空的建构体现了旅游展演作为文化实践和社会行为的特殊意义，展演实践特别对作为内容的文化层面产生复杂而深远的影响，并最终体现为正、负两种向度的多重社会文化效应。

1. 正效应

（1）文化传播与交流效应

东道主与游客通过身体的聚集而开始仪式的过程，同时在交流中形成和维持社会交往。另外，旅游是一种跨文化交流的社会行为，特别旅游展演的"可视性""易读性"缩小了文化传播与社会交流的距离，特别是大众旅游时代的"旅游传播"会加速各种跨文化交往及交流行为。旅游移动性的加强将更促进旅游的跨文化交流作用，使东道主与游客之间进一步产生深层的归向文化传播或来向文化传播，特别像玉水寨及其东巴法会已对东巴文化产生了很好的传播效应和交流效应，2016年，已有500多人参加了东巴法会，还有很多学者和研究生都参加了此次法会；来自丽江、香格里拉、宁蒗、四川等地的东巴在东巴法会上对东巴舞、东巴经传承保护工作进行广泛深入的交流，昆明纳西文化协会和西南大学等院校的师生也到玉水寨进行观摩，增进了社会关系的和谐交流。

（2）文化生产与保护效应

文化差异是重要的旅游吸引也是文化互动的根源和意义，通过旅游展演还可以激励对文化遗产的保护意识，传统文化可在一定程度上得以恢复、保留、复兴、重构，并强化族群的文化认同意识，积极保护族群文化和文化旅游资源使文化保护的空间得以拓展，如主题演出、生态博物馆等形式都会产生"活态保护"的效用。特别是旅游目的地对地方文化或民族文化的"生产性保护""旅游化生存"成为全球化与现代化进程中推进地方经济和社会发展中的重要工作之一，当旅游业发展到一定程度和规模时，旅游经济还会对传统文化产生反哺使"旅游与文化"出现良性互动，如丽江的"玉水寨模式"在民族旅游地区具有极大的社会影响力，具有活态保护的社会效应。

问：(丽江)东巴文化博物馆的特点是什么?

答：东巴文化博物馆主要是把历史上纳西族地区的一些文物展示出来，出土的一些文物，也包括东巴文化方面的一些文物，还有(将)一些仪式怎么做(的)给它展示出来，它是属于展览型的，物质上的，东巴文化博物馆不可能养一批东巴在那里搞传承，不可能。而东巴文化研究院主要是研究机构，和民间没有更多的牵扯。玉水寨的这种可能是一种"博物院式"的保存。

问：怎么理解"博物院式"的?

答：我说的"博物院式"就是，好像这个玉水寨，外地人不知道东巴文化是什么，像玉水寨这样的地方可以去看一下：哦，东巴的服饰是这样，仪式是这样，人是这样。可以看到，相当于一个博物院一样的，或者是展示东巴文化的一个地方。实际上他更多不是民间传承，因为发展来发展去就逐步和民间脱离了，除非玉水寨要有些东巴来做传习活动，在活动方面有能够被民族所接受的仪式，走这条路。在民间把一些传统仪式简化掉，在民间推行、响应、认可，能够走到这一步的话，玉水寨这个东巴传承基地才名副其实，如果做不到的话只能像一个博物院一样地供人家了解一下，观赏一下，是吧？

它有点类似于博物院，当然和民间还有一些联系，因为企业家的胸怀吧，他让这些东巴下去为民间服务，要是以后玉水寨老板是另外一个人来当么，他没有这种思想，就不一定再为民间服务了。出于一种对民族文化帮衬的心态。玉水寨的这些东巴都是农村来的，和家乡还有联系，长此以往，他就逐步开始离开，脱离民众了，处于这样一种状态，就是一种博物院式的了，东巴文化就像是一盆盆景一样了①。

(3) 文化触媒与关系效应

现代社会是一个信息时代，像旅游景区在新媒体上的广泛宣传已建立起一种新型的触媒关系和社会关系效应。旅游展演同时也是一个开放的体系，不仅有产品也体现了企业、市场、社会等微观和宏观环境，在新媒体

---

① 访谈对象：和先生，访谈时间：2012年8月，访谈地点：丽江。整理：光映炯。

特别是"智慧旅游"作用下将产生一系列的衍生产品及相关产业而成为日益广阔的发展空间。通过以东道主与游客为主的各社会行动者的广泛社会交往，还会链接起各种社会关系网络而产生一系列的关系效应并在此基础上形成各种社会文化效应。

2016年4月，丽江市东巴文化研究院展开了"纸援东巴，再造经典"的活动，为现场200多名滇川地区来的东巴每人发放30张东巴纸，也产生了广泛的社会影响和良好的社会声誉。据悉，丽江市新博物馆的新馆规划建设方案向丽江市民通过各种现代通信手段公开征集方案，既具有丽江传统建筑风格元素，又有现代博物馆理念的地标性建筑，更能充分展现丽江的历史内涵、民族特色、文化特质和时代特征的博物馆。还有，如旅游展演的符号化生产和消费所形成的旅游品牌价值及深化使得某些旅游展演的舞台或空间逐渐成为新型的媒体景观和多样化的展演新形式，如"印象"演艺产品系列，如达祖的歌舞展演场等。根据各种文化行为的不同程度和不同形式，在或接触或交流或交换的各种社会互动关系中形成了平衡的或不平衡的关系，推动着旅游生境的发展。

2. 负效应

（1）文化空心化与舞台效应

旅游展演也会产生一定的负效应，若把握不好也将使对东巴文化的积极保护走向另一个极端。对文化符号的"借用"与"再生产"使旅游目的地文化发生着各种各样的变迁，特别是旅游展演大多都是对特有文化的重构甚至是复制、拼贴、炒作的方式而搬上舞台的，尽管保留了原来民族文化或艺术的部分元素，但还是使得旅游展演在商品化的经济作用下成为当下旅游市场中一种特殊文化事象，其最初意义被毁坏甚至本真的完整性彻底丧失。例如，五福冠、衣服的发放以及在东巴法会上的佩戴，已使其成为一种特殊的文化符号。再如，在丽江、白地、俄亚和达祖，其东巴文化自身的发展程度是不同的，以东巴舞为例，俄亚没有东巴蹉的经书，达祖有一本，而丽江很"发达"。丽江有东巴舞谱，1984年的时候专门做过纪录片《东巴舞谱与舞蹈》（时长1小时），收集拍摄了54种舞名的舞蹈；俄亚的"东巴蹉"则没有舞谱①。在旅游场景中对东巴舞蹈的利用和

---

① 据了解，俄亚没有舞谱，只有在经书中提到什么舞，那些是在丧葬仪式上跳的，平时不能跳。主要有九种舞：龙舞、老鹰舞、狮舞、大象舞、孔雀舞、蛇舞、红虎舞、大白熊舞、青蛙舞。还有一种叫阿什勒的由东巴领唱的民间舞。

展示一方面在进行交流和展示，但同时也容易被贴上"旅游"的标签而具有了另一层含义。甚至，严重地如展演的"一日""一小时""一天数场"或"度日如年"等，文化的舞台化现象使文化失真，尤其是对文化中重要的仪式被开发和利用使文化内核缺失而形成空心化现象。

（2）文化异质化与空间效应

旅游目的地通过旅游展演重构出了"非常态"的社会文化空间，游客与社区居民在这个异构空间发生各种社会交流，主—客关系会不平衡，甚至重塑民族的主体意识，造成族群认同的错位和迷失。甚至，地方民族文化的"过度"变迁会使当地居民产生信仰危机、地方认同模糊和生活不确定感等。如，"东巴"称谓的泛化，"东巴文"表征于"纳西文"，旅游场域触发的东巴文化变异进一步加剧了这种文化交流的模糊和不确定。俄亚没有大祭风仪式，而丽江的东巴文化在文学、唱腔、舞蹈和绘画等艺术保险领域均达到了一个新的巅峰并集中呈现在大祭风仪式中[①]。但是，旅游空间生产将仪式的道场舞台化，使东巴文化的发展在传统与现代交错之间走向何方？

另外，游客旅游时的"在场"会因旅游的结束转变为"缺场"，没有充分发挥受众的作用而使得旅游展演的舞台和空间成为"景观"甚至造成"飞地化"，或因同质化而退出旅游舞台。文化空间的社会再生产，使仪式的神圣内涵、艺术的生活本质、文化的生态环境等发生嬗变并在"旅游化"的过程中丧失其原本意义而被异质化。

（3）文化想象化与凝视效应

旅游展演的空间处于开放的社会场域中，"公共性"使旅游场域的权力关系变得异常复杂。东道主与游客是最"面对面"的形式，而旅游凝视不只是单向度的而是多向度的文化互动与体验，"生活与舞台"之间有互文有疏离更是多维的社会权力关系和行为表达。旅游中包含着微社会（micro-social）的权力关系并通过表演的工作角色和消费旅游进行调节，特别在旅游时空失衡或权力分配不均衡下，旅游关系权力将被再次操作与展演以利于旅游场域的运转，使文化在再生产中、传统在发明中想象化地生存与发展。

---

① 鲍江：《象征的来历——叶青村纳西族东巴教仪式研究》，民族出版社2008年版，第28页。

旅游展演作为社会文化的一种表达方式是文化再生产体现在旅游场域中的产物，它所建构和实施的行为实践特别反映出与人相关联的特定旅游生活秩序。对旅游者来说旅游是生活的，对旅游目的地来说展演实践中有文化的差异有经济利益的诉求也有政治的隐喻，它还负载着由整个社会文化秩序所发展的意义。

二　旅游展演与活态保护的互动分析①

文化与旅游，已是民族旅游地发展过程中两个重要的显性因素，在旅游经济发展和文化保护中具有合力作用。文化与旅游的关系，一方面，反映了文化发展过程中旅游对文化的利用、恢复、重构、保护等；另一方面，也反映出旅游发展中文化的变迁与变异、文化的商业化、平面化等，特别是旅游业发展的不同阶段旅游展演与活态保护的互动关系。

为说明旅游开发中旅游展演与活态保护的正面互动及层次关系，尝试用矩阵图进行阐释。横轴表示的是旅游推进与旅游展演的当下呈现，也具有时间上的意义；纵轴表示的是文化的递进与活态保护与传承的纵深发展，也有空间上的意义。第一象限说明现代旅游发展阶段中旅游展演和活态保护互动地影响着文化的发展与变迁；第三象限表示的是旅游业发展之前的阶段，是文化自然的自我发展阶段。

图7-2表明，俄亚位于第三象限，处于旅游业发展之前，是自发的文化传承形态，对传统文化的保护与传承还未"启动"，《乡规民约》已明显不合时宜。相对地，白地处于旅游低发展中的困境期，旅游场域发展不成熟，旅游展演与活态保护受经济条件和社会环境等诸多因素的制约面临着诸多困难，对文化的保护力度和措施也相应受到限制，特别是资金方面的问题。而只有当旅游业发展到一定的阶段或高度发展阶段，旅游展演和活态保护才会走向良性的互动过程，对文化的保护措施才会是全方位的多样化的并体现出一定"活态性"。处于第一象限的丽江玉水寨所形成的保护模式也不只是"旅游化保护"，其中也携带上了"日常性"的特征。

---

①　田里、光映炯：《旅游展演与活态保护的互动及发展路径——以云南纳西族东巴文化为例》，《广东社会科学》2015年第4期。

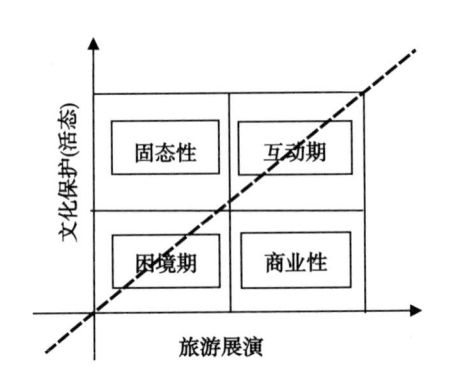

图7-2 东巴文化旅游展演与文化保护的互动关系

特殊的就是，达祖村是纳西村落，但旅游场景中展演的是摩梭文化，虽然在旅游舞台和生活舞台中存在文化的不一致性，但从现代旅游对文化保护的角度来说，游客所产生的来向文化传播对达祖村文化保护重要性的认识也产生了一定的影响。据了解，2015年年底达祖小学购买了一些流失在外的经书；2016年5月，俄亚的瓜扎英达次里到达祖与东巴们就东巴经书进行了更深入的文化交流。

还需要说明的是，"生产性保护"和"旅游化保护"是文化保护的具体途径，而"活态保护"更强调"日常生活"与"民间在场"。而且，旅游展演与活态保护的良性互动还会对以东巴文化、纳西文化为主要内容所形成的旅游场域中的次级民族旅游地产生进一步的影响或示范。因此，在众多社会力量的合力作用下特别要注意东巴文化的保护方向和发展趋势，在旅游业开发初期就要将空间构建、展演实践和社会交流与活态保护的空间保护、活态仪式等紧密结合在一起，当产生了良性互动及循环时将进入互动平衡状态。否则，若一味地进行旅游展演或放大旅游展演的商演作用使文化发生变迁、涵化就会导致文化的商业化甚至空心化，又或一味地封闭性地保护文化使其固化没有活力都是不可取的。

三 旅游展演与活态保护的互动原因

从上述旅游展演的不同类型及其活态保护效应尤其是旅游展演与活态保护的互动层级还可以看到，造成这些现象的原因主要与"旅游场域"

有关。旅游展演是旅游场域中多元资本形式与权力关系互动的具体表现，它反映着不同的社会结构形式、社会群体特征及社会发展趋势。

（一）旅游场域的"小生境"及其成熟度

目前，社会结构发展的标志就是：到处都是旅游者的目的地，古城、乡村、景观，而旅游景观也具有文化权力的意义和表达力。文化资源被景观化，旅游景观的空间生产又被直接商品化或间接商品化①，景观被赋予的社会文化意义或是社会建构更是策略的和政治的。米歇尔认为，景观不仅是权力关系的符号化表征，更是实现文化权力的工具。从景观生态学的角度出发，广义的文化景观包括空间性的和非空间性的两大类，特别是那部分饮食、服饰、宗教和节日等，通常被认为是区域文化景观中最生动和充满活力的部分②；像丽江古城、东巴文化和纳西古乐已被认为是丽江最有特色的三大文化景观。从表层看，旅游开发是对资源进行资本化运用的过程；从深层上看，旅游生产者是将旅游资源作为旅游审美景观符号进行构建的过程，景观成为旅游场域中主要的生产内容和经济驱动力，并表达着特定的文化权力③。

经过二十多年的旅游景观生产和资本积累，丽江的旅游场域在"主—客"的旅游平台中缔结了广泛的社会关系，积累了丰厚的社会资本，"文化与旅游"发展模式下的文化资本和经济资本的社会行动者互动成为其中的显性影响因素并推动着社会的发展。相比之下，白地"狭小的"社会文化环境难以形成稳定的旅游惯习，经济资本、文化资本和政治资本没有循环式的转换和实践，没有构成成熟的旅游场域。而丽江旅游场域的成熟度及其社会影响是最强大的，它一方面促进了社会资本对文化资本的保护和提升，"丽江模式""玉水寨模式"同时也刺激着白地、俄亚等地向现代旅游场域的趋近和社会结构转型。

（二）旅游场域中文化权力的中心—边缘差异

旅游场域的各行动者围绕着与旅游有关的文化资本进行转换、支配与控制，以获得各自所需的文化权力，实现经济利益的最大化。文化的权力

---

① 宗晓莲：《旅游地空间商品化的形式和影响研究》，《旅游学刊》2005年第4期。
② 肖笃宁、李秀珍等：《景观生态学》，科学出版社2003年版，第195页。
③ 光映炯、毛志睿：《旅游场域中文化权力的生成与表达》，《思想战线》2013年第1期。

生成主要有三种策略：区别异己争夺大众、争夺资本获得霸权性和符号再生产追逐利益化。文化的权力生成与表达及其相互作用，推动着文化资本与其他资本的转换，对旅游场域的演进具有重要意义。①

首先，从"滇川地区案例调查点分布及区位示意"图（图1-2）的行政地理空间来看，白地距离香格里拉，俄亚大村距离木里县、达祖村距离盐源县都很远，不如丽江玉水寨的地理位置。其次，从旅游展演发生的文化空间来看也相应具有文化权力的中心与边缘差异。尤其，旅游景区聚集了多元的政治资本、经济资本和文化资本及其相应的社会行动群体，拥有旅游场域的诸多现代性的特有权力，而村落的相对封闭性相应地处于社会文化权力的边缘，其社会群体的结构特征依然保留了太多的"乡村性"。而且，旅游场域中文化资本的社会行动者受不同社会文化环境中主体民族的影响形成了文化权力差异与表达差异，造成了在社会资源聚集、文化再生产能力和政治话语权掌控等多方面的力量悬殊，对文化的旅游开发程度及文化保护和传承模式也相应不同。

所以，丽江的纳西文化是其区别于其他地州的最"稀缺"的文化资本，而且还上升为象征资本或符号资本而拥有超强的话语权力；相反，达祖村的纳西文化的资本权力小于摩梭文化的资本权力，泸沽湖的摩梭文化品牌与符号对达祖的纳西文化产生了不小的压力，而在旅游展演中表现为对摩梭文化尤其是摩梭歌舞的展演。

（三）旅游场域中各社会行动者的不同作用

大体而言，在民族—国家的框架中，任何边缘族群的文化变迁其实都无法摆脱元场域的影响和作用。旅游场域中族群文化变迁的本质就是通过旅游场域中各种资本的相互作用而推动着边缘族群及其文化发生着迅速的变迁，而可怕的是文化被用作一种符号支配的工具②在旅游场域中发生变异，而文化的真实性与非真实性在旅游业中随处可见。"旅游业的发展，使纳西古乐发展成一种产业，有利又有害——由原来的民间音乐演变为一种表演性、欣赏性的音乐。这给纳西民间音乐的原始风貌、原生形态、有风格因适应舞台表演、旅游演出的需要而逐步发生人为的变异。唐宋元词

---

① 光映炯、毛志睿：《旅游场域中文化权力的生成与表达》，《思想战线》2013年第1期。
② ［法］皮埃尔·布迪厄、［美］华康德：《实践与反思——反思社会学导引》，李猛、李康译，邓正来校，中央编译出版社1998年版，第204页。

曲和道教科仪洞经音乐，因适合旅客的需要而出现快节奏的演奏。20世纪80年代就曾出现过这样的录音带。由于演出时间的限定、演奏曲目有限，而那些不常演奏的曲目是否会消失？我们对此也十分忧虑。"[①] 尤其在旅游场域较为成熟的地方，政治资本、经济资本和文化资本之间的互动与转换通过各种社会化交流方式来产生作用以获取各自所需的利益。

在这四个案例中，丽江的旅游场域是相对最成熟的，能产生各种不同的影响和表现且对其他纳西族群聚居区域产生吸引向性。尤其在象征资本的文化再生产过程也打造出了丽江的东巴圣地——丽江玉水寨。而玉水寨首先作为经济资本的行动者，其次作为重要的文化资本行动者，获得了最大化的经济利益，也得到了政治上的合理性与合法性，而且还通过文化商品化来获取经济利益（或经济资本）并传承和推动东巴文化的重组和创新[②]。总的来看，旅游场域中族群文化变迁的本质就是：通过旅游场域中各种资本的相互作用，元场域（国家）最终实现了对边缘族群及其文化的高效整合，并且推动着边缘族群及其文化以中心族群和主流文化为标尺发生着迅速的变迁。据了解，现在已有四川很多东巴取得了东巴法师的学位，他们不仅参加到了保护东巴文化的行动中，也成为了中国纳西文化传承基地的重要力量，这就意味着有越来越多的文化传承人进入了文化资本的行动者行列，进入文化的变迁与保护传承的推进工作之中。因此，丽江能出现"玉水寨模式"首先是经济资本的社会行动者发挥着主要的作用；比较而言，香格里拉白地出现了"公地"里的众多社会行动者，如政府对地方文化的保护，企业对景区的环境管理、安全管理，还有古都村村民的牵马服务及管理等；对盐源达祖而言，农村合作社的成立、达祖小学的自我教育都在逐渐走上自我管理的发展之路；而地处偏远的俄亚却还急需管理主体的介入，从长远发展的角度对俄亚文化的保护采取有效措施。

四 小结

一般情况下，文化保护多为国家机关或事业单位所进行的诸如博物

[①] 丽江县人民政府：《人类非物质和口传文化遗产代表作——中国丽江纳西古乐》，第38页。
[②] 光映炯：《旅游场域与东巴艺术变迁》，中国社会科学出版社2012年版。

馆、民族事务的保护，在现代社会文化生境的变迁过程中尤其是旅游生境的影响下，急需有现代化的创新式的保护与管理方式。但是，在此过程中的保护也还需要不断地总结、调适以产生可持续的效应。

旅游业是一把双刃剑，旅游开发使文化商业化即以营利为目的，将文化作为提供给游客的商品。商业化的文化一方面可以满足游客对异文化的体验需要，提升旅游产业的品质，但不可避免地，东巴文化面临的最大困境也就是文化商业化所带来的各种负面影响。由于东巴文化的旅游开发较早，特别在丽江旅游市场中商业化现象很突出，东巴艺术因旅游场域触发的各种变异更是表现在多方面。丽江古城的空巢现象，传统民居的客栈化、文化的旅游化等都令民族文化的保护与传承十分堪忧。如今泸沽湖边的达祖村也已有此趋势，以纳西建筑来说更是明显，达祖的传统民居不仅在"摩梭化"的同时也发生了类似的"客栈化"趋势。

生产性保护从理念上讲没什么不可以，但生产性保护到最后往往变成了产业化开发，使得传统文化在商品化过程中被抽离、分解和伪造，从而失去了自身的文化价值。[①] 如商场、店铺招牌等地对东巴文的硬译和误译；还有祭署仪式等道场的固定使东巴文化脱离了东巴信仰的民俗生活环境，等等。若从旅游场域的理论角度来进行分析，其原因主要是过分强调经济利益，一味地追求经济利益最大化，甚至在经济资本、文化资本和政治资本之间没有形成良性的转换与互动，而导致一种恶性循环的结果。反之，充分发挥旅游展演的正效应，在旅游展演的具化关系层次中实现其有效转换，是能实现有效的文化保护的。

---

① 《谁来保护"后申遗时期"的文化遗产》，《中国民族报》2011年11月4日。

第八章

东巴文化的活态保护机制构建

一 东巴文化的生境演变及类型

(一) 东巴文化生境的当代演变

滇川地区所处的地理环境已有改变，道路交通的改善、生存及生活环境的改善，使得文化的交流日益频繁而深入，也进一步推动了民族文化生态环境的改善，东巴文化生境也在不断发生演变。从文化传承的角度来看待这种文化变迁大概体现在以下三个方面。

1. 传承人：东巴的离世与更替

就在课题的调研过程中，笔者访谈的有几位东巴都相继离世，如四川俄亚的瓜扎本地、木瓜仁青在笔者调查后的2014年、2016年相继辞世。在四川达祖，祭天东巴杨扎实也因离世而村里没有了祭天仪式；开路东巴杨甲阿因年事已高将自己的重要东巴经书分别交给杨边玛直之和杨次里，虽然也参加仪式，但已是两个徒弟主要承担各种仪式行为。2016年1月始，杨边玛直之带了三个徒弟，每天晚上在家里教习东巴经书，开始了东巴文化的传承。在丽江，东巴文化的传承则是通过各种学校式的教育和培训，特别是玉水寨在东巴的学位的认定上对东巴文化的承袭起到了相当重要的作用，这种现代专业称谓代替了老东巴、新东巴、年轻东巴等泛化的社会称谓。这种方式不仅对东巴身份是一种现代化的肯定，更是为非遗传承人提供了一种很好东巴文化传承和人才管理机制的模板。据了解，一部分进行过学位认定的东巴也有被列入丽江市非遗传承人的名录，进一步推动了东巴传承机制的良性循环。

2. 传承方式：从族内传承到社会传承

四川俄亚的瓜扎英达次里现已有三位徒弟，但是不再像以前那样是家

图 8-1　2015 年度协会优秀会员证书

族式传承，三位徒弟的家族身份也不能限制他们进行东巴文化的学习和传承。而且，现代交通的通畅已不能阻碍滇藏川东巴的交流，2014 年，瓜扎英达次里也去了西藏了解"外面的世界"；2015 年、2016 年，瓜扎英达次里都带着他的徒弟到丽江、到成都进行东巴文化的交流。再有，在现代技术的影响下，新媒体的触屏方式已逐渐进入东巴们生活中记录、传播、宣扬着东巴文化的时时动态和发展。作为一种重要的人文旅游资源，东巴文化也被广泛而大肆开发还受到了现代旅游的深远影响。

3. 传承场：旅游的进入

东巴文化的传承不再是封闭村落式的传承，而早已进入现代大众的视野之中。尤其是受到旅游开发的影响，丽江很多旅游景区旅游景点都有东巴，也有推出与东巴文化相关的游览项目，使得东巴文化传承无时不与旅游发生关联。玉水寨景区，使东巴文化的传承场类型又多了一种，是旅游景区式的新型的传承场。如丽江拉伯、奉科一带的东巴们、泸沽湖边的达巴们也都来到丽江参加了东巴学位的评定及每年的东巴法会进行文化交流。由于交通、经济等多种原因，滇川地区各个地方旅游的进入层次、发展的程度也都相应不同，不论怎样，丽江作为"东巴文化+旅游"的发展中心已辐射影响至其他地区。旅游的传播功能又使得越来越多的游客更多地了解到民族文化，了解到东巴文化，逐渐使东巴文化从火塘边走出来，从民间仪式中走出来，走进了"全域旅游"的旅游场景中。

(二) 东巴文化生境的四种类型

民族文化所处的文化生境已是大不同,东巴文化在演变的文化生境中不仅体现出变迁、变异的必然,同时也体现出文化的适应性与承袭性。通过对四个案例的东巴文化现状特别是"文化与旅游"在文化生境中的相关关系,从社会区隔的角度可以对东巴文化生境进行相对的结构类型分析,具体如表8-1所示。

表8-1　　　　滇川地区四地东巴文化生境的结构类型分析

地域	文化	旅游	结构类型
云南丽江玉水寨	＋	＋	互惠化生境
云南香格里拉白地	＋	－	区隔化生境
四川木里俄亚大村	－		边缘化生境
四川盐源达祖	－	＋	交错化生境

1. 玉水寨:互惠化生境

丽江玉水寨在近二十年的发展逐渐形成了一种"强文化、强旅游"的态势,一方面,旅游获得了稳定的发展;另一方面,旅游也反哺文化,形成了文化与旅游良性互动的"玉水寨模式"。丽江的旅游发展规模和文化开发所产生的一系列社会文化效应对本地的文化及其他地区都产生了极大的影响,有正面的效应也有负面的影响,而且每种积极的和消极的影响都很突出,文化商业化所带来的虚假、伪劣是必须避免的。虽然,当文化处于旅游开发环境中,文化所处的语境和文化功能发生了改变,在很多仪式展演中已不仅只为娱神、娱己也为娱游客,这种生态环境对当下文化的负面影响相当大,但旅游开发所产生的活态保护效应理应为文化多样性的保育发挥作用,文化与旅游不仅互动也应是互惠的。

丽江玉水寨以外的景区中,笔者也了解到这样一个案例,受丽江旅游场域甚至是整个旅游业的影响,旅游发展和旅游展演不仅带来了好的影响,对民族文化也起到了传播和宣传作用,但是大众旅游者的短暂旅游行为及消费习惯也没能真正地起到旅游传播和文化保护作用。

> "文革"时,丽江不准搞,那是"牛鬼蛇神"。1982年、1983年以后,不加以迫害,得到了平反。1999年,搞了东巴文化艺术节,

省里、中央都有人来参加，当时还是心有余悸，中国的政治运动太频繁。后来，有了文化保护条例。把余悸丢在了后面。他们打了好几次电话叫去上班。心理拿不准，是"进步文化"，还是"牛鬼蛇神"？……社会允许了，就要好好继承我们的文化。

现在"专职"搞这个，以前是"业余"的，一直都没有离开过，总担心体力。与游客进行交流时，做一些力所能及的事，主要责任是宣传文化，老板的更大要求没有。在丽江，纳西族是代表性民族，这里是代表性院落，要保存文化民族。曾接待过中央到地方官员、中外游客，游客多的时候每天有 1000—4000 人。我做这个工作，就是为民族文化说一句话。有许多团队，来了只有 10 分钟，半个小时在东巴谷，尽量上课，但（游客）根本学不着。我的想法就是：让游客了解族源、文字的起源，写几个字让游客揣摩。

游客"太可怜了"，在东巴谷只有 30—40 分钟，停留时间太短，景区太多，时间受限制，到处都想看一下。要把客人留下，要全面了解，10%的人才有这个条件，天天睡在外也不可能，经济、时间，把客人一拖拖到 10 天左右也不客观，旅游度假，睡过半日不可能，还有泸沽湖、老君山，白沙旅游圈，95%的只会是匆匆忙忙，拿钱买罪受，走马观花。①

因此，像玉水寨这样的成功案例在旅游市场中是很少的，其中的时间积累、文化保护和资本运作等多种有效方式都很难在不同的民族旅游地发挥积极效果，但反而显示出"玉水寨模式"的重要参考价值。

2. 白地：区隔化生境

相比较而言，白地却在"强文化，弱旅游"的环境中一直两难地前行。在民间，一直有"东巴圣地"的形象，仍保留着民间生活化的宗教信仰及东巴文化，但周边地区旅游业的发展使白地陷入了"左右两难"的境地。

因历史和文化的积累，白地有着家—村—社区为核心的多村落基础上的以白水台、阿明灵洞、东巴文化为主要内容的白地社区文化，"白地"的社会影响不只在三坝乡也在纳西族居住的区域有着广泛的社会文化影

---

① 根据调查访谈记录整理，2014 年 8 月。

响，其他地区的东巴经常会去"白地"进行有关东巴经书、东巴纸、东巴舞、东巴鼓等方面的文化交流，会去阿明灵洞进行"朝拜"，而且还有很多专家和学者到白地进行各种调研、学习和交流。但是，"文化是社会区隔的标志"，白地处在丽江与香格里拉之间，远离自己所属的行政中心地，也远离纳西文化区的中心，在一定程度上形成了白地的社会区隔化趋势，而使得对白地东巴文化的保护产生了两难的困境。如果，旅游业的发展能在东巴文化方面采取有力的措施，协调好各种关系，也很可能将有利于东巴文化的保护。

3. 俄亚：边缘化生境

俄亚的相对封闭自然生境以及内部的历史文化积累、独特性的东巴文化特质形成了俄亚日常化的文化生活；而外部的社会文化交流的日益频繁则将逐渐影响着俄亚的文化生境演变[①]。

对于俄亚来说，"弱文化、弱旅游"的状态很难推动其进一步发展。俄亚远离四川木里藏族自治县的行政中心，地理位置上处于滇川交界处，民俗活动仍然活跃，俄亚的民俗文化生态很传统［图8-2：俄亚瓜扎先生用东巴文写的日志（部分），记录了日常的东巴仪式］，文化地理上却离木里县、丽江都很远，文化生态也很脆弱。从整体观的角度而言，俄亚处于纳西东巴文化生境的边缘区域，如果能很好地激发社会相关行动者的职能和作用，同时在旅游场域的正面影响下则将促进纳西东巴文化的保护与传承。

4. 达祖：交错化生境

达祖的文化生境则呈现出"弱文化，强旅游"的特征。达祖村是一个自然村落，过去是一个行政和文化"飞地"。由于达祖处于泸沽湖摩梭文化的现代旅游开发影响下，族群内部一方面对纳西文化有很强的认同，但在旅游舞台中呈现的是对摩梭文化认同的"亲近"，旅游展演对当地文化的影响形成了"纳西""摩梭"两种文化符号交错式的格局。因此，在旅游发展过程中还应注意处理好旅游所应发挥的有利影响，以利于达祖文化的保护与传承。

不过，达祖村的旅游开发现处于初期阶段，达祖村农村合作社的成立

---

① 光映炯、和继全、光映霞：《滇川交界处俄亚大村的文化生境及其演变》，《西南边疆民族研究》2013年第6期。

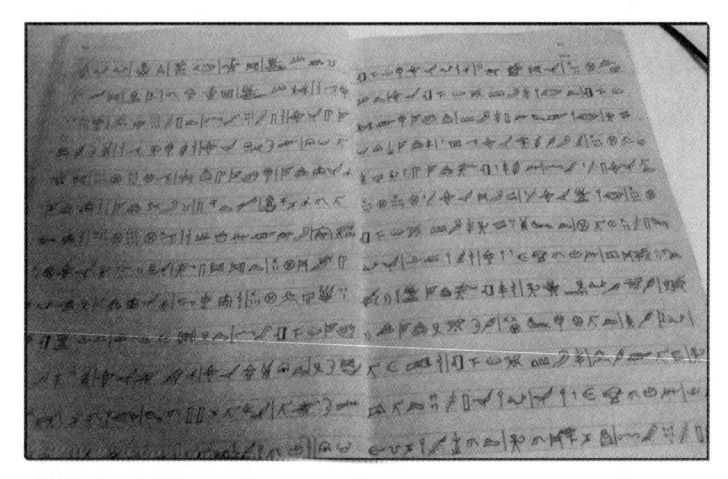

图 8-2 四川俄亚大村瓜扎先生所写的东巴文日志（2013 年）

将为乡村整体的规划和发展产生影响；以公益小学为载体所开展起来的保护行为也是一种有益的尝试。

这四种"小生境"的类型只是相对的区别，在大众旅游的时代背景之下，旅游已逐渐嵌入人们的现代生活之中，只不过在不同的地方有不同程度的影响，而且这些小生境还会互相影响、互相推动，甚至是其他互动关系。

二 东巴文化活态保护机制构建的目的与原则

（一）东巴文化活态保护机制构建的目的

机制的构建是一项复杂的系统工程，各项体制和制度的改革与完善不是孤立的，也不能简单地以"1+1=2"来解决，不同层次、不同侧面必须互相呼应、相互补充，这样整合起来才能发挥作用。为了进行有效的东巴文化活态保护机制构建，有必要再进一步了解究竟什么是"活态"？

文化在不断变迁或变异的过程中有很多不确定性因素，而"活态保护"离不开特定的背景———社会文化生境及其变迁。东巴文化是一种以宗教为核心内容的民间文化，是纳西族文化的重要组成，到 20 世纪 50 年代初时还是"纳西族乡村精神的母体"，但整个纳西文化在社会现代化尤其是旅游化的影响和刺激下其生存的社会文化环境已发生深层次的改变。"活态性"不再是"口传心授"的形态而是现实存在的文化，原来的传承方式和生活文化已不再能够养护现有的东巴文化而需要有现代性的途径，"传承人—传承场—传承方式"的三要素也必须在现代社会生境中才能继续。同时，东巴文化的发展与变迁有内部的也有外部的因素，旅游开发和旅游展演只不过在人类整体社会生活中部分时间和空间尺度上一度成为凸显因素和重要途径，在一定程度上是对文化的保护与传承，而保护的本身不是最终的目的而应是一种手段；对文化的保护目的不再为了"对象"而应为了社会的某种特殊"意义"。

（二）东巴文化活态保护机制构建的目标

目标管理是以目标为导向，以人为中心，以成果为标准，而使组织和个人取得最佳业绩的现代管理方法。若对东巴文化保护机制的构建来说，其保护目标就是促进文化、旅游以及文化与旅游互动的可持续性发展，使得社会、族群及社区获得健康而有序的文化与旅游的双赢发展之路。

（三）东巴文化活态保护机制构建的原则

在大力发展旅游产业的同时，必须建立与之相匹配的对位性互补的文化保护机制，二者相辅相成才会形成当代文化发展的合理架构，为此宜构建出不破坏现有文化生境的与旅游有关的活态保护系统化机制。只要不离开旅游的环境，文化生境的变迁不可改变，那么任何保护措施或保护方案就应该以推动一种新多元文化的创造和发展为着眼点或立足点。

在此过程中，只需而且只能保证所创造出的新文化具备两个最基本的特点：其一，以尊重元场域—元资本的权威并汲取强势文化的合理营养为必要前提，为边缘族群的传统精华和文化血脉的延续，创造合法的政治生存空间；其二，为保持边缘族群的文化能指与文化所指两个层面之间的和谐创造一个健康有序、相互理解、彼此宽容的外在社会环境。反而言之，则要避免两种极端的倾向：或者一味放大主流文化的独尊性，从而不遗余力地推行千篇一律的文化复制和一体化再生产，这样做最终只会抽干主流文化自我更新、自我造血的能力，进而在超强势文化的侵蚀下逐渐消解；或者一味强调边缘文化的独特性，从而反对任何形式的文化创新，这样只会导致边缘文化在僵化、封闭之中慢性死亡。不过，必须再次申明：我们主张文化多元化，但前提必须是"活"的不断更新的多元化。

其次，元场域应该对旅游场域的各种资本承担者进行约束，运用手中的资本调配权力对旅游场域内的利益纷争和利益冲突加以宏观的调控，并确定合理的习性模式和行动规则。否则，如果任何一种资本退出，都会导致场域的崩溃。这就正如布迪厄常常引用的韦伯所说过的一句话："只有当遵从规则的利益大于无视规则的利益时，社会行动者才会遵守这项规则。"① 目前，这种宏观调控的功能主要由地方当局来承当。但地方当局本身就是旅游场域的一分子，往往深陷在利益纠葛之中不能自拔。同时，旅游场域中的游客和客商主要来自主流社会和主流文化，他们承载着由元场域赋予的政治—经济—文化资本，当他们被卷进旅游场域后，其自身固有的文化资本和本地族群的文化资本之间就会发生误读或者冲突。对此，地方政治资本基本无能为力。就此而言，元场域和元资本的进入势在必行。

最后，一种健康的旅游场域如果想正常运转下去，就必须改变目前这种以经济利益作为核心习性的格局：如果政治资本一味强调地方经济利益的损益，经济资本一味强调自身经济利益的得失，而文化资本也一味追求自我的商品化，那么三者之间的冲突自然就势在必行、愈演愈烈了。最理想的结果应该是"三赢"：政治资本实现政治利益的最大化，经济资本实现经济利益的最大化，文化资本实现文化利益的最大化，三者都不应该越位。三种资本的利益重要性序列应该是和谐而互补的：

政治资本：政治利益≥经济利益≥文化利益；

经济资本：经济利益≥文化利益≥政治利益；

文化资本：文化利益≥政治利益≥经济利益。

只有在这种利益格局下，旅游场域才可能实现健康、有序的持续性发展。目前，丽江古城旅游场域的所有问题其实都归结为两个词：要么"越位"，政治资本和文化资本不约而同越俎代庖，力图实现经济利益的最大化；要么"缺席"，经济资本舍文化功能于不顾，拼命争夺越来越小的经济蛋糕。其实，如果看得长远一些，这种"文化资源的商品化"就本质言是涸泽而渔。如果不注重去开掘、培植新的文化资源，以经济利益

---

① ［法］皮埃尔·布迪厄、［美］华康德：《实践与反思——反思社会学导引》，李猛、李康译，邓正来校，中央编译出版社1998年版，第157页。

最大化为核心的旅游场域总有一天会自行解体、崩溃。

旅游场域越成熟，其社会关系越复杂，而从越是复杂的关系结构入手解析越能了解多元的社会行动者对当下的"旅游展演""文化保护"及其相关关系的理解，并有助于找到文化真实存在以及在民族文化现代性过程中的活态保护机制动力。反之，可以从各种角度来印证保护机制的构建原则。

首先，从景区东巴的角度来看：

景区的东巴有着多重身份，是纳西东巴，是旅游景区的工作人员，与游客有接触，也有东巴学位，与旅游场景形成了一种特殊的关系。在一定程度上，"旅游"已成为生活中的一部分，也将自己融进了这种特有的文化之中。

> 问：游客的观看会影响你们做仪式吗？
>
> 答：不影响这边的情况，都可看。一个游客没有，也照样做。困难不多。人太多也不好，四五个东巴就够了，大的道场也做。
>
> 问：游客多的时候，会烦吗？
>
> 答：游客太多的时候，会烦。（传承院里）很多人的感觉一样。游客适中的时候较好。人少的时候，写经书也写不好、学也学不好。有点担心景区今后的发展，感觉不好。
>
> 问：请谈谈"旅游"与"东巴文化传承"的关系？
>
> 答："旅游（市场）中有展示的也有传承的。传承的不为展示，传承的同时也得到了展示，但传承的不展示。导游也在展示，是展示的传承。现在，还在摸索，经济原因也有，但不是主要的，观念在不断变化。传承下来的就保护，保护的目的是传承，保护的范围很小，保护不了。传承在保护，保护也在传承。"
>
> 问：什么才是"真正地"传承下来了？
>
> 答：有好的，也有不好的。旅游促进了文化的发展。也有消亡的。没有环境，没有空间，任重道远啊！传承下来的困难重重。信仰的人少，（我们）自己还在坚持。信仰与工作（两种原因）都有，家族也还在传承。村里是1986年开始恢复的。自己学自己传承是不可能的。但组织那么多人进行传承，也很难搞，这是很现实的问题。

其次，从游客的角度来看：

在大众旅游时代，游客的旅游行为是快捷多变的。旅游者的消费行为和审美行为在一定程度上不仅反映出现代旅游行为的特征，也可以影响着旅游目的地旅游景区的文化策略。一般而言，游客的旅游凝视首先主要集中自然景观，其次是对文化的认知和了解。随着对玉水寨旅游景区的广泛宣传尤其是对东巴法会影响力的增强，越来越多的游客已对纳西东巴文化有所认识（见表8-2）。但是，另外，2013年以后，团队游客在景区的停留时间越来越少，最多一两个小时，所以很难进行深入了解。"游客只是旅游，只是感兴趣，游客了解得很少。有感兴趣的（游客），但搞不懂'什么是真正的东巴文化'"。从旅游的角度而言，游客是关系主体，而从文化的角度而言，族群才是主体，游客也只是"他者"。

表 8-2　　　　　　　　游客微博的摘录

序号	描述内容	来源
1	丽江玉水寨位于丽江古城北12千米处，地处闻名遐迩的玉龙雪山龙头脚下，山寨自然纯朴，山水相依，风景秀丽，是具有民族文化特色的"风水宝地"。……这里的风景自然不错，主要展示的是东巴文化，东巴文是世界上唯一存活的象形文字，甚至比甲骨文的形态还要原始，可想这东巴文化的渊源历史。……玉水寨就在玉龙雪山脚下住着东巴族人。最有名的是东巴文化，据说现在认识东巴字的人全球不会超过30人，以前的东巴字是传男不传女。	http：//www.chachaba.com/news/travel/zixun/20150723_236797.html
2	玉龙雪山山下玉水寨是丽江古城河水主要源头之一，玉水寨还是丽江东巴文化的传承圣地和白沙细乐传承基地及勒巴舞的传承基地。对于汉人来说，我实在记不住东巴文字。但通过此行知道了东巴文化！玉水寨是祭祀和展示东巴文化的指定场所。	http：//tour.dzwww.com/lyzt/zytx/xt/201307/t20130725_8688239.htm
3	这里的导游都说"看遗产到古城，看风景到玉龙雪山，看纳西文化到玉水寨"。……尽管是走马观花般的仓促，但还是可以领略到东巴文化的氛围和玉水寨的自然景观。	http：//blog.voc.com.cn/blog_showone_type_blog_id_776036_p_1.html
4	这里依靠着雪山，能将丽江坝子一览无余，有"青龙泻玉"的美景、有古树，这里还是丽江东巴文化大观园。东巴文化传承基地和白沙细乐传承基地的建立，开展东巴（达巴）学位评定，玉水寨集团穿梭于全国各地，与东巴文化有关的地方，挖掘、整理、保护、传播，让保护与传承，在民间燃起圣火。	http：//sj.yunnan.cn/picture-lijiang-2016-03-07-4214444.html?from=timeline&isappinstalled=0#
5	纳西族所创立的东巴文化在这里也有很好的展示。令人印象最深的，还是那文化精髓中"天人合一"的崇高理念。一幅幅精美的壁画，既告诫后世的纳西人尊重自然、融入自然，更彰显了"因果报应"、扬善除恶的思想。	http：//travel.sina.com.cn/china/2014-09-28/1330279000.shtml

续表

序号	描　述　内　容	来　源
6	玉水寨是丽江古城河水主要源头之一，在举目是景的丽江，玉水寨的地位尤为突出。除了其秀丽不比其他景点差之外，更重要的是玉水寨还是丽江东巴文化的传承圣地和白沙细乐传承基地及勒巴舞的传承基地。 纳西文化集萃：一是东巴文化的传承。以对广大游客而言，文化传承活动本身就是展演，就是"看点"。二是东巴文物展览，现景区已建成一个东巴文物展览厅，正在布置把多年搜集起来的东巴文物展览出来，供游客参观。三是古代纳西族生产生活展示。四是纳西传统歌舞展演。 玉水寨以自然景观和人文景观交相辉映，融为一体，形成天人合一的生态文化旅游景区。"看遗产到古城，看风景到玉龙雪山，看纳西文化到玉水寨"，已成为广大中外游客的自然选择。	http：//www.360doc.com/content/12/0212/20/8176916_186140538.shtml
7	现在的导游，合同景点不会轻易漏掉，但是往往会偷工减料缩减范围。我们漏了参观纳西族古代生产生活场景，古代造纸、酿酒、织布、榨油等民间作坊和工艺。参观游览人文景观，匆匆地走过，最多只能算了解目录，知道有哪些内容。	http：//blog.sina.com.cn/s/blog_7538810901018cck.html
8	下午参观丽江玉水寨，这是个国家4A级景区。图4是东巴人的保护神，人身蛇尾。	http：//t.qq.com/zhangyi

其三，从企业者的角度来看：

企业的经营与管理影响着企业的经济效应、文化效应、政治效应、社会效应以及旅游生态效应，在考虑旅游与文化结合时的长远规划也必须将多种利益综合起来。

问：一年的每个月做一次这样的仪式，是出于怎样的一个考虑？

答：所有少数民族的原始宗教他的载体是什么？就是仪式。没有祭祀活动这一切都没有，因为它是通过祭祀来体现文化的，所以你不做祭祀活动的话就看不到也感受不到这是个什么东西。那我们纳西族的东巴文化就是以祭祀活动为载体的，……任何一种涉及任何自然交流的东西，生活，死亡，整个过程都有仪式。但以前可能还有很多我们不知道的仪式，但现在我们做的，残余下来的可能只有10多种。其次，就是仪式做的方法上，时间上来讲的话要根据我们的农历，纳西族有他的八卦日历，有十二个节令的。它和我们的农历的有些相似，但又不完全一样。

我们纳西族做仪式不是乱做，都是有规矩的，都是按着纳西族的传统在做的。有别人需要做请我们的时候我们才做的。初一、十五做什么都是有"习惯"、规定的。不是我们想做什么就做什么的。

但是，现在的生活节奏比较快，那我们肯定要适应需要。那我们就是以一种仪式来安慰，但是以前做的时间很长，就会打扰正常的生活，有时候会做三天三夜。现在，就做得简单。我们在现代，就要与时俱进，和现代的生活连在一起，绝对不会脱离现代文明，这样人们也会接受我们。像（我们）东巴教的服务对象是纳西族，现在不一样了，现在是汉族也请我们，其他的民族也请我们，不一定就是纳西族。所以，我们现在做单纯的宗教活动是做不到了。就像我刚才说的，要规范，规范以后要适应现代的需要，因为（我们）东巴教不是为了存在而存在，是为了服务而存在的。

问：（玉水寨）公司的发展重点是什么，经济因素更多还是文化因素更多？

答：公司不以经济为最终目的，重在文化的保护与传承，保护东巴文化，也是保护旅游资源，不仅要保护和传承，还要有弘扬和创新。（就像）和合院，东巴（们）提出，要有一个场地，一个凝聚点，所以建的时候没有反对，这同时也是一个基础建设问题。至于展示、展演，是让别人了解东巴文化，东巴平时也去旅游景点，但核心还在传承。

有些人真正知道我们做事的人说："这是政府做的事，你不要做了。"我们无所谓别人说什么，关键是要把自己的事做好，我们才有了今天。很多事情是别人说不行，你做出来，他才会服你。

问：应建立怎样的机制？

答："政府引导、政府支持、社会参与。"机制上这些实际上也是一个过程，因为你如果没有政府的投资的话要靠我们企业自己来做，企业肯定是要赚了钱才能做事，没有钱我去干什么？没有钱我干不成事情。但不是因为有钱了以后我们才做文化。因为有钱的人很多，不是每个都做文化的。

最后，从研究学者的角度来看：

在丽江也有几位有着多重身份的人，他们既是学者，也是东巴，也去三坝做过"汁占"仪式的。在他们看来，东巴所生活的时代和东巴文化所处的文化生境已不同了，需要一种变通的方式来推进传统文化的现代性适应，而且需要有与这种旅游小生境密切相关的多种社会力量如政府、企业甚至更多。

> 问：现在，很多人都说旅游市场中东巴舞的展示已被商品化了，你赞同这种说法吗？
>
> 答：旅游展示中的东巴文化必定要变异。其中的对象不同，关系不同。如请神、诵唱或祈求神灵等，都要面对神坊、神龛，或面对北面。神要是大的，或简化为鼓声，请三次鼓神。这个不能简化，也有规矩。
>
> 现已变通，有时只能诵唱5分钟，不能超过（时间）。要把经书念完，不然会有罪的，还要赎罪。只有15—20分钟，也要做下来。不过，始终坚持"不失传统、保留传统，进行变通"的原则。同时，"坚持传统，适应社会"，求得平安、安心。"老东巴"的社会生活场景，现已是大大不同了。
>
> 问：旅游展演与文化的活态保护之间有一种特殊的关系吧。如果没有旅游展演，文化很难以持久地延续下去，旅游展演在一定程度上保护了文化，你怎样看呢？
>
> 答：旅游展演与文化保护有关系，但又不满足于这种状态。它只是局限于某一个地方，影响力也就在一个地方。如何使这种影响扩展到整个丽江，因此就需要政府的力量。

从这些访谈中又可以了解到众多社会角色对文化保护与传承的看法，传承人主要还是文化承袭的主体，但保护与传承的环境和因素已不再同过去的"传统"。东巴文化的传承过去主要是父传子、叔伯传侄或师传徒，方法是耳提面命、口传心授，民众的信仰是传承的社会基础；但现在基本都已是置身于旅游社会生境中，传承的方式也不再局限于口耳相传，有更多的传承渠道，甚至有现如今的"触屏"式的传承与传播；再有，民间东巴较少脱离生产劳动，主要通过为民众做法事获得一份酬劳，但现在他们可以通过旅游的工作来获取稳定的工资收入。

> 村里是人气社会，外面是经济社会。（村里）请着的时候，不去不得嘛！有时自己贴钱，别人给多少拿多少，不固定的收入，活动多

的时候，一个月都不回来了，媳妇一个人在家，在这里可以来赚钱，有时还像欠了人情，家里没有茶叶的都有，一只鸡就做活动了（仪式），给一只鸡腿，你不好说，东巴就是做好事。

不论如何，旅游的确是一把"双刃剑"，它的积极作用在玉水寨景区得到了最大化的体现，尽管在它以外的地方有着很多关于东巴文化的变异及各种市场乱象。

三 东巴文化的保护模式、管理模式与保护机制

（一）东巴文化的四种保护模式

旅游带来的保护不是一种简单的保护方式，它是以良性的旅游场域为重要的推动力，在旅游展演的基础上推进文化保护的。根据四个案例的具体情况，若以玉水寨的成功案例为基础，东巴文化的保护经验及各种社会关系如图8-3所示。在玉水寨，政府、企业和社区及社会等各社会行动者的力量要超过其他三个地方，而且在政府的引导下，在企业为主的经营与管理下，不仅促进了对东巴文化的保护，提升了东巴的文化认同意识，而且滇川地区的有关人员都参与到了对东巴文化的保护行动中，且他们已形成了一定的合力，推动了文化与旅游互动的良性保护。当然，旅游市场中还存在各种商业化乱象，存在对东巴文化的负面影响，但玉水寨的模式所正在产生的正能量影响是有利于东巴文化保护的。

其次，从前述白地的旅游开发和文化保护现状来看，对照旅游场域的主要社会行动者在其中的作用发挥和实际效应，白地文化保护的实际情况也可用图8-4表示。在白地，东道主与游客之间没有形成一种对应关系，旅游与文化的互动并没有体现，旅游企业在经营与管理方面的效用还没有全力发挥，而是体现为在政府的引导下以社区为主的东巴文化保护与传承之路。

根据达祖的旅游开发现状和歌舞展演，东道主与游客之间已发生关系，而社区合作社和小型旅游企业也开始发生作用，只不过还没有形成互动的良性关系（图8-5）。反而，在泸沽湖自然保护区的背景下，在对生态环境进行保护的过程中因为达祖小学的特殊作用和影响已经有了社区对东巴文化的保护。

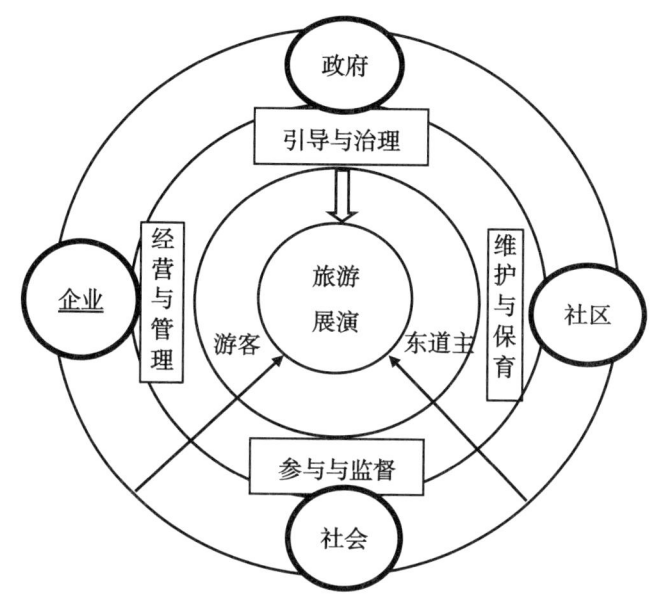

图 8-3　丽江玉水寨东巴文化保护模式

说明（图 8-3 至图 8-6）：（1）东道主与游客之间的旅游展演居于中心位置，为旅游场域的焦点；外围依次为政治资本、经济资本和文化资本及社会资本在文化保护中的相应社会行动者及其作用力。（2）线条的粗细，表示社会作用的大小；实线和虚线表示是否发挥社会作用。

与其他三个案例点不同，到俄亚的游客数量很少，而且由于其所处的文化生境、旅游业的发展及文化保护方面等多种因素的现状，并没有形成保护模式更没有形成一定的保护经验。虽然，俄亚是省级文物保护单位，但对保护的实现是极其有限的。

总的来说，政府、企业、社区以及社会等多种社会行动者都有各种或大或小的影响，通过四个案例的对比可以发现，玉水寨的保护经验是成功的，对于其他案例来说也是理想的状态。与玉水寨保护经验理想状态不同的是，其他三个地方的文化生境是非旅游生境的，其民俗文化处于旅游场域的上层，如俄亚，旅游的作用还是隐形的；而白地和达祖却是在中间层次。虽然政府有引导，但对东巴文化保护的作用有大小，虽有企业的参与，但其经营与管理的进入程度有深有浅。据悉，白水台景区已于 2016 年 4 月开始大规模修建，水流量已明显较以前有增加。他们也有各自的旅游开发特点和不同的旅游展演内容，达祖在游客与东道主之间的交流方面已产生作用，但其文化保护的发展趋势还有待长期观察和研究。

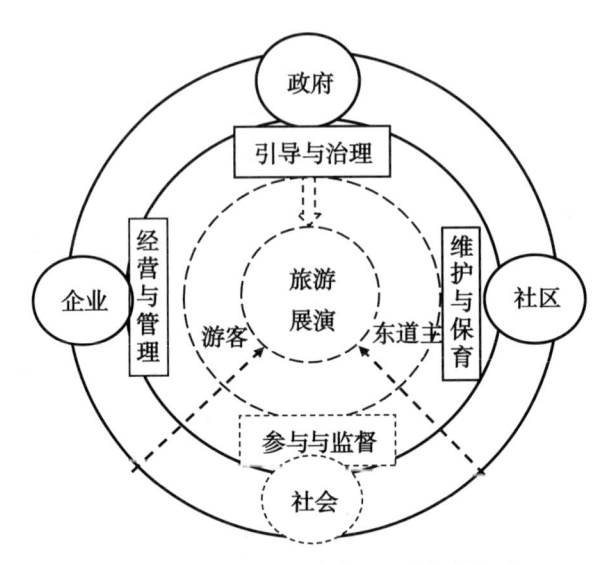

图 8-4　香格里拉白地东巴文化保护模式

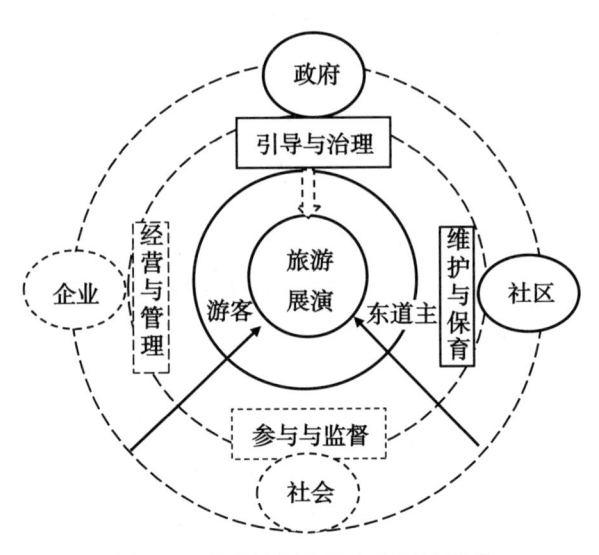

图 8-5　四川达祖东巴文化保护模式

(二) 东巴文化的四种管理模式

通过前述对四个案例的描述及相关分析,四个案例点的东巴文化处于不同的文化小生境之下,这是"文化与旅游"不同合力下的结果。正是如此,基于文化与旅游良性的互动关系基础上的保护机制更具有实践效

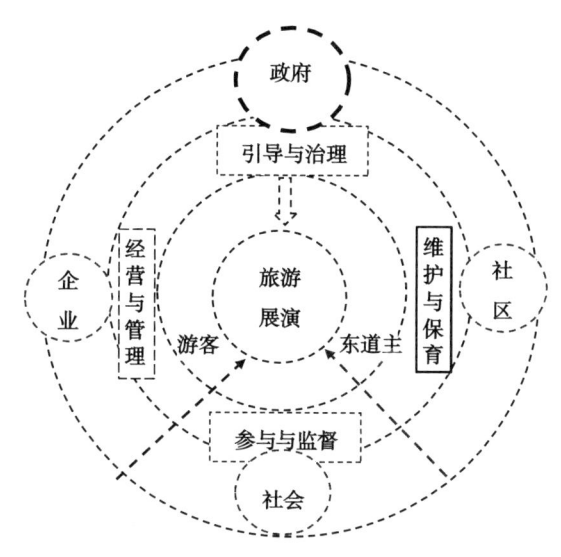

图 8-6　四川俄亚东巴文化保护模式

应；同时，通过旅游展演背后的旅游场域中的不同社会行动者的不同作用可分析出不同的四个案例的不同管理特点。从发挥管理职能作用的管理主体角度出发，丽江玉水寨、香格里拉白地、木里俄亚、盐源达祖分别体现为企业管理、多头管理、管理缺位、民间管理的四种类型。

丽江玉水寨对东巴文化的保护主要由景区的管理主体来推动实现；香格里拉白地由于其具有公地的属性而涉及了政府、企业、民间等，但由于企业的作为及管理职能没能很好实现而使景区出现了栈道损坏没人维修的局面。白水台景区的修建也还需时日观其后效。俄亚大村虽然被列入了第四批中国传统村落名录中，但对文化的保护，对大村的卫生治理都需付出太多的努力，在文化生境演变下的现代管理呈现出缺位的现状。而盐源达祖尤其是达祖小学的自我管理与保护不知能否在一定时日内协调好保护纳西文化与展演摩梭文化的两难。

（三）东巴文化的活态保护机制及管理机制

早在 20 世纪 80 年代，丽江市博物院就已探索出了一条"学术国际化、传承民间化、产业市场化"的东巴文化保护传承之路。[①] 至今，以丽

---

① 《丽江东巴文化保护传承之路》，《中国文物报》2015 年 5 月 19 日。

江玉水寨为代表的"文化与旅游"发展模式，特别是东巴文化的保护与传承模式已进入了"多元化"保护阶段，形成了从政府、企业到社会团体，从个人到集体，从研究团队、学校教育、乡村传承点等的"立体保护"。

从四个案例可以看出，文化的活态性特征在景区尤其在村落中广泛地存在和"活着"，同时，玉水寨企业经营—管理的"旅游化保护"、白地社区的文化团体组织保护、俄亚纳西族群的集体记忆式保护、达祖的学校式保护四种保护方式对于东巴文化整体的保护具有经验式的意义，企业、文化团体、社区居民和地方学校都在文化保护中发挥重要作用。当然，在旅游市场发展到一定的程度时，玉水寨"旅游化保护"的经验更具有以下的重要意义。

第一层面，从外在文化生境的角度来看，体现了传统文化与现代旅游的结合，更体现了文化的现代语境和旅游小生境对文化保护的意义。

第二层面，从中观的旅游场域的视角来看，玉水寨的案例中聚集了政治资本、经济资本和文化资本在对于旅游社会发展中的作用及转换，特别是通过经济资本在其中的主要作用来对文化的保护发挥相应的效果。

第三层面，从微观的角度来看，具体到旅游景区为案例的"文化+旅游"的发展模式，玉水寨在政府所制定的文化保护法律法规条例下，也相应地采取了文化的保护与传承的措施，以企业为依托搭建了景区与地方、城市与乡村、协会与东巴等多种关系的良性桥梁。

如，2013年4月在东巴法会上颁布了《关于设立东巴传承补助金的决定》，规定了具体的考核内容：坚持个人的日常信仰活动；固定拜师一人或带徒弟一人，并开展传习活动；年内在本地主持或参加祭天、祭胜利神、祭自然神、开展各种祭仪至少五次，玉龙县、古城区东巴年内到玉水寨祭拜东巴什罗、祭自然神两次，其他县一次，按时参加年度东巴法会等等，并按不同学位等级和传承实绩予以补助。这个"决定"通过"旅游+管理机制"的模式对东巴文化实现了有效的活态传承与发展。

2015年10月14日始，云南省东巴文化保护与传承协会在三坝进行了迪庆州东巴学位资格考试，之后将颁发印有云南省东巴文化保护协会、迪庆州文化局、玉龙县政府红章的等级证书。① 一个民族的文化保护工作已上升到省级的保护，成立了省级的保护与传承协会的在国内都是非常少的。而且，在调查中还了解到四川民间的一些群体也想加入到这个保护协会中或者想有类似的保护机构来推进东巴文化保护与传承工作，无疑，这样的保护方式和途径也是值得推广的。

通过对东巴文化开发与保护现状的调查，尤其是对旅游开发前后的对比发现，东巴文化保护的实践意义不仅在于为其他地区、为其他案例提供了参考，更在于对文化保护的理论进行了有力的补充，有效的旅游开发与保护是可以成为一种保护方式的，可以积极推动文化的传承与发展。

以东巴文化为研究核心，基于旅游场域中的社会行为特点，可构建如下的保护机制。需要强调，保护机制与管理机制是不同的，管理机制的构建是根据管理主体来设置的，活态保护机制是着眼于对文化的活态保护，对于不同文化生境下的不同旅游发展应根据管理模式进行保护机制的调适。

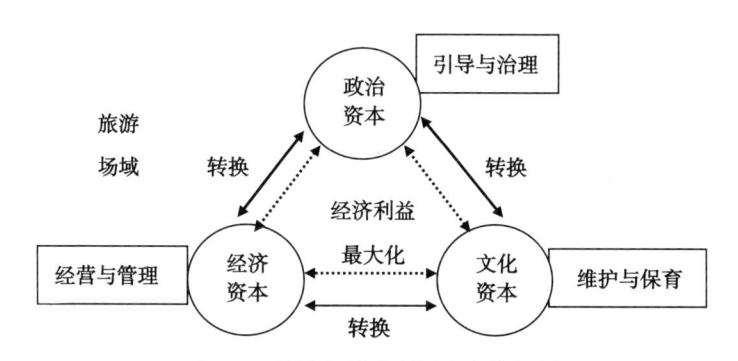

图 8-7 旅游场域中的活态保护机制

1. 政府的引导与治理

中国旅游业的发展是政府主导型的模式，应在地方旅游发展中把控其总体方向，可以通过各行政部门，实现积极有效的引导；其次，可以通过相关立法机构制定法律、法规和条例，以法律的方式对旅游行业进行规范；最后，在地方的旅游发展规划中政府也具有决定性的作用，对旅游发展的相关基础设施和旅游安全等问题进行引导和治理。

---

① 光映炯、黄静华、光映霞：《旅游展演、行为实践、社会交流——以丽江玉水寨东巴法会为例》，《广西民族研究》2014 年第 4 期。

经过30多年的旅游业发展，丽江的旅游格局已发展为从政府主导转为政府引导。2007年6月，丽江市委、市政府提出了"文化立市"的发展战略，并指出丽江旅游文化的发展要突出以纳西族文化为代表的多元文化特色，不断提升丽江文化旅游品牌。同年10月，丽江古城遗产保护民居修复项目荣获联合国教科文组织亚太地区办公室"2007年遗产保护优秀奖"。2015年12月，丽江市政府常务会议审议并原则通过了新修订的《丽江市旅游管理办法（送审稿）》。此次修订将原《丽江市旅游管理暂行办法》正式更名调整为《丽江市旅游管理办法》，"名称的变化体现了新修订的《丽江市旅游管理办法》（下称《办法》）更加成熟，管理措施更具可操作性，行业管理和执行力度更大。"

过去，白地纳西族群祭天时用的猪一般都由村里安排轮流喂养，在恢复祭天习俗后尤其是近年来的祭天猪一般都由乡政府提供，在很大程度上维护了民间习俗和文化传承，保护了良好的乡村文化，充分体现了政府在乡村治理中的作用。从2014年开始，乡政府又开始举行纳西文化艺术节，这在保护纳西文化、扩大其正面效应等方面都发挥了积极的作用。

而对白地、俄亚、达祖而言，长远来看，随着旅游市场的发展，经营权的市场化趋势增加了乡村的管理难度，所以需要明晰产权，明确其私有性、公共性或混合性特征，有效配置和利用公共资源、提高市场效率，限制非理性行为；不仅需要上级政府发挥主导作用建立一定的规章制度以规范和健全良好的旅游市场秩序；也需要当地政府要积极进行协调管理并维护当地的社会秩序和安全。

2. 企业经营下的跨文化管理

旅游企业对旅游市场的良性发展与循环具有重要意义，旅游行业的发展也必须遵循市场规律。另外，旅游企业进入旅游市场不仅可以使民族地区实现旅游脱贫，推动地方经济的发展，也在很大程度上可以促进民族文化的保护。这四个案例中，只有俄亚还没有相关企业，而其他三个地方都有企业的经营、开发与进入；相对地，玉水寨的企业规模大，经营管理很成熟，白地的还处于初级粗放时期，而达祖才刚开始有与企业的合作。

首先，旅游企业应对自身的未来发展方向进行战略性管理，包括旅游与文化的结合模式的发展以及旅游企业的品牌形象及主题管理。其次，旅游企业也是社会的重要组成部分，应充分发挥企业的社会责任，在经济利益最大化的原则下也要承担社会利益的转换，加强景区的各项管理，如景区的布局管理、景区的安全管理、景区员工的管理等。特别是，旅游景区就是旅游空间的再生产过程，景区的环境、水源、建筑等都需要进行对景观管理，特别是景区内的寺庙等主体性景观与地方文化的协调管理。还有，要加强旅游企业与地方文化的民族主体的社会关系经营与管理，特别是这种"文化+旅游"的发展模式中员工绝大多数都是当地人，要加强员工的培训工作、礼仪行为、解说服务等管理制度，管理工作的重点需要体现在增强员工的情感归宿和文化认同上，这样可以提高员工的工作效率。

企业的经济利益必然是最大化的需求，但企业的发展与这些景区的发展是联系在一起的，所以特别要加强对当地居民的关系处理，构建景区发展制度，以利于景区的正常运作。在协调旅游企业与地方的关系方面有很多方式，如玉水寨的反哺方式及利益分配方式等，特别对于白地这样的"公地"来说，东道主也代表了旅游产品的一个重要部分，更要求旅游企业要加强"跨文化管理"，协调好东道主与游客之间的关系，实现更大的经济效益和社会效益。

在东巴文化的旅游开发经营与跨文化管理过程中，重点是对东巴及东巴文化的管理与游客行为的市场引导。如果要想吸收社区居民成为合格的旅游从业者，就要从招聘、培训到管理，都制定出一系列合理、科学的方法或措施。就卷入旅游场域的"东巴"而言，管理者还要从日常行为的规范、仪式展演的形式、仪式内涵的阐释以及族群认同的表达等细节出发，制定出具体可行的标准和要求。对于游客方来说，则要加强对游客的审美和想象力引导，强化文化尤其是宗教类文化的禁忌如对白地白水泉的禁忌管理，根据游客对旅游观看、旅游观赏以及旅游参与的不同需求，优化消费管理，同时加强游客的行为管理，禁止环境污染和"文化污染"。

3. 社区居民的维护与保育

对民族文化的旅游开发，最首要的就要涉及文化的主体；而主体也必须有参与意识加入到相关的旅游发展中，但是，也因其是主体因素所以需要把握参与的尺度，在增加居民参与意识的基础上，增强居民参与的水平。

在此前提下，文化的禁忌就是首先必须放在第一位的。首先要尊重当地人的宗教信仰习俗，如烧香时不能爬到烧香台上，不能抽烟不能乱讲话等。文化的禁忌不仅可以阻止文化被旅游开发的越界同时还可以约束游客的不文明行为，因此，如统一和规范解说系统，对游客的旅游观念进行管理，可以增进游客对民族文化的了解并减少跨文化差异所带来的距离。其次，还要对游客进行消费管理，特别是在旅游发展初期要注意在每个阶段都要加强对文化展演、旅游纪念品、旅游观赏等甚至是多种体验旅游活动的管理。最后，在尊重当地文化的基础上需要加强对当地居民的管理，可以通过对少数文化精英的力量引导村民加强对民族文化的认识，提高民族自信心和文化自觉，可通过一些乡规民约来实现自我管理与社会协调，或通过一定形式的社区组织在发展旅游过程中维护地方文化的现代意义和价值。

社区居民是保护和传承文化的主体，不仅要参与民族文化的旅游开发，更要重视对自己族群文化的保护与传承。借用生态学原理中"生态保育"的概念，也应对文化及所处的文化生境进行"文化保育"。生态保育（Ecosystem Conservation）的概念包含"保护"（protection）与"复育"（restoration）这两个内涵，又可区分为物种保育、栖地保育、迁地保育与环境复育等策略。相应地，文化保育就是针对文化的传承与文化生态系统的监测，包含监测并协调东巴文化与文化生态间的相互关系，以达到保护民族文化并维系文化的可持续发展与永续维护。而四个案例的文化生境都是相当清晰的，旅游文化、社区文化、民俗文化和乡村文化的不同类型，但核心都是与"东巴文化"与"旅游生境"有关的，所以纳西族群应做好东巴仪式等东巴文化和稳定的旅游小生境方面的保育。

4. 社会的参与与监督

在不同的文化小生境中，发生不同作用的社会行动者及其中的惯习和规则都不同，在旅游文化的生境中，旅游场域越成熟，文化、经济、政治的资本都能发生转换，但要使其发挥"正能量"以促进文化的活态保护并推动旅游的可持续发展；而在不成熟的旅游场域中，虽然有相应的行动者但转换能力弱小或不能发生转换。

不管怎样，文化、旅游都需要有社会的监督。从某个角度来说，居民身处其中也是矛盾的主体，当企业与社区居民之间的利益出现不一致的时候还需要社会有关行业和各界人士的监督来发挥作用。玉水寨的社会荣誉越来越多，有更多的社会人士来关注这个旅游景区的旅游发展和文化保护，而白水台景区旅游业的重振和可持续发展仍然在一定时期内还必须在政府的引导下以企业合理运作的形式，且在相关行业的社会各界人士的共同参与下扩大白水台景区的影响，尤其在旅游发展的困难期应扩大白地的社会效应,以社会效应带动经济效应并维护文化环境效应。[①] 2015 年 3 月,由三坝乡党委政府主办,九仙峰文化传媒有限责任公司承办了"第二届东巴圣地民族文化艺术节",就对白地东巴文化起到了积极的宣传作用。

(四)东巴文化活态保护机制的发展路径

为何在玉水寨景区会形成旅游展演与活态保护的良性互动,而在其他地区却处于困境中甚至消亡的过程?文化的保护乃至管理都是一种持续的社会结构性活动,活态保护机制的有效实施需遵循以"人"为核心、重视社会生境下"文化与旅游"的"保护与管理"双重发展路径,"保护"为"管理"积累文化资本,而"管理"使文化得到"保护"并将旅游收入对"保护"进行再投资以实现良性的互动与循环。

通过分析发现,以下要素在文化的活态保护中是非常重要的内容:

(1)"人"是保护与发展的关键。人是主体,保护文化的核心就要保护"人",保护文化的创造者、享用者和传承者,甚至需要搁置文化权力的中心—边缘悬殊,当然在社会生境发生变迁的过程中就需要有现代化的理念和方式。

(2)空间保护。文化是有一定载体为依托的。不论是景区式的舞台空间,还是村落的公共空间都需要科学的保护与管理。文化空间是文化活态存在的基石和载体,没有了空间场所集体记忆也将空无依存。将传统文化转化为旅游展演可以获得社会经济效益,如果在文化所属社区或建构合理并被认同的景区中进行则可以降低商业文化对传统文化的"净冲击"。但是,尤其要注意神圣空间与世俗空间的相对隔离,避免娱乐化对神圣性的剥离。

(3)仪式保护。文化的活态性离不开仪式、节日、艺术、工艺、民俗等内容,特别是对仪式及行为的实践的重复可以稳定文化的传承。但是,并不是所有的文化都要向游客展示或展演,对"舞台真实"中的后台、对民间的保护也同样重要,尤其要尊重文化的禁忌,避免神圣仪式的娱乐化,尽量避免全面商品化。

[①] 肖佑兴、明庆忠:《旅游综合效应评价的一种方法——以白水台为例》,《生态学杂志》2003 年第 6 期。

另外，对于企业来说，东巴文化活态保护的机制就是企业式的管理机制，而对于非企业来说，东巴文化活态保护的机制还得依靠更多的社会行动者，甚至在乡村的旅游开发与文化保护中自我管理也是一种重要的管理形式。就企业而言，东巴文化的管理机制主要有以下的发展路径：

（1）战略经营与品牌管理。文化是不能重复生产的。旅游开发者在一开始就必须具备前瞻眼光，战略高度来进行旅游产品的开发、保护与管理，协调文化与旅游的各种互动关系，或被利用、被保护，或矛盾冲突、和平共存。[1] 像俄亚今后的旅游发展就必须有战略性旅游发展思路，必须定位好文化旅游产品的品牌，既稳定旅游市场，又获得可持续发展的核心竞争品牌，并将经济资本转换为更多的文化资本和文化权力以维护文化与旅游的互动演进。

（2）组合营销与控制管理。文化包括物质的和非物质的内容，要使旅游展演对文化产生保护而且是活态保护效应就要将文化的内容进行组合营销，而且要和旅游市场旅游线路产品进行整合营销以树立独特的旅游品牌及旅游形象并控制好文化旅游产品的开发项目、发展方向和未来趋势。

（3）跨文化交流与行为管理。旅游展演体现了人—地、人—人等各种关系，文化展演者和游客观赏者的互动，有凝视、有观赏、有参与、有体验。静态的物的展示可采取相应的有效保护措施，而对于动态的展演需要企业加强对仪式行为、旅游行为及多种行为进行协调和管理，游客也需要有控制的旅游体验，以利于主—客关系，以利于人—地、人—人等各种关系的和谐发展[2]。

四　小结

虽然这四个案例并不能完全代表中国所有的旅游展演对文化保护的情况，但极具旅游文化的扩散效应和示范效应，体现了文化资本和经济资本的社会行动者在不同社会生境中的互动差异，特别从民族文化与旅游经济

---

[1] ［加］BobMckercher、［澳］HilaryduCros：《文化旅游与文化遗产管理》，朱路平译，南开大学出版社2006年版。

[2] 田里、光映炯：《旅游展演与活态保护的互动及发展路径——以云南纳西族东巴文化为例》，《广东社会科学》2016年第5期。

的角度探讨了合适的发展路径，研究中还需要进行普适性的适用性调研，但在此要强调的是旅游展演与活态保护的正面互动关系，良性的互动探讨对于以旅游行为而展开的社会结构发展是有益的。在中国旅游业发展的政府主导型模式中，只要能进入旅游场域并将经济资本进行各种良性转换，只要有效地减少文化商业化和保护静态化，对文化的良性活态保护就成为可能，且能成为文化遗产保护的有效选择。

通过对四个案例旅游展演的动态展现和层次性分析，对旅游展演的本质、类型和效应都有了进一步的认识，旅游展演是表层的文化展演，是旅游场域的具化和旅游场域各种社会关系和资本行动者的具体呈现；同时，也通过对四个鲜活的案例的层层展现，对"活态"的含义有了层次性的理解，在提炼文化保护的经验的基础上对旅游场域中的各行动者的作用有了更清晰的认识。因此，在文化生境的不同类型背景下基于旅游场域核心理论的基础，提出了文化的活态保护机制的构建原则、重要内容、保护机制及管理机制框架。可以说，"玉水寨模式"所产生的实践意义及所提炼的理论模式正发生着巨大的正面社会效应，它通过旅游展演所构建起的"生境—空间—仪式—物—人"的活态保护机制可使文化保护更全面、更整体、更立体、更活态。

第九章

结 论

一 研究结论

(一) 文化与管理：人与人的关系及协调

文化，体现了人与自然、人与他人、人与自我之间的关系，但后两者体现是一种"人—人"的关系，都反映了群体内部人与人的稳定关系而形成了特定的族群文化，并维系着人的繁衍与文化的延续。若文化所处的场域不同，则文化发挥作用的要素就不同，可以是日常生活，也可以是旅游介入后的生活。

管理，有狭义也有广义。美国著名管理学家德鲁克认为，管理不仅是一门学科，是一种社会职能，还是一种文化，它有自己的价值观、信仰、工具和语言，反映的也是"人与人"的关系。当民族文化被卷入到旅游活动中时，旅游场域在产生效用，对"人—人"的关系管理也体现为一种广义的文化管理，对游客的管理，对社区的管理，对企业的管理，对族群的管理，对文化的管理等，管理主体不同，就可以与不同的管理对象发生若干不同的关系，但都是要协调好各种关系，并维系旅游社会文化的可持续发展。

文化是一种学理层面的概念，管理是一种实践层面的概念，对文化的管理在很大程度上与管理主体对文化的态度有关。若敬畏文化，则从中受益，反之，则与文化背道而驰。

(二) 文化与旅游：文化的日常性及旅游生境

东巴文化在这四个案例及更多的案例中都是活态存在着的，在丽江甚至还有各种现代发展，如仪式的恢复、简化或现代化现象（见附录3-1

丽江东巴文化研究院和先生访谈记录）；其次，这种活态性的存在依次是旅游化的、半旅游化的和日常生活的状态。俄亚在封闭环境中简单地延续着"传统"，丽江在旅游的大潮下成为一种旅游文化为上的文化形态，而对达祖案例的解析却更多地让我们看到了一个族群的形成过程，一种文化的多元复合性发展路程。

　　族群文化尤其族群性的实现离不开各种各样的仪式，仪式及其习俗在族群文化的形成过程中具有重要意义。仪式既是族群的社会建构也是维持社会关系和社会认同的重要手段，表达着族群的核心文化。只有在这些仪式中族群内部的联系以及稳定性才能得到更好的体现，族群的文化特征和文化认同也才能充分地发挥出来。在俄亚，一年中没有固定的"仪式"。对于玉水寨一年的祭祀活动，只有在现代旅游景区才可能做得到。在俄亚，祭什罗神是东巴死的时候做的，没有固定的；没有大祭风，有小祭风，过年后就可以做祭风仪式了；有祭署仪式，有大小之分；没有祭财神仪式；有药神的经书，但没有专门仪式，一般是死人的头一晚做；祭村寨神过去有，现在没有了；祭祖仪式一般一年有两次；也有上顶（顶灾）仪式。

　　其次，最容易被展演的是民族歌舞，也是最容易与游客进行交流的文化形式。在文化与旅游接触的时候，建筑、服饰、歌舞等都成为旅游文化场景中最显性的表现要素。再有，一个族群的生成与文化的发展是流动的，并不是由"他者"用特定概念将其固化的程式，同时外界的历史、地理、经济、政治等，尤其是旅游的要素都是影响文化发展的重要因素。

　　随着全球化与现代化的发展，民族文化所处的社会生境正经历着巨大的变迁。旅游的影响有正面的也有负面的，而其正效应中对族群文化的恢复、重构、再造和文化认同的强化和提升已不再有异议。同时对于文化的原生态、传统性和现代性等问题的探讨也不可再追究其本真，而是以客观的变迁的动态的眼光来看待文化的演进、旅游的发展。在不同的旅游发展阶段，在进入旅游不同程度的情况下，旅游场景中的文化展演也体现出相应的层次性，存在着不同的类型和内容。具体地说，这种层次性的体现主要和旅游场域的发展及其阶段有密切关系。在丽江成熟的旅游场域中，由于政治资本、经济资本和文化资本的转换及推动，对文化的展演是全面的，涉及仪式、绘画、造纸、仪式等。而白地和达祖两个处于旅游发展的初级阶段的地方来说，旅游展演的内容只是部分的，像俄亚的地方却还只是日常生活的表现。

（三）旅游与保护：发挥旅游展演的积极效用

至于文化活态保护问题，是基于文化多样性的立场。在这样的视角下，对保护的讨论也就是回答保护含义中传承的问题。保护与传承，不仅是理论的更是实践的问题，不仅是文化的更是社会的问题。如俄亚的自然传承，以家庭和村落形式延续，还有白地的自发传承，玉水寨的旅游市场和地方社会相结合的传承，此外，还有学校的传承和遗产式的传承。保护与传承，也是时代性问题，它与社会需求、社会生活及意识形态的变化有关，因此，东巴文化的传承过程对东巴队伍的保育也有现代性的要求，特别是对经典仪式的需求和特殊技能的现代发展等。总的来看，在文化生境不断变化的条件下对文化的保护与传承也是具有时代性特征的。在大众旅游时代，游客的共同参与对文化起到了共同保护的作用。族群文化原生性中的乡村性、宗教性、民俗性等特征发生了变迁，对族群文化的保护也将随之采取与时代特征有关的保护方式和保护措施。旅游，已成为当下保护与传承传统民族文化的重要手段和方式。

当然，文化本身就具有展演的特点。与一般的文化展演不同，旅游展演的本质在于它不仅具有审美的艺术特征也是一种具有记忆、体验和交流的社会文化行为。游客在记忆、体验与交流中获得了旅游的经历，对东道主的文化有了更多的认知和了解，东道主也在此过程中增进彼此的距离并推动旅游的进一步发展。虽然，旅游演艺的舞台性、表演性更强，现代媒体的发展不仅打破了城市与乡村的界限也缩短了旅游活动的异地距离，但是，旅游场景中的实地文化展演尤其是各种行为实践更能加深游客的记忆、体验和交流。旅游展演使东巴文化有了一种活态的特殊"承袭"方式，纳西文化从相对封闭式的乡村空间走向公共化的社会传承，旅游民俗的生活方式将再次深嵌现代社会并产生各种影响和作用。

还要指出的是，城市旅游中已经包含了很多的现代社会尤其是信息科技的印迹，而在偏远的村落还保留有更多丰富的民族文化，而且是活态存在着的传统文化，文化资源和文化资本极其丰厚。玉水寨的位置就在丽江玉龙县白沙乡附近，景观的打造、旅游六大环节的实现都是现代化的，对民族文化的保护也是"现代化+旅游化"的。但在传统村落的文化保护中旅游不应是一种唯一的方式，经济资本的运行和经济价值应被看作其中附加的和额外的收获，否则把旅游的作用放大甚至神话都将使旅游的负面效应对传统村落产生致命的打击，而应积极发挥其文化资本的效用，发挥地方民族的族群参与性积极进行文化的保育。

进一步地，村落文化的活态性就是其日常生活本身，农业经济及其他副业经济依旧可以发挥其经济效益并以此来反哺文化的保育。村落文化最珍贵的也就是日常生活本身，若一味地开发成旅游村落，进入一个千篇一律的旅游商城，旅游所能产生的保护作用也会被消失殆尽，而使得旅游的内容和手段本末倒置。反之，距离政治资本最近的地区甚至是经济、政治、文化中心的区域，旅游的保护作用是可以通过这种手段来实现的。旅游的标准化建设和发展可以"格式化"现代城市景区，却不应"格式化"不同的族群文化与村落文化。

因此，旅游是目的还是手段也应区别对待，应把旅游看作一种文化保护的方式，而不是以经济利益最大化为目的且把旅游变成盈利的手段。通过分析和比较研究，"旅游展演"聚集了旅游场域中各种社会资本的作用，是重要的社会交流中介和社会关系的实践。在旅游场域不成熟或成熟或在社会关系交集或不交集的情况下，民族文化的保护与传承表现也不同。对于还未进行旅游开发的村落而言，随着城镇化进程步伐的加快，首先还应先发挥行政主体及村民的社会作用，首先解决自身的社会发展问题，加强对乡村基础公共设施的建设和发展。

（四）保护与管理：保护机制抑或管理机制？

总的来看，文化变迁是正常的规律，文化变异就需要有必要的应对策略，研究中的四个案例，玉水寨：有旅游市场推动的景区式的旅游展演与企业的生产性保护，白地：半景区式的旅游展演与民间行为为主的保护，俄亚：自然式的乡村展演与集体记忆式的保护；达祖：摩梭文化品牌下处于摇摆中的旅游展演及以学校为主体的保护，都是与生境相适应的不同状态。从保护理论的研究现状来看，保护的概念包括很多内容，抢救、整理、保存、修复、复兴、利用、再造、传承……其目的是"尽力照顾某一事物并使其免受损害"。通过案例发现，对于"保护"的理解是可以更宽泛的。当文化"在"村落，村落日常生活的传承就是一种最好的保护方式；当文化"走进"企业，就主要是管理视角下的保护与传承，所以应在管理机制下进行文化保护，遵循旅游场域中的特定惯习。"保护"的概念中有"旅游发展",也有"文化管理"。

特别对旅游企业而言,"保护"就是"管理",保护机制的构建在一定程度上就是管理机制的构建。只有通过这样的方式,以企业为主体介入的文化保护与文化管理才能增强其有效性。但是,从旅游场域所发挥的强大作用来看,这样的保护与管理机制仍需要有"政治—经济—文化"的连续体发生作用才能有效激发文化的活态性。

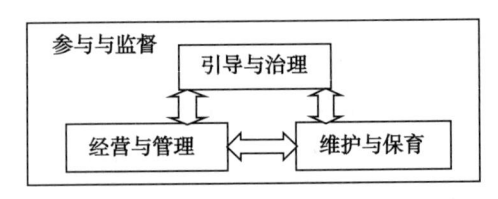

图 9-1 东巴文化的保护机制及连续体

但凡进入旅游场域,凡是体现了政治—经济—文化连续体中互动转换的地区,就可参照丽江玉水寨景区的案例进行活态保护,如对于白地的文化开发和文化保护可以采取核心区、缓冲区和实验区不同层次的开发和保护措施。若没有进入较成熟的旅游场域,对文化的活态保护就有可能采取其他的方式和措施。在不同的地区,在不同旅游展演和不同活态文化的地域,对文化的活态保护所采取的措施也相应不同。

二 创新之处

(一) 研究视野上的创新

在文化生境的背景理论下,在对旅游场景中文化展演进行全新定义、阐释以及对文化遗产的活态保护进行再整理、再思考的基础上,通过对具体案例的层次分析来研究文化的变迁与保护,同时结合管理学的视角来探讨文化保护的机制,不仅开拓了民族文化研究的深入层次,丰富了旅游人类学的相关理论研究,更为管理学领域的活态机制构建研究加深了理论与实践的结合度。

(二) 研究方法上的创新

在文化人类学的传统研究中注重长期对某一社区的调查、深描、分析和研究，而在本研究中主要采用了"多点民族志"的研究，而且是对多点案例围绕仪式文化为专题的调查和研究。文本的内容主要围绕"文化"与"旅游"进行展开，尤其对文化保护和旅游展演进行互动阐释，对旅游人类学的研究是一次重要的尝试与实践。

（三）研究结论上的普适意义

在原有的研究计划中，丽江玉水寨、白水台、俄亚为主要的研究田野点，现增加了一个滇川交界处的达祖村，增加为四个案例点的调查和研究。达祖村是一个纳西族村落，属于西部东巴文化区，有旅游开发和旅游展演，所以也将其列入研究之中。在这四个案例的文献资料收集中，缺乏很多基础资料，通过大量的田野调查收集了丰富的第一手资料，尤其是白水台、俄亚、达祖的关于生活文化和旅游发展史的资料，是对研究对象资料的重要补充。

基于大量田野资料并通过系统分析民族文化生境特别加强对旅游展演与活态保护的互动关系研究，在定性描述及相关数据分析的基础上构建出的多元适应性的长效活态保护机制提供了为社会和谐发展具有普适意义的发展经验。

三　研究展望

（一）理论研究的提升

论文在理论和实践上都处于初级阶段，对旅游展演的研究由于对国外部分的理论梳理还不够全面，还需进一步提升理论的适用性。

（二）实证研究的扩大

实证研究选取了纳西族群西部东巴文化区的四个主要地域进行研究，对东部摩梭文化区地域内的相关文化还没有进行更多调查和研究；或者是少有对纳西族群与其他族群的对比研究，今后还将继续扩大实证研究。同时，这次研究的定量研究相当有限，由于时间、地域及诸多问题的限制，调查样本的数量和范围相对有限，希望在后续的调查和研究可以加强。

(三) 问题研究的深入

旅游是一种社会行为,旅游展演所涉及的社会行动者和利益主体很多。但是,这四个案例中特别是俄亚交通不便,达祖还鲜为外人所熟知,白地关于旅游的研究资料也很少,有很多资料都只能通过田野调查获得。虽然,调查获得了大量的第一手重要资料,但对"文化与管理"的讨论还可进行更深层的研究。

附录 1

日　志

附录 1-1　丽江玉水寨东巴文化传承院全年祭祀活动日志（2013 年）

杨先生（记录），光映炯（整理）

退口舌是非仪式

时间：2013 年 2 月 5 日　农历二〇一二年十二月二十五日　天气：晴

地点：玉水寨东巴院（和合院）

主持：杨玉勋

参加：杨勋、杨学胜、杨桂军、和国伟、和学武、和学东及学校 8 位小东巴

物品：1 只公鸡、8 斤五花肉、3 斤白酒、1 把香条、酒曲、酥油、面粉、大米、茶、爆米花、爆荞花、三解旗（高劳旗 7 面、鬼旗 12 面）

祭木："古忠瓦" 1 幅柳枝，"开厂奇" 1 幅，"搬度阿巴" 1 个松木，"干多" 3 个，"冷张" 3 个，"统肯普、统肯纳" 各 1 只松木；除秽火把 1 把冷杉枝，烧天香用的松柏枝一些。

程序：《卢塞车说》除秽。《烧天香》《开坛经》《肯竿》《母肯》《汝哭》，杀鸡、献血、施血、施烧毛汤、施小食（两）施大食《卢迪》，《汁展》《吐卖党考》，施洗碗汤，《汪事》、退口舌一个接一个的跳草绳，口里念所有不好的退出去，《结尾》。

祭天

时间：2013 年 2 月 14 日　农历正月初五　天气：晴

地点：玉水寨祭天地

主持：杨文吉、杨玉勋

参加：杨学红、杨勋、杨学胜、杨桂军、杨国新、石春

物品：1 头猪（100 斤左右）、1 只公鸡、1 板鸡蛋、大米、3 斤酒、茶、酒曲、大香 6 个、小香 2 把、红糖 9 个。

祭木：两棵黄栗树枝、1 棵柏树枝、1 根野白杨；冷杉枝、杜鹃枝、蒿草等。

程序：《除秽》《点香》《洒净水献牲》《人类迁徙记》《许愿》《洒灵药》《献饭》《送归》。

祭"高"

时间：2013 年 2 月 20 日　农历正月十一日　天气：晴

地点：玉水寨东巴院（和合院内）

主持：杨玉勋

参加：杨文吉、杨勋、杨学胜、杨桂军、杨学红、和国伟、石春、和学武及学校 8 个小东巴

物品：1 只公鸡、5 斤五花肉、1 个鸡蛋、一些水果及瓜子、3 斤酒、酒曲、茶、烧天香用的物品。

祭木：1 棵松枝（16 丫）、野白杨 1 根（顶灾杆）、杉树枝（除秽）、高旗 21 面、五色线、小石头 16 个（高鲁）、高桩 16 根（黄栗木）、麻布 1 米。

程序：《除秽》《洒净水·献牲》《人类迁徙记》《进香》《烧天香》《找灵药》《献饭》《拉福分》。

素紫

时间：2013 年 3 月 9 日　农历正月二十八　天气：晴

地点：白沙镇新善一农家（东巴婚礼）

主持：杨文吉

参祭：杨玉勋、杨勋

物品：1 幅画幛（五谷神）、木犁铧面、斗 1 个、神门、架、面偶 1 副、5 个猪肉 1 块、水果瓜子、饼干若干、烧天香用物品、酒、茶、米饭、酥油 1 饼等。

祭木：松、柏、黄栗树枝各1枝、素都1个、素塔（柏）1个、素梯（柏）1个、素桩（栗）1个、素石1个、素箭1只、素旗2面、香炉1个、油灯3个、素打松1把（五色线）

法器：法铃、板铃、海螺等。

程序：搭神台、做面偶、准备供品、祭品《色多刺、撒神粮》《点油灯》《除秽》《献牲请素神》《烧天香》《找灵药》《献饭》《找圣油》给新郎、新娘洒灵药，点圣油、结同心；《拉福分》。

三多颂

时间：2013年3月19日　农历二月八日　天气：晴

地点：玉龙村三多阁

主持：杨文吉、杨玉勋

参祭；木琛、石春、和学东、杨国新、和旭辉、学校8位小东巴

物品：1个猪头、1只公鸡、2条鱼、1袋大米、茶、酒、盐、姜、红糖各1、水果、糖果、虾片各两份，烧天香用的各种物品香条等。

法器：海螺、板铃、叮响、占卜用的海贝等。

程序：除秽、生献、烧天香、熟献《三多颂》《施日颂》、扫日平、占卜、看卜辞。

注：当日玉水寨玉水缘内也举行"三多颂"，于（由）杨学红杨勋主持，其他（人）参祭。

什罗颂

时间：2013年4月14日　农历三月初五　天气：晴

地点：玉水寨东巴院

主持：玉水寨东巴文化传承院东巴（杨文吉、杨玉勋）

参祭：东巴文化传承协会所有东巴

物品：1个猪头、1只公鸡、酒、茶、水果、瓜子及神台里的物品和烧大香的物品面偶、旗子等，烧大天香的九种树枝、九种白粮等。

程序：8:20正式开始，杨文吉起鼓，众人应合吹海螺、摇板铃、摇手鼓、共三遍后，由杨文吉诵《搭建神台》，主要讲述神台各种物品的来历、作用、搭神台之原因等；杨文吉诵《撒神粮》；和学武诵《除秽》杨学红诵《迎请众神》；和国伟诵《点油灯》；学校小东巴诵《迎请众大

神》，这是一本咒语经；和华强诵《迎请般闪神》；生献、杨文吉口诵；杨桂军、杨学胜负责生献鸡清洗、杀、煮等；和学东诵《大烧天香》；木诵《碧包考说》杨玉勋诵《迎请大威灵》；杨勋诵《抛丽东面偶》；和学武诵《起卢神》熟献、杨文吉口诵；给祭风场各种鬼怪撒冷水饭杨文吉口诵；《授威灵》上方杨文吉；下方对诵，杨玉勋和学东，跳东巴舞；"高兰很"，分别拿着五谷、花瓶、香炉、香条等；众人合唱六字真言；问五方磕谢，最后到大殿进行了送神仪式。

（注：今天上午进行了东巴达巴学位证书颁证仪式，其中6位颁到大法师证书，30位颁到法师证书，40位颁发放了相应的补助金。）

祭自然神

时间：2013年5月16—18日 农历四月初七 天气：晴间多云，初八 天气：小雨，初九 天气：阵雨

地点：太安天红村

主持：杨玉勋

参祭：杨学红及天红村其他小东巴

5月16日从丽江坐到天红后主要准备明天后天的祭祀用品、剪高拉旗、秽鬼旗、17日早上制作秽面偶（13个）、神台面偶，李多面偶；绘制署塔及八宝图案。10点左右前往祭署场，搭建神台、建署寨、秽寨等；

程序：《搭神台》《撒神粮》《点神灯》《卢塞除秽》《请神》《请大神》《烧天香》《大除秽》《署吐署本》《尼布拉都散》《署库署散》《除秽之鸡的出处来历》、给秽鬼施食、施血、施烧毛、施泡沫汤、施骨肠汤、施大食、施洗锅汤等。《退署冬》《杀猛鬼》《退署守门鬼》《请署安睡》、退送秽鬼、《请神安息》，当日仪式结束。

第二天（18日），《请神》《起署》《署吾吉》《立署塔》《献署食》《撒署粮》《丛仁搬迪找药》《给署施药》《各种传略故事》《高勒趣注实》《尼美注美》《不斗、又和好》、起跳东巴舞、《送署》《送神》。

物品：公鸡2只、猪肉6斤、面偶（炒面）米、茶、酒、香条、各种瓜子、旗子、水果等。

祭自然神（署）

时间：2013年6月5日（环境日）农历四月二十七日 天气：晴

地点：玉水寨丽江源广场
主持：杨玉勋、和学武
参祭：杨勋、杨学红、杨学胜、杨志坚和国伟、和旭辉、学校小东巴
物品：鸡2只、猪肉5斤、酒、茶、水果、旗子、油灯、烧天香物品麻布等。
祭木：祭署木牌、除秽祭木（冷杉）13枝，祭署的野白杨枝竹子等。
《除秽》《卢塞车说》《尼布拉都散》《开坛经》《署吐署本》《烧天香》《署库署伞》《普吃温路传略》《都散阿吐传略》《散打勾多平》《杀猛鬼》《鸡放生》《崇仁般迪找药》《高勒趣注说》《修曲署艾》《尼美汪美》《不斗、又和好》《署布、署处起》
注：其中、除秽要杀鸡、施食等众多环节。

祭药神（崇仁般迪颂）

时间：2013年6月12日，农历五月初五（端午）天气：晴
地点：玉水寨东巴院财寿阁
主持：杨文吉
参祭：杨玉勋、杨学红、杨学胜、杨勋、和国伟、和学武、和学东等
物品：一只公鸡、一块猪肉、水果、糖果饼干、烧香物品等。
程序：除秽（鲁布车说）、讲述药神传略、生献、熟献、跪拜。

顶灾

时间：2013年7月12日　农历六月初五　天气：晴间多云
地点：玉水寨东巴院
主持：杨文吉
参祭：杨勋、和学武、杨学胜、和国伟等
物品：1只鸡、1块猪肉、2个鸡蛋、鬼旗等。
祭木：顶灾树1棵（白杨）、顶灾杆（白杨）、古中汪1幅7个、开厂奇1幅（2个）。
程序：除秽、开坛、顶灾、顶灾献生、烧天香、施大小食、起卢、威灵、退送单鬼、退送灾鬼。

祭天

时间：2013年8月11日　农历七月初五　天气：小雨

地点：玉水寨祭天场

主持：杨玉勋

参祭：杨学胜、杨学红、和学武及学校 8 位小东巴、杨新勇

物品：1 头猪（200 斤）1 只公鸡（8 个）鸡蛋 1 板、酒、茶、米、红糖、大小香等

祭木：2 棵黄栗树枝、1 棵柏树枝、1 根顶家杆（白杨）、除秽火把（冷杉）

程序：插上祭木坚石、供品《除秽》《进香》《献牲、人类迁徙记》、杀猪、杀鸡、《找灵药》《许愿》《献饭》《送回》。

祭风

时间：2013 年 9 月 17 日　农历八月十三日　天气：晴

地点：玉水寨祭风场

主持：杨文吉、杨玉勋

参祭：杨学红、和学武、和国伟、和学东、杨勋、杨学胜、杨桂军、和永昌、杨新勇，学校杨国新及 8 位小东巴

物品：1 头山羊、2 只鸡、5 个猪肉、1 排鸡蛋、各种水果、干果、糖果及祭香物品等。

祭木：两棵风流树、两棵吉本树、1 棵董树、1 棵仁树、署寨的白杨、竹子等。

程序：搭神台挂上画幛、搭吉本寨、署寨、仁寨、迪寨、风寨、都、曾寨，插上各种木牌，面偶各种供品、祭品、搭上天香台。供上香炉、油灯、净水、酒、茶、水果、糖果、挂上法鼓，穿上东巴法衣戴上法帽，把山羊、鸡放在精灵寨中。请鼓、吹法螺、摇板铃，《搭神台》《撒神粮》《点油灯》《卢塞除秽》、家里《好多工尼》《开坛》《署给》《请神》《请大神》《给走》《吐吐本本》《吉、本、不》《祭署》《烧天香》《母给》《卢迪、芝章》、杀羊、杀鸡（罗罗施食）、《温散命颂》《镇鬼》《退鬼》《结尾经》《送神》。

祭财神（土库）

时间：2013 年 10 月 9 日　农历九月初五　天气：晴

地点：玉水寨东巴院财寿阁

主持：杨玉勋

参祭：杨文吉、杨勋、杨学红、杨学胜、和学武、和国伟、和永昌、杨桂军

物品：1块猪肉、酒、茶、水果、糖点和烧天香物品。

祭木：1棵松枝、1棵柏枝、1棵黄栗枝、素塔（柏）素梯（柏）素桩（栗）素，旗子，神门、面偶、犁铧等；除秽火把。

程序：起鼓《搭神台、撒神粮点油灯》《除秽》《献牲，迎请大素神》《祭素，烧天香》《找灵药》《献饭》《放素桩》《拉幅份》。

祭村寨神（ziwabu）

时间：2013年11月15日　农历十月十三　天气：晴
地点：玉水寨东巴院（和合院）
主持：杨玉勋
参祭：杨学红、杨勋、杨学生、和学武、和国伟、和永昌
物品：1块猪肉、1只公鸡、酒茶、酥、油、水果、干果、麻布1米、米、鸡蛋等
祭木：5棵黄栗树枝、5个神石、1根顶灾杆（白杨）
程序：插上祭木、搬上供品，《除秽》《献牲》《迎请村寨神》《烧天香》《许愿》《献饭》《竖温巴》。

祭祖（利思颂）

时间：2013年12月7日　农历十一月初五　天气：晴
地点：玉水寨东巴院（玉水缘）
主持：杨文吉
参祭：杨玉勋、杨学红、杨学胜、杨勋、和国伟、和学武
物品：1只鸡、猪肉、米、水果、茶、酒等。
程序：《小除秽》（烧石除秽）《献牲》《杀猛鬼》《献饭》等。

附录1-2　香格里拉白水台景区日志（摘录，2014年）

和先生（记录），光映炯（整理）

2月28日，星期四，天气：晴

游客一天比一天少了，景区进入了淡季，可在景区旁开的食宿点一年比一年增多。七八年前，景区附近只有五家食宿店，比较完善的只有两家，可现在增至十七家，在路旁强拉客的人很多。

今天，四位游客准备吃饭，可他们身边围满了拉客的小贩们，叽叽喳喳，各出绝活儿，最终他们之间起了矛盾，拌上了嘴，有两家食宿店老板还差点动手打架了。作为景区的工作人员，感觉很痛心，这种事在景区附近出现是很不合理的。也许，近几年这边比较干旱的原因吧。现在，大都市跟我们边远山区的生活环境有很大不同，甚至是天壤之别，处在完全不同的两个世界。

3月4日，星期一，天气：晴

近来，每天30人左右的游客数，我的工作也很清闲。

3月18日，星期一，天气：晴

今天是二月初七，每家人都在为第二天的"祭天"节日做准备，女人都在舂饵块，洗衣物。而乡里今年要举办歌舞活动，特邀省里、州里、县里的有关部门还有丽江市有关部门来参加，准备在今天下午一点开始歌舞活动。上午，须由白地波湾村全村人到白水台搞传统的"祭天"活动。一年一次的祭天活动，不知道延续了多少年。

清晨，全村男女老少，背上炊具和食物，组织几名青壮年将祭天猪送上山。这只猪，是由政府出钱买的一头重几百斤的肥猪，宰杀的猪肉由全村老少平分。同时，还有两只大公鸡，一只是剥了皮的；一只大公鸡用来放生。放生时，须由经师念经做仪式。在祭天坛里，有专门用来祭杀猪和鸡的祭坛，各种仪式要持续几个钟头。

刚吃过饭，就哗啦啦下了一场阵雨。虽然对祭天和演出有一定的影响，但对农民来说，这是一件求之不得的事。因为近几年干旱，从去年入冬以来，还未下过一场雨雪。在以往，随时会有老百姓自发组织到白水台求雨而做的各种传统祭祀仪式，而今天的雨，有可能跟祭天有某种联系吧，是众神高兴而下的圣水吧！

阵雨过后，到政府组织的活动现场去观看演出。这次表演的演出单位是省文化厅下属的单位团体，而乡政府到各地纳西村庄里邀请了能歌善舞的群众来演出，很有本地特色。下过雨后的天很冷，节目安排演出很精彩，不知不觉就下午六点多了。

3月19日，星期二，天气：晴

在三坝纳西族里，最为隆重的节日是"二月八"，称为"朝白水"。

方圆几百千米以内，所有的纳西族都会到白水台参会欢度节日。在我的记忆里，那天的白水台，是人山人海，是鼓舞的世界。

早晨，我得准备所要用到的各种炊具及吃的饭菜，还要特备一只大公鸡，然后由马驮上白水台，然后回到售票室工作。

村里的孩子们，也都早早穿上父母为他们准备的节日盛装欢天喜地地向白水台进发了。但是，只有20%的男性和40%的女性穿着纳西族古老的服饰。

以前，不管来自哪里的人，都要牵着马，把东西放到马背上，或骑着马到白水台。现如今，时代变了，各家都开着自家的大、小汽车，拖拉机而来。近两千米的公路两旁摆满了车。

而今的节日，都为了一顿饭，吃过午饭，很多人就匆匆下山去打牌了。几年前，还有赛马场、歌舞场，如今都是空空如也。

当然，人们还是要到祭坛前祭拜、烧香、磕头，喝口圣水再装瓶圣水带回家。祭坛上，香火从早到晚一直不断。

4月28日，天气：晴

来白水台旅游的游客中，除了自驾的、团队的；包车的、徒步地外，还有部分是乘坐公交车来的游客。每天多多少少都有10人左右，而最为受罪的是中午班的游客。早上9点多从香格里拉县城出发，到上午12点左右到达白水台，下午2点20分左右就要返回香格里拉。若在途中还要随时上下客人的话，有时要12点30分以后再到达，所以游客在白水台景区停留的时间就相当有限，有时甚至会误车，我们就要为他们找车才能赶上。

4月29日（星期一），天气：晴

今年的五一长假提前两天就放假了，安排为4月29日至5月1日，为期三天，早上要求8点半以前签到，全票优惠20%为24元的票价，提前发了每人一套服装在此假期间穿上，规定从4月29日到5月5日期间不准请假等。五一长假自从取消后，景区的情况就不能和以前相比了，以前是千人，最少时也有700多人进入景区，而从去年开始只有一百多人了，今年也只有不到200人，从大理地区来的游客相对多一些。

5月15日，星期三，天气：晴

这段时间，游客还算多，每天都维持在100人左右，背包族居多，有来自丽江、大理，也有香格里拉的。与其他游客不同的，他们特别谨慎，总是小心翼翼的，消费也总要计划一番，他们大都宁愿吃干粮、喝矿泉水，都很少有人进店吃饭。

多年前的旅游与现今的旅游不可同日而语了，多年前的旅游很大程度上是有钱有势的人的活动，至少以前是这么认为的。

5月26日，星期六，天气：晴

今天来了一个旅游团队，一共40人，由于没像以前那样，被陪同、导游等人紧跟，而是很松散，他们都游玩白水台之后，在路边小摊买各种土特产，大包小包的，导游站在路旁观看，有点可惜或不舒服的味道。今天路旁摆摊的很少，两三个，这伙旅行团的游客不一会儿就把摊位上的东西抢购一空，贵的有虫草、天麻、雪茶、藏红花、松茸干片、核桃等。

5月27日，星期一，天气：晴

这段日子来，丽江来的游客较多，都讲着纳西语，很多都会要求减免门票。有时让我很难为难。一般他们来的人数都较多，7人以上；也有少数的。

6月9日，星期天，天气：多云

这几天的老外朋友很多，同为旅游者，可他们有天壤之别，一看就可知道他们的来头，衣物比较脏乱，背上大包小包，要么是徒步或坐客车、骑单车的稍好些。基本都是肥胖的老外肯定是较豪华的旅游团队，整个团队基本是有备而来。司机、陪同、导游、医务人员等。一般，这些游客的年龄偏大。有些旅行团人数很少，两三人一个团，他们买票从不讲价，就算上年纪的也都全票付钱，带着小孩的同样以成人票购买。

6月12日，星期三，天气：晴

今天来的游客很多，接近200人，特别是来自丽江的纳西族占到了一半以上。

7月7日，星期天，天气：多云

今天回单位上班，游客数有所增多，基本上都在100人左右，学生占了1/3的比例，家长领上上学的孩子出来玩的，自驾游的占多数。

7月8日，星期一，天气：多云

今天，我早早地起床，要在6点半以前赶到值班室开门，开始一天的工作。路上遇到了很多前往白水台烧香的，有些已经从白水台回来了。原来，今天是初一，农历六月初一。纳西族最讲究的是初一、十五两天，传统中吃斋饭的日子。这两天不能杀生，连一个鸡蛋都不能碰破壳，停止一切生意往来，不能扫地，往外倒垃圾、灶灰等。只要时间允许，老户人家都会安排一个人到白水台烧香、装圣水，采摘吉祥树枝或好看的花草带回家。

今天来的人特别多，八个自然社每社都有人来烧香。

附录1-3 四川俄亚大村日志（摘录，2013年2月）

瓜扎先生（原文为东巴文。记录、翻译），
和灿芬（记录），光映炯（整理）

初一，晚上天黑的时候才从扎可村到家，高吉家有个病人，请我去打卦，简单做了一些仪式，病人的病就好了。

初二，早上9点我到庄房开始赶猪、赶羊，11点来到俄亚大村，村里有一家请客举行订婚仪式，那天东巴有妄布、高土，仪式下午4点钟就结束了。晚上7点我去扎可村一户人家做上顶（顶灾）的仪式，总共念了11本经书，晚上10点结束仪式，11点到家。送东巴的有一升粮食、猪膘肉一圈。

初三，早上6点我去扎可村我弟弟阿普那家做修房子祈福的仪式，在火塘边烧了一个天香，那天刚开工，我做了一个顶天柱，下午9点我去了俄亚东子家，他们家第二天姑娘要嫁人，戈土跟我去了新郎家，新郎家的东巴叫尼次阿布，他念的经书共4本，下午5点仪式结束。送东巴一件麻布、猪膘肉一圈、猪腿一个、50块钱。下午6点结束仪式，晚上去克孜村，某家第二天要做的祭风仪式。

初四，早上六点，去克孜村做小祭风仪式，年若跟我一起，念了19本经书，仪式杀了一公鸡一母鸡，下午4点结束仪式，送东巴猪膘肉一圈、猪腿一个、鸡腿一个、"四春"（约两升）粮食、三斤酒。晚上7点到9点去阿普果家做上顶的仪式，东巴仅我一人，送东巴猪膘肉一圈、三春粮食、麻布一件。

初五，去扎可村阿普那家修房子，下午年若跟我一起去克孜某家，他们家第二天做"祭风"的仪式，头天要准备。

初六，早上六点开始做"祭风"仪式，仪式在下午3点结束，念了19本经书，杀了一公鸡一母鸡。送东巴猪膘肉一圈、鸡腿一个、猪腿一个、"四春"（约两升）粮食、一件麻布、三斤酒。下午到家后，就去村子里头戈吉家，他们家有病人需要打卦，做了一些简单的小仪式后，病人好了。

初七，早上去扎可村阿普那家帮忙修房子。

初八有过年仪式，一大早上起来在家里面烧香，剩下的时间就休息了。

初九，去扎可阿普那家修房子。

初十，下午去俄亚村里，我的嬢嬢生病了，我去看嬢嬢。

十一，没时间陪嬢嬢，村里某家要办喜酒，要选日子。

十二，扎可村修房子。

十三，还是去扎可村修房子。

十四，去俄亚去做客，当天主持婚礼仪式的东巴是高普跟阿普加若，当天村里阿普果家的英达度吉失踪了，当晚没找着。

十五，早上，失踪的人还是没找着，早上9点到俄亚村里做客，那天婚礼举行的是小仪式，戈土跟我一起主持，那天念的经书有《烧天香》《诉库》等3本经书。送了东巴猪膘肉一圈、猪腿一个、一件麻布、下午5点到家，村里失踪的人还没找到，晚上我去了他们家，找了一晚上，人还是没找到。

十六，一大早，我就去他们家阳台上烧天香，之后去俄亚东子家，去世的小孩满49天，要做一个叫"打主次"（经幡）的仪式。到东子家后，家人打电话说我的嬢嬢去世了，我先把东子家的仪式做完，然后去了我嬢嬢家，那天非常忙，两家都要做仪式。在东子家念的经书不多，只有4本，做完仪式后去了我的嬢嬢家，做"布可哎可"（献猪和鸡的牺牲）的仪式。念的经书共4本。做完仪式回村后去了英达度吉家，人还是没找到，到了晚上12点就休息了。

十七，一大早，我在英达度吉家阳台烧天香，喊了三声"英达度吉请你回来"，村人发现他死在山上了。烧完天香后，我去俄亚大村我嬢嬢家。那天举行叫"念窝"（超度）的仪式，那天的主东巴是章家窝古，念了10本经书，仪式在下午5点结束。仪式后村子里有人打电话说找到英达度吉的尸体，下午6点回到村里，先去英达度吉家商量如何把尸体运到家里。晚上下来嬢嬢家做长寿的仪式，念的经书共11本，仪式时杀了两头牛、一只绵羊、十六只山羊，下午六点钟结束仪式。仪式结束回村后去了阿普果家做"布可哎可"的仪式，念的经书共 26 本，仪式杀了一头猪一只鸡。

十八，孃孃家做开路的仪式，由戈徒主持，念的经书共 26 本，仪式杀了一头牛一只鸡。孃孃去世所有仪式杀的牲口有 4 头牛，1 只绵羊、31 只山羊、2 只鸡。送东巴 100 块，一牛腿、一羊腿，20 件麻布。下午 4 点上山，7 点回村。回村后去了阿普果家做"典舞"（超度非正常死亡）的仪式，仪式由宋佳扎挖主持，做仪式时我不在现场，我交代他要念 10 本经书，仪式杀了一头牛四只山羊。

十九，去阿普果家长寿仪式，大东巴由我来主持，念了 14 本经书，仪式杀了五只山羊，仪式在下午 9 点结束。

二十，去阿普果家做"兹克尼"的仪式，大东巴由大徒弟高土来主持，念的经书共 7 本，下午 8 点结束。仪式杀了一头牛，一只绵羊、两只山羊。

二十一，举行开路仪式，大东巴由瓦古来主持，共念了 29 本经书，仪式杀了 1 牛 1 鸡，阿普果家死人杀的牲口共三头牛、一只绵羊、23 只山羊、两只鸡，送东巴 1 牛腿、5 个羊腿、猪膘肉一圈、猪腿一个，100 块钱、17 件麻布。

二十二，做招魂仪式，有 4 个主东巴，念的经书共 4 本，仪式杀了一只山羊。送东巴猪膘肉一圈、猪腿一个、一件麻布。

二十三，家里有客人。

二十四，去扎可修房子。下午去东子家做"吃普"（送做祟鬼）的仪式，念的经书共 15 本，仪式用了一生蛋，到晚上 12 点才结束。送东巴有 3 舂（一升半）粮食、一件麻布。

二十五、二十六，去扎可家修房子。

二十七，给村里徒弟做挡口嘴的仪式，早上 9 点开始准备，跟我东巴有瓦日，瓦古三人，经书共 33 本，晚上 12 点才结束仪式，杀了一头羊，送东巴的有 3 捡麻布、猪膘肉一圈、猪腿一个、羊腿一个、二十块钱。

二十八、二十九，去扎可村修房子。二十九下午，克孜村有人来家打卦，家里儿子生病、打卦出来的结果是我让他们做一个"小祭风""挡口嘴"还有"吃普"的仪式。晚上村里戈吉家有人生病，去他家做了一些小仪式，喝酒吃饭没礼物。

附录1-4　四川俄亚大村东巴文日志（部分，2013年）

瓜扎先生（记录），光映炯（扫描）

附录1 日志

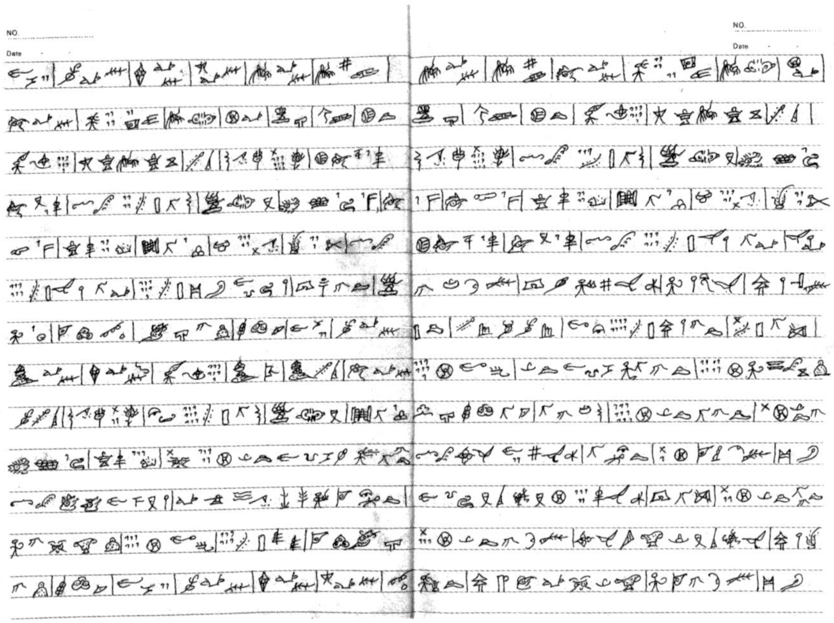

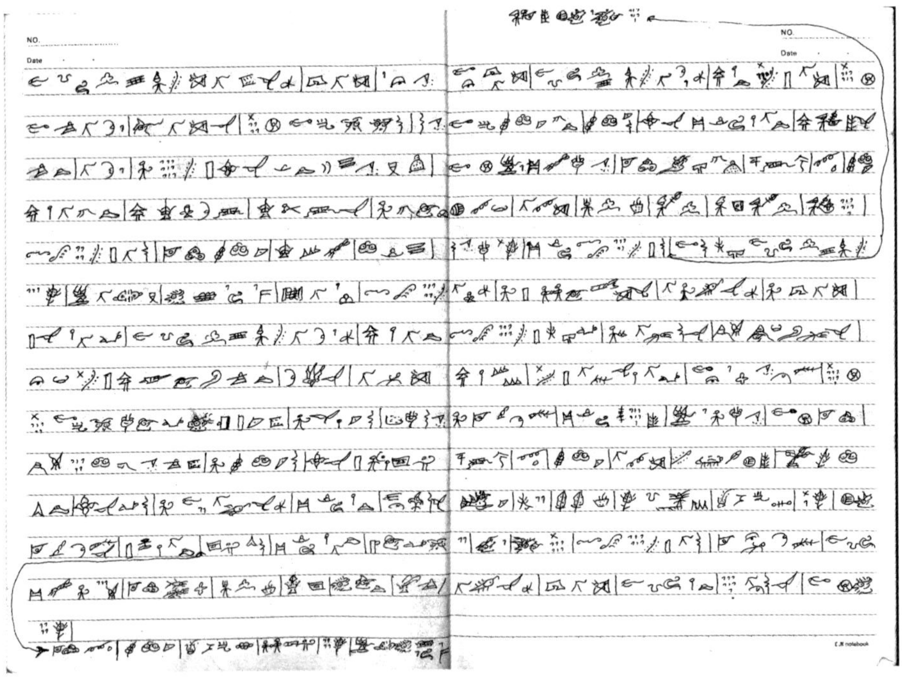

附录1 日志

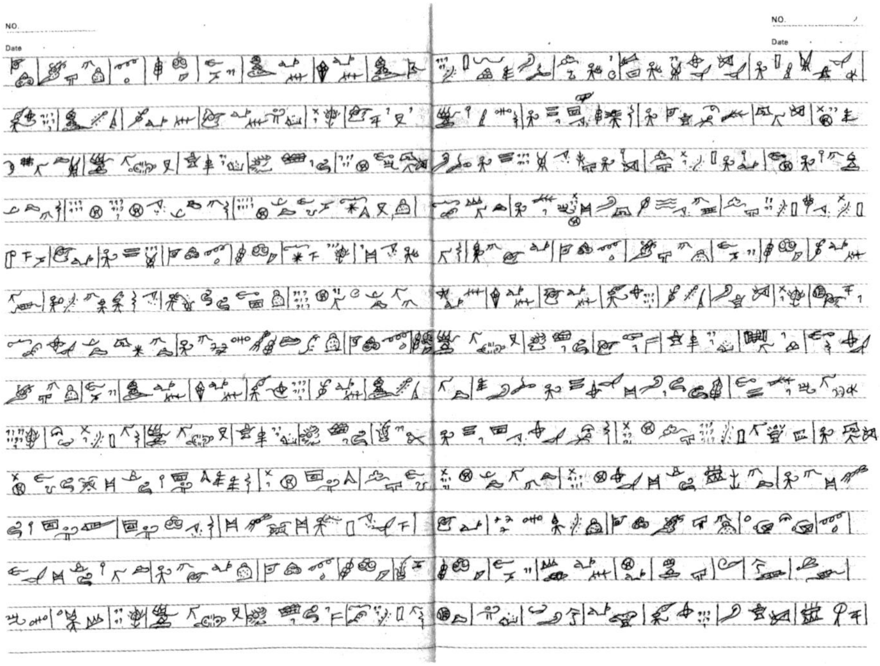
NO.
Date
NO.
Date

附录 2

调查笔记

附录 2-1　丽江玉水寨东巴文化传承院顶灾仪式调查笔记（2012 年）

图 1

时间：2012 年 7 月 23 日（农历六月初五日）上午 9 点半到下午 2 点半

含义：原在民间是根据需要而祭祀，因 6 月是洪灾、旱灾等多发季节，而选此活动。正值今年 7 月 21 日北京洪灾的灾害，所以在祭祀时，一起念诵。

禁忌：要选自家的土鸡，才灵。（这天的鸡，是从市场上买的。对颜色没有特殊要求）

准备工作：

1. 祭祀用的食物

公鸡一只。猪肉一块（3 斤左右）。鸡蛋一个。

米、酒、炒面、盐、苦荞爆花（黑色的食品，施给鬼的）。

图 2

2. 祭祀用的特殊物品

旗，绵纸所做，白色、彩色的都可以，包括两种。

这天做的是小祭祀，所以祭神用 3 面，祭鬼用 12 面，用的是白色，没有搭神台。

3. 祭祀用的树枝：白杨、艾蒿、松枝、冷杉、柳树、杜鹃树

4. 祭祀用的法器等：海螺、锣、板铃、鼓和经书

程序：

1. 玉水缘敲鼓，请神

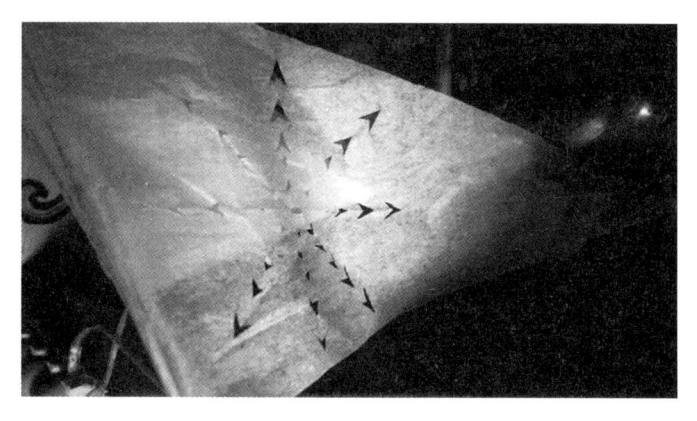

图 3

说明：上图：祭神的 $a^{24}la^{24}thi^{33}$，一般 3 至 5 面都可以，三面表示上、中、下，五面表示五方，东、南、西、北、中。

下图：祭鬼的 $tshi^{24}thei^{33}$，12 面，根据祭场大小而定。两种旗的图案不同，以前的规矩就是这样的，也没有什么说法。

2. 布置道场
3. 除秽，将除秽的树枝（冷杉、杜鹃、艾蒿）先点燃房子祭场的外边。
4. 插神旗
5. 念经（先后念诵的经书）：

念经人：杨学红、杨玉勋、和国伟、杨勋、杨学胜、和学武

《烧香经》（杨学红），在天香塔上香，敲鼓、吹海螺。

《除秽经》，要除去各种污秽，各种自然灾害等。在鬼寨旁念诵，摇板铃

图 4

说明：左图为鬼寨。后方的高树枝是白杨树，两边有柳树，周边插上小树枝，连同白色的鬼旗，代表鬼神。中间的是用（生）鸡蛋表示各种灾害，要将各种灾害顶上去。（鸡蛋在竹棍上很危险，一旦下来就成为灾害。也寓意要居危思安。）鬼寨前面的两块石头，代表门神守卫鬼寨不准鬼过来，石头下压着松枝、杜鹃与艾蒿。前方的两根长竹棍是穿鬼用的。

右图为 ti^{33} 鬼台。是吃素的鬼，献的是炒面和盐。

图 5

图 6

图 7

《开坛经》，说明今天的顶灾仪式要做什么。在天香塔边上念诵，摇板铃，敲锣

《请神经》，请路神。在天香塔边上念诵，吹海螺，摇板铃。献五谷、酒、酥油、茶叶、米等。（献几次）

《求降威灵经》，请求神的威灵下降。在天香塔边上念诵，摇板铃。献五谷、酒、米等。

《退送经》，将鬼神送走。在鬼寨旁念诵，摇板铃

6. 祭献鬼神（《退送经前》）

献鬼神的程序（共六次）：献血、献毛、献汤、献肉饭、献肚杂、献洗碗水

图 8

图 9

7. 退送鬼神

"不准鬼回来"

图 10

8. 下午 2:30：吃饭

"将神喂饱、将鬼喂饱，最后，人才吃饭。还要把鬼送走，把经念完，不然不得"。

附录 2-2　白地纳西族（农历）节日调查笔记（2014 年）
——以白地古都村为例

一月："yer-bei, zi-zi" 一月，过年

初一凌晨烧香、拜年，初二上白水台野炊，初三，远亲戚拜年。初四，普渡祭天，有些家族会祭祖，19 户。初五骑马，是马的节日，给马吃好的，并梳洗打扮戴上马鞍，到路上兜一圈儿（因为修了公路，现在很少骑马了）。初六，祭祖，ru-bu，祭远祖。初七，祭祖，阿普阿兹 bu，祭爷爷奶奶。初八，kang-zi，祭皇帝。初九，古徐祭天，人多，43 户老

户过，新户可过可不过。十五元宵节（从十六开始出工）。十八、十九、二十三天到自家田地祭地神，祈求能有一个好收成。十九、二十放牲口，放牧人的节日（到山上放牧要祭祀山神，每座山上都有烧香台，祈求山神保佑牲口，不要把狼虎之类的动物放出来），这一天每家每户都要为自家请的放牧人煮肉、煮饭。

二月："hen-zi"。Mu-bu，祭天。

初六，准备，春饵块，东巴画木牌画等；初七（最大的节日）祭天，古都村全部村民上白水台，祭自然神等；分祭天猪，进行家祭、村祭。初八，吴树湾村全部村民上白水台跳阿卡巴拉舞，物资交流等。

五月：初五端午节 wa-mei，五月，"mu-wa-ni"。

用灶灰围着房屋外围撒上一圈儿，其用意为防虫。每人带花环，找一棵老树挂上，把病痛灾难寄托给树。（传说，在五月初五这一天，龙王在赶集的时候与一位算命先生相遇，算命先生问龙王今年雨水的安排，龙王说城外下九阵雨，城内下三阵雨，算命先生觉得其算的内容被龙王说中，便将龙王杀掉，从此人们便在五月初五这一天纪念龙王。）

六月：二十四，二十五，二十六火把节。

二十四，彝族、山上的牧民过火把节。二十五在家过火把节，杀羊或猪。彝族的节日，也过"se-e"。二十六上白水台野炊。二十七。三天都点火把，三坝三天分别点 12、6、3 支的松明火把，过去还要拿木粉打，赶鬼的。把传染病，风灾等赶出去，过去有大仪式，现在都没有了。

七月：十五赛歌会或敬酒会，"san-mei，七月 cu-gu-ru"，楼上坐。

现在只有水甲村还在组织敬酒会。（由来：以前的人没有布，六七月份的时候，男子在离家几百里地的地方去采摘用于制作麻布的火草叶，回家后将其浸在水里剥皮，取其中的线，再将线与线相连，由于过程过于繁重，人们便以聊天和唱歌来打发，久而久之便成了一个人们相聚的节日。现在由于经济的发展，不再需要自己制布，所以赛歌会这一传统也渐渐消失了。）七月的小祭天现在也不办了。不过了。

八月："八月十五"。Hua-mei，八月

十五中秋节，自家烤月饼，没有模子，馅多为核桃仁之类的。中秋节也可以说是"水果节"，大部分水果都已成熟，用水果祭神，向月亮磕头烧香许愿。

十月：cei-mei，"hen-na"，最黑暗的一个月。鬼的节日

（纳西族最讲究的一个月）十月份是专门祭奠死者的一个月，绿色的植物不能带回家（九月采好），不兴动土木，不能挖地基。前一年十一月到下一年十月之间过世的人，在十月份要请东巴重新进行超度，认为这些人虽然已经火化，但灵魂尚在家中，必须再次超度，送去天堂，这项活动一般是在二十日以前举行。现在禁忌尚存，但大概从三十年前开始纳西族就已不再在十月举行再次的超度。

十一月：cei-de，杀年猪，动土木，进入冬天。

十二月：da-wa，"na-du"，三十。做过年的准备。

二十六、二十七，春饵块，准备年货，二十八杀猪。三十早上天还没亮就开始打扫卫生，贴门联和门神，放鞭炮。晚饭做十二道菜（代表十二个月），饭吃得越早越好，三四点就开始，饭后全村聚在一起唱歌跳舞，累了饿了再回家吃饭。三十晚上凌晨十二点去白水台烧香（以前没有钟的时候是根据鸡叫的时间），还会有烧火、喝酒之类的活动。天亮就回家，早上要到水井打水（即使家有自来水），因为据说每到新年水井的水是会自己更换的，这就是大自然的神奇。河水也是如此，会在大年三十到初一的某个时辰它的水也会更换，如果有幸可以打到更换的第一桶水，来年就会有数不尽的好运和财富。

附录 2-3 四川俄亚大村一年的节日/仪式调查笔记（2015 年）

俄亚大村一年中相对固定的祭仪、仪式很少，一月过新年，二月祭山神，三月祭山神，六月祭祖先，十一月祭祖先，十二月给牲口过年，最隆重的节日主要有新年等。

概述

新年一般要持续四天，从头一年三十到大年初三，而大年初一是最隆重的一天。十二月三十日（Ladu）这天是除夕，村民要除尘，洗头，洗澡，挂年画，祭十八路神，请东巴念"素库"仪式。大年初一（Cuoduodili），是新一年的开始，要到烧香台去念经、烧天香、拴卡达、喝黄酒、转山、唱喂蒙达、赛马，初二、初三也去烧香台。俄亚大村主要有两个祭天群:"普渡"与"古徐",分别有两个烧香台,"文革"后没有了祭天的习俗,而烧香台却一直保留并沿用至今。过年时,不同的家族分别去各自的烧香台敬香。二月初八(Heishu,又有人说是星宿节,touyiwei)是祭山神的日子,要烧香,不准杀牲。这天还要祭三个神,分别是heishu、sanduo、jianhua(城隍的音译),这三个神都是丽江三个村的神,对应的是"白沙"(beishie)、"丽江"(gubei)、"束河"(xiawu)三个地方。固定祭祀这三个神的只有在二月初八,而现在每天都要祭这三个神。三月初三(zhibei)也是祭山神的节日。过去,祭山和祭天的东巴是同一个,现在没有这种区别了。六月(初一,以前)初十二(Cibei)是祭祖先的日子,要杀猪,吃黄酒、喝茶。还要去娘家敬酒、请亲戚吃饭。十一月初二(Cibei)也是祭祖先的日子,与六月的活动是一样的。十二月初十三(Geizhi)是"给牲口过年吃饭"的日子。要持续三天,还要到庄房过一天。过去,还要集中吃饭。这天不能杀牲,也不能碰鸡蛋。十二月二十八是"Tage-lege"的时间,即给小孩子行穿裙子和穿裤子的仪式。之后,就到新年了。

穿裙子礼、穿裤子礼(2015年)

在过年之前的两三天是"tage-lege"(穿裙子、穿裤子)的日子,休息一天后就是迎接新年的开始,也寓意着他们长大成人并将迎接新的一年。

俄亚大村的小孩平常都不过生日,所以穿裤子、穿裙子的这天就是小孩子最喜欢、最高兴的日子。小孩子长到13岁(虚岁,本命年的那一年)左右就要行穿裙子礼或穿裤子礼。可以提前举行,但不能推后。提前的情况一般有两种,一种是行礼时,小孩子的属相与家里人有相冲时就要提前一年。还有一种就是,家里希望小孩能早为家里分担家务时要提前举行。

仪式一般要由本家族的东巴来主持,由家中属相合的同性别年长者为小孩子穿裙子或穿裤子,同时宴请家族的成员,来祝贺的人要给一些礼物。每年都至少有十来个孩子要经历这样的仪式,这样的习俗世代相传。

过去,父母要给女孩子甚至几年前就要准备传统的火草制成的裙子或裤子,现在大多是由麻制成。在举行仪式的头一天,父母就要做好各种安排,要请好家族中的东巴,有时家族中举行仪式的孩子较多,就去抢东巴，或请了住在自己家，或者说好仪式当天天不亮时就去将东巴请过来。还要请好家族中属相合的年长者来担任穿裙子或穿裤子的那个人，若是女孩要请女性，若是男孩则请男性。这天不准骂小孩，不说不吉利的话。

天还未亮，家里人做好各种准备，然后请来东巴坐到火塘边，属相合的人也来到家里，就可以开始整个仪式了。先是东巴念经，家里用柏枝等除秽。然后，小孩站在米袋上，因2015年属羊，所以站在白色的米袋上，属相合的人给小孩先穿事先准备好的裙子或裤子，然后穿上上衣、鞋子、头饰及各种配饰，家里人吹响海螺，东巴、属相合的人、家里的老人为小孩系上白色卡达。小孩向老人磕头后，就可接受亲朋好友的礼物了。然后，小孩向东巴、属相合的人敬酒，招待客人吃早饭了。鸡蛋、夏达汤和香肠、勒骨、米灌肠等都是这天必须要准备的食物。

孩子的"成人礼"是一个重要的社交场合。送来的贺礼大都是一块自纺的麻布或者一块腊肉，主人家则回敬早已准备好的"份饭"①。对俄亚的纳西族人来讲，"成人礼"意味着责任，不仅是长大成人的宣示，也是对家族和种族的责任。

仪式时，裙子或裤子是俄亚的传统服饰，而举行完仪式后则可以换新装，女孩子换上永宁摩梭人的裙子，男孩子换上木里藏族的楚巴，女子胸前戴"格呜"，男子则佩带藏刀。据说，这种习俗的改变从20世纪80年后开始直至现在。

过年（2015年）

大年三十这天，家里人要将大堂打扫干净，然后请家族里的东巴来祭十八路神。东巴在家里念经，要敬素神，用三个核桃、一碟酸菜、小麦献给素神；还要用一碗酒、一碗茶、一碗大麦面、小麦面、柏树叶、茶、酥油、黄酒、蜂蜜的混成物，将这些干净的物品敬给山神、水神。

初一这天早上是烧香、拜年。烧香是先在家里举行，然后到大村背后山上的烧香台去，去烧香台烧香时每家都要有代表。一般是先给女方家的老人拜年，给老人带麻布衣服、裤子、猪腿肉、前腿、猪膘肉等。近年来衣服多为汉族的衣服、裤子等。全家都要身着新衣去拜年，小孩给老人拜年，老人给压岁钱。以前也给，给银子，给男人送麻布、给女人送猪膘

---

① 《俄亚，古代社会的活化石》，《凉山日报》2012年4月7日。

肉。然后就要到烧香台准备，每家都要将事先准备好的竹子、杜鹃、松叶、柏枝，以及黄酒、卡达线等带上烧香台。一般来说，从大年初一到初三，村里人可以随便哪天去，而哪天去都要看属相，属相合的那天就去。以 2015 年为例，这年属羊年，初一属兔，初二属龙，初三属蛇，这三天凡是与之相合的人都可以去。而属相不合的则只能在初三那天去，如蛇、鸡、牛、狗等。当然，最近几年来这样的禁忌也没有过去那么严格了。

过去，每到初三这天就要到大村的三岔路口处去唱喂蒙达、跳笛子舞、金搓搓、葫芦笙，高高兴兴跳一天。现在没有比较大的空地，也就没有跳舞了。烧香时有很多禁忌，如不能往上看，不能哭、不能掉东西等。

整个仪式由村里的大东巴来主持。主祭东巴到达后开始做准备，山神的坐骑是虎，先将虎的图片放上，挂上经幡，将经书拿出、东巴画挂上，除秽、烧天香，吹响海螺，就开始举行仪式了。

东巴先带领着大家跪拜、转烧香台，口念"Aseli"，将橘子、梨、虾片、肉等放在天香台上，酒、大麦、大米、菊花叶全部放在火中。东巴又带领着几位年轻东巴念经书，每家都有一个代表手拿长竹，祈求长命百岁，保佑一年平安健康，插在天香台上。在烧香时，东巴又在烧香台旁边放上了两张图片，一张是毛主席的图片，另一张是习主席的图片。然后，东巴带领大家用黄酒、柏枝祭山神，举行加威灵仪式。

接下来，女人跪在主祭东巴面前用黄酒先敬东巴，说吉利话；女人起立与他人敬酒，然后大家就开始一起喝黄酒，"大家高高兴兴一起喝"。在高兴之后，东巴带领着一队人进行喊魂。有人手捧大麦，有人拿着刀向着烧香台相反的方向压仇人，放鞭炮，撵走一切的不吉利。

然后，请东巴拴卡达。与羊的属相相配的是白色，但今年有拴白色的，也有拴其他黄色、红色、紫色等，必须跪着，请东巴拴。小孩头一次拴，必须看颜色。村里全部人的卡达都由主祭东巴拴，而东巴的卡达则是有村里属相合的年长者为其举行，不用跪。

大家要再次跪拜，转烧香台。这次从左往右转烧香台时，要牵着马，往烧香台上丢玉米、大麦、大米。口念"Hajialong"（藏语），吉祥的意思。最后，再跪拜后大家一起唱起了喂蒙达，赛马、玩游戏，一起娱乐。

附录2-4 四川达祖的人生四礼（2016年）

在达祖纳西的生活中，取名礼、成年礼、婚礼和葬礼的人生四礼都要请东巴来念经举行仪式。成年礼和摩梭很相近，下面三种仪式是笔者亲自所见。

取名仪式

在小孩子满月后三天举行，是一位小女孩，请来了东巴，小女孩的干妈，就是家中属相与小孩子合的人，这次是小孩子爹的姐姐为干妈，还要请客。东巴开始主持仪式时，小女孩的妈妈、干妈都要在场。除秽、念经，老东巴给小孩取名为"杨科米"，然后给妈妈、干妈、小女孩头顶抹酥油，还要把酥油抹在家里的女柱、门楣上。接着是用鸡头卜卦，看小孩的命。

婚礼

特别是达祖纳西人的婚礼更深深地体现着纳西文化、东巴文化的内核。达祖纳西人的婚姻实行一夫一妻。过去，一般在村内"开亲"（通婚），一般是与斯汝以外的男女交朋友，谈情说爱，结婚；同斯汝是不能通婚的。现在，也有达祖纳西与周边的藏族、彝族和汉族等"开亲"的现象。在达祖村至今仍有两兄弟和两姊妹结婚后不分家的现象，分家的也是在子女长大后才分家。如阿塔家至今未分，有10多人住在一起。

过去，婚姻是媒妁说亲，父母包办。由于是父母包办，后来出现了一些离婚的，所以现在很少父母包办而自由恋爱结婚的越来越多。近年来，有少数年轻人也开始像汉族那样照婚纱照。现在的婚礼仪式一般有三天，第一天新娘家准备，第二天新郎、新娘家都要准备，下午男方要来"说聘"，第三天男方家的女眷来接亲。为了便于记录和描述，以时间天为单位展开。

第一天，准备，新娘家准备第二天要招待斯汝的饭菜，请亲朋好友帮忙来一起做。

第二天，过礼。斯汝家的人必须前去帮忙。在新郎家，杀牛、掏心、意味着掏心掏肺，坦诚相见。还要杀猪，准备新房，也就是新郎家的一间房准备一下。稍后，由大舅舅或大娘娘备酒后送到新娘家。一般由新郎的姊妹背酒送到新娘家。东巴做准备，用青冈树、柏枝、松枝各三根还有三小根木头，中间划一下，还有木圈子（木手镯）放在用牛油垫底的盛有麦子的箩里，放在神柜上层的毛毯上放三天，牛油三天后分成三分给东巴。另外，还有一个盘子盛放象征家神的用酥油装饰的糌粑。新郎点酥油灯后，东巴就开始念经了。在祖母房首先开始除秽，由长者洒水清洁祖母房。稍后，新郎家的众长辈，特别是叔叔们先坐下，新娘的父亲，及其舅舅等长辈、哥哥、兄弟们依次坐好，听着念经声，吹响海螺，直到经书除秽、素库等经书念完。然后，新郎家要招待众人早饭。稍事休息后，新郎家要招待亲友吃午饭。要服侍好，服侍不好的情况可以"吵架"。婚礼中，中饭必吃夏达汤，即用最瘦的牛肉伴着生姜、蒜、陈皮、芫荽等物剁熟再加入白酒、水成为红红的美味汤。

待到 2 点半左右，媒人带着新郎方的七位小伙子带着彩礼来到新娘家下聘、说媒。媒人一般由男方斯汝家的，儿女齐全的，家顺的人担任。端来的礼物有钱（现在是几百到几千元不等）、烟叶、烟、酒、布匹、衣服及刀等，布匹给新娘的爸爸、妈妈，刀给新娘的表兄弟。而祖母房中已坐满东巴、新娘家的叔叔们、舅舅们，新娘家的全体斯汝 50 多人全部坐在房屋中间。进门后即开始最有意思的一段"辩论"。媒人一进门便下跪说明来意，媒人要磕头，向着山神菩萨、达祖托莱安、大水井、不在的老人磕头。而后，新娘的大叔叔说话、大东巴说话及众叔叔们说话，要"丑话说在前"。因纳西人有男为大，房中坐着的全部是男性，场面很壮观，只有个别女性偶尔去倒水、帮忙的。而叔叔们说的话无非就是要请媒人进行传话，对新娘和新郎进行教育，成家以后凡事互相要多忍让，组建一个好家庭等，而媒人则一直站着回应着长辈们的"训话"，教育新人。据说，在过去也有在此场合直接进行"反对"的，而媒人则要能言善道，进行回应；而现在大多就是一个仪式，因自由恋爱的越来越多，也就没有了"反对"。长辈说完话，七个小伙子即带着聘礼进房中放下，东巴念念有词。整个过程结束后，媒人和小伙子出门，而新娘家的伙伴则手拿早已准备好的松针戳这八位。大家在笑声中坐入酒席开始宴席，而后离去。男子用过宴席后全村人就陆续将鸡蛋、玉米、粮食等礼物送来，或者帮忙，一起用餐，就是礼尚往来的一场交流。下午的活动就暂告一段。晚上，在新娘家准备小型晚会。

第三天，接亲。天未亮，4点左右，三位东巴就来到男方家开始念经。男方家就要安排年轻人吹起海螺，南方家的女性代表去女方接新娘。这时，新郎换上藏族的楚巴。新娘和父母告别后就跟着过来了。而男方家要不断吹海螺表示喊新娘回家了。当新娘和女伴到男方家祖母屋门口时，没穿新衣，头顶毛毡。进屋前，把门关上，要"刁难"新娘。男方家要将青稞面和白面粉混合物撒向新娘，寓意"白头偕老"。而同伴们通常也都会被撒得一身白粉，新娘在大家的笑声中进入祖母屋。东巴又开始念经。进屋后，新娘要坐上一块下面垫有带棘树枝和石头的毛毡上，暗示要勤劳，不能舒服享受，还表示清除沿途可能沾染的污秽和鬼。然后姑妈带着两位新人敬家神。仪式过后，新娘和伴娘就要去附近自家的亲戚家化妆、穿上新衣、吃早饭。

需要注意，新娘换上的是摩梭人的服装，而伴娘穿的是藏装，说是"方便点"。而男方家的叔叔们、伯伯们、舅舅们相继来到祖母屋中坐下，也有五六十人，准备举行仪式。一旁，厨房的总厨要准备好分发给各位亲戚的坨坨肉（猪肉或羊肉，猪肉与招待客人吃的不同，要小一些），不同的长辈和亲戚分到的猪肉是不同的。分的肉是有讲究的。长辈们分得的肉必须带骨头，大骨必须给长辈，肋骨给新娘的兄弟们，还有小骨和不带骨头的依次分给亲戚们，主要依据与新娘的亲疏关系来定。肩胛骨最重要，一部分分给新娘的父亲，另一部分给大东巴进行占卜。

各项准备工作做好，已有8点了，新郎和新娘就一起进入祖母屋，这时新人要一起向各位长辈磕头，然后是老东巴和新郎家最大的长辈讲话并送上祝福，递上哈达，新娘的父亲也要献哈达。东巴则把大家送来的哈达连带祝福一起送给新人。而后，众亲戚送礼钱，新郎家将分好的猪肉送出，新郎家的女性长辈则送上手镯、项链等礼物给新娘。整个仪式之后，就是新人敬酒，亲戚吃喜宴直到中午。先是祖母屋中的长辈们吃饭，才是其他亲戚来吃饭。席间，亲戚还唱上祝酒歌。晚上，几乎全村的人都来到舞场，一起举行联欢晚会。新郎和新娘点上篝火开始晚会，亲戚们都来表演节目，达祖歌舞队的表演者也表演节目；而游客则可以免费观看节目，好不热闹。据说，新娘要在男方家中神龛前睡三个晚上。

第四天早上，三位东巴又来到新郎家念经。整个结婚仪式才算完毕。而整个仪式过程中斯汝和家族的概念深深地贯穿其中，若是某一亲戚没有来婚礼帮忙，以后在村子里就会难再从亲戚中获得帮助。而整个婚礼中比较感动人的场景是，一个大家族的男亲戚们坐在一起，祝福新人。

葬礼

纳西的丧葬实行的是火葬。人一死就要请僧侣、东巴来家里念经，斯汝准备洗尸、裹尸，用麻布将尸体捆成婴儿式的蜷缩状，埋在生死门里的地下。埋的时间长短不一，最长有20多天。这次的葬礼因人是在过年前生病去世的，就埋了从大年三十到初九整十天。初九的年一过完，就开始准备葬礼了。

第一天，准备。请东巴、大师念经。选合适的时间，东巴3位，僧侣有9位，这次除了本村的五位僧侣外，还从四川前所寺请来了四位大师一同念经。东巴们、僧侣们分别念经。东巴在祖母房、僧侣在另一置办成经堂式的房间念经。他们在念重要经书时要穿法衣，东巴则不一定，但在跳东巴舞或重要仪式时必须穿。先做好各种准备工作，包括面偶、各种供品。村里人要来祭奠，丧家要招待这些人三餐酒饭。丧家要隆重招待宾客，一般由斯汝准备一日三餐。这次是丧家准备早餐，其余两家准备午餐和晚餐。

第二天，是拴牛角的时间。请东巴念经，用麻线将牛角拴上引导到"瓜慈"，意思是将牛"打发"（送）给死者。拴牛角的时候还要吹响唢呐。一般是去盐源县请吹唢呐者。

第三天早上，大师、东巴继续念经。中午东巴念经时，由斯汝将尸体从生死门里取出，放在"瓜慈"里面（放的时间根据死者死的时间由东巴算了后而定），也就是一个木制"小房子"。稍后，亲属在"瓜慈"前跪着，东巴边念经，斯汝长者边发"丧帕"，一般发给儿女、孙辈及同斯汝的晚辈。午餐后，东巴要念开路经，然后3点左右举行洗马仪式。

洗马仪式由东巴主持，准备了四匹马，本家的牵一匹走在前，选最好的衣帽、褥垫和马鞍等，有两个穿牛皮衣的"将军"在前，手持大刀，大家在东巴的诵经声中走出路口，骑马者在最前，将军在其后，由东巴念经、跳舞，马由骑马者骑到第二天烧尸场顺时针，绕三圈，让马摇抖，直到马回来后东巴再念经，整个过程才告一段落。

晚上，东巴和僧侣的念经不断。斯汝要守夜，打扮好的将军要跳撵鬼舞。一般有四家人在跳，不同的斯汝家有的跳得就好看，有的斯汝家跳得就不好看，简单了点（撵鬼，娱己）。一般，东巴还要跳东巴舞，跳喔热热。

第四天，火葬。黎明之前，"瓜慈"被抬到火化场，有专人牵匹带鞍的马在灵柩前引路，将军同样要穿着牛皮衣护送。东巴将尸体送出家门，大师们先到山上念经，准备。将"瓜慈"抬出路口，要由东巴在前，跳着东巴舞，来帮忙的准备好白布长条，斯汝们将"瓜慈"抬出，将白布长条拴在"瓜慈"上送出，要在每位子女前过一次。走到路口时，子女和至亲亲属在"瓜慈"下排队弓腰，斯汝们将"瓜慈"从背上依次抬着经过，意思是用晚辈的身躯给死者搭桥铺路，还死者恩情。男人们就将"瓜慈"抬上烧尸场，女人们可去也可不去，但子女不上山。

大家抬着"瓜慈"走老路，丧葬仪式必走的路，将尸体抬至山上。僧侣已穿好法衣念经，这次有六位，另有一位助手。斯汝们边将尸体由"瓜慈"中取出放在事先已搭好的火葬台中，准备火葬。由主持者扎西大师念完经后点第一把火，斯汝家的其他人将准备好的火把与尸体一起点燃。开始火葬后，来帮忙的人们就下山，下山时随手摘下路边的树条编成手镯放中一个地方，意思是送给死者的礼物，让他一路走好。同时，在旁边用杜鹃枝等进行火熏除秽，绕火堆顺时针三圈，口中念念有词，将不好的东西撵走，然后就回到丧家。而家中另外还有两位喇嘛准备随后要念经书所需的面偶等工作。中午继续念经为死者超度。另外，在火葬时还要用鸡陪葬，夫死用母鸡，妻死用公鸡进行祭奠，这次用的母鸡陪祭，其实就是将母鸡放至山上。

第五天，火化后的次日，同斯汝的代表和死者的儿子共3—5人要捡尸骨装到瓶或罐里，送到该斯汝的坟地掩埋。火葬场过去没有小罐，现在有简单弄一些。

附录 3

访谈记录

附录 3-1　丽江东巴文化研究院和先生访谈记录[①]

访谈对象：和先生，男
访谈时间：2012 年 7 月、8 月
访谈地点：丽江新主等地
访谈人员：光映炯、徐菡
记录、整理：光映炯

问：和老师，您好！虽然我们都常听说"东巴文化"一词，但还是先请您再说一下"东巴文化"的提出与含义。

答："东巴文化"，是 20 世纪 80 年代提出的。1981 年，"东巴文化研究室"成立，1983 年召开了"东巴、达巴座谈会"，后来又出了《东巴文化论集》。对东巴文化的研究，在西方早已有，大概从 1867 年就开始，至今已有 145 年的研究历史了。对"东巴文化"的研究，最早主要是一些汉学家和藏学家，汉学研究主要集中于对东巴文的文字性研究，而藏学研究主要侧重于东巴教与苯教的关系研究，等等。巴克的《摩梭研究》，是真正第一本研究东巴文化的专著。后来，国外的洛克、昆亭·罗斯福，国内的陶云逵、傅懋勣、李霖灿等，也都进行了大量的研究，并取得了很多学术性的进展。

问："文革"期间，东巴文化的发展受到了相当大的影响，那现在的

[①] 根据笔者 2012 年 7 月、8 月与和先生的两次访谈记录整理而成。

这些变化又有哪些呢？

答：在"文革"的时候，东巴经书都被烧掉的太多了。以前的东巴经书很漂亮，没有像现在有的地方用绵纸，而是用东巴纸，有韧性，还可作风箱叶。当时，有的经书被藏到墙土基缝里才得以保留下来。当时，已经是完全中断了。

但外公是东巴，奶奶也是非常优秀的民间歌手，"年轻时候没有输给任何人的"，我受到很多的影响。外公的父亲长期在束河，既是东巴，又是医生，那时的房子划给了生产队，手里没有任何一片经书，只得到些"知识"：什么时候应该做，要做什么。后来，我从东巴文化研究所和调查中学习到的更多的东西。1998年，我在贵峰创办了丽江纳西文化传习馆，2000年恢复了祭天仪式，开始培养祭天文化传承人。祭天仪式，对纳西族来说是非常重要的一个仪式。祭天仪式的过程，根据祭天群的不同而不同的，这个群体以血缘关系为群体；有时也是村落性的。祭天仪式，在（20世纪）50年代后停止，80年代才恢复了部分，90年代的时候部分地区开始做，到2002年后才逐渐恢复传承。所以有人说，"声音"回来了，文化又回来了，又回到了民间。

事实上，在整个纳西族地区，呼声最高的"祭天"是最有可能恢复的仪式。它有敬畏自然、崇拜自然的内容，强调人与自然和谐相处，与现代社会的思想同步，具有很强的人文思想，首先可以选择。就像把东巴文化作为遗产进行申报和保护，民间需要这样的祭祀。培养这些人才，这就是东巴文化传承中必须的内容，可以把它作为主要内容进行传承，而且（仪式的）可行性都要考虑。

问：东巴，在民间有智者的意思。东巴文化的恢复，重要的就是培养东巴的传承人。那么哪些可以被选为东巴，条件是什么？

答：我曾在香格里拉白地做过加持仪式。那就是民间考核的方式，是以问答式的形式进行的。老师会给我一张字条，上边写着我是怎样取得名字（法名）的；然后，从自己胸前的串珠上取出两颗法珠挂在年轻东巴的身上，每人都有自己的经书。我的经书，是从中甸某一东巴传抄下来的，在丽江是没有的。

一般来说，主要是根脉、血脉上的世袭。但是，民间也有拜师学艺的。如果没有根脉或血脉上的渊源，（感觉）就要差一点。现在一般都没有太多的条件，完全是自愿的基础。当然，要成功的话，也需要具备一些好的条件，如好的记忆力；像舞蹈、诵唱等的传承，也都靠灵性，不是靠整天在耳边反复。我的老师和学文，在丽江盆地跳舞蹈很好的一位，我跟着他学习跳舞蹈的，他对学生很好，但只教一遍，就去坐在火塘边。然后，去恳求他教第二遍，教完就再也不教了。

问：现在，民间还有东巴信仰吗？

答：塔城那个地方，信仰还在。不用安排什么时间，能坚持传统，什么时候做，人们都知道。祭祀中，最后要公布占卜结果，好的就是好，不好的就是不好，要说实话，不能说假话。人相信你，就请你。祭祀要求得平安，财力的不同，仪式不同。也有"变"的地方，有简化。前年，泉水眼不好了，进行了祭自然神的仪式。因为很长时间没有做，所以（仪式的）全部（内容都要）做，不能省略，凌晨5点做完。去年，情况就好了。

还记得，和学文老东巴的丧葬仪式上，要用法器，但若敲鼓的话，旁边待客摆酒席的就会有影响，大家都会来看，所以，待客完才允许展开祭仪。他们还要上山土葬，只有一个小时的时间做仪式了，抱一摞，把平时要紧的念完，送完神。第二天回来后，写了一本经书，这本经书以前不曾有，现在浓缩地做，成为简本经书，经书可由东巴创造，这本书还没有给其他人用过。现在准备做20本经书，浓缩版的，放在村里，为人民服务，但没有推广，社会在变，我们也要变，要延承传统不变是很难的，这个工作需要冒险，现也有呼吁的呼声了，只有掌握全部，才有浓缩的可能。过去的丧葬仪式有三天的，两天两夜的，一天一夜的，现在改变了，所以本子也要改变。

问：您在东巴文化的保护与传承工作中，总是亲力亲为，在很多培训地都能见到您的身影，不仅进行课堂授课，也带着学员们念经、跳（东巴）舞。您既是学者，又是东巴。民间有人称您为"专家东巴""学者东巴"，您是如何看待您这种身份的特殊性和意义？

答：我是全身心的投入。我对民族怀有感情，自不用说。我是有责任地在做事情。一个人在社会上的作用与某种判定，主要就来自社会。杨副市长说，"和老师，是把论文写在纳西族的田野里，写在纳西族东巴的村寨里，这是对你最高的评价了。"这是别人怎样看我。但说实在话，我具备的条件，其他人是没有的。先天的条件很好，感受力和接受力也很快，现在学校的那些学员都不及我，而且记忆力很好，这些条件使得我在后来的学习中比较得心应手。在汉文化的观念影响下，政治控制下的认识是较偏激的，把东巴文化看成民间的，是低俗的，而使得很多人没有去学习它。

我认为有价值的事，我才会去做，我是非常自觉地去做。"文革"结束后，当时还没有要去做东巴的意识，没有这个观念。大学毕业前，写毕业论文的那段时间，听了和志武的讲座，才有了（这样的）观念，认为（这事）有价值，就去进行学习，但不是东巴意义上的传承，而是文化知识的传承。

1990年左右的时候，很多老东巴提出一个问题，"你们都在搞东巴经的翻译，当我们死的时候，也没有人为我们念经"。我听了，（哎）不对，东巴作为继承人，要为老师进行丧葬仪式，可没人有能力去做。老师很感叹，很悲伤地说这个事，我觉得很悲哀，而且连这个基本的技能都不能掌握，仅是从事研究工作已是不够了。后来，90年代初，当时老东巴还很多，但年轻人还看不出学习的必要性，但我已经看到了，我就学。人的年龄变化，是必然的规律。农村里的东巴，是没有医药保障，完全靠自然规律的延续。我就跟和学文学习，学习祭祀仪式、主要是学舞蹈，跟和士成学祭祀仪式，学经典、学仪礼。最早的启蒙老师是鲁甸村委会，和云章，非常老实，非常朴素，老实到东巴们都会欺负他。是手把手地教。写东巴经书基本就是从他那里来，写字的风格、章法的布局基本就是那个时候就定了。但他死得早，我大学毕业后才开始学。我妈妈也很了解东巴（文化）。云南省图书馆里的东巴经书都是奶奶家族的。奶奶家族都是东巴世家。一个家族有好多个东巴。那时看过的东巴经书，我非常有印象的。见过一眼的东西，初中看过的那一眼，经书很漂亮，永远地都不会抹灭的。那种美感、图画的感觉。那时，"东巴"为何物不知道。大学毕业前，和志武的一堂课，改变了我的整个人生。原来，我的专业是中文。当时，一直想去当记者或作家，写小说，写报告文学，年轻时相当自负。曾经写作文不打草稿。到研究院后，改变了。后来去北京大学进修，师从任继愈老先生。曾有过茫然，学神话。结果发现，纳西族的神话研究很灵活，不知如何着手，我去请教他们，告诉我："东巴文化是多方面的，根本上说是宗教的，只有学好宗教学知识，才能把握它的体系，那是文化最本质的东西。"于是，1984年秋季，去北京大学哲学系学习宗教学知识。那时，开始了东巴教的研究，发了几篇关于原始宗教的文章。1986年8月回来，开始进行田野调查，也进行经书翻译。到 1990 年，翻译了好多经书。原来翻译的经书，给别人，没人翻译的又给我。重新翻译全集里的一些经书，有 70 多本。先前那些经书是抢救性的记音，当然有漏记的地方。所以我就从头起，开始重新记音翻译。

问：不好意思，插一句，"百卷经书"的使用情况如何？在平时的教学和使用时，都有些什么特点？

答：现在看来，是百卷经书的使用方法不同。做自学的来讲，要先学国际音标，才能自学，必须要有文字的基础，它没有字释，必须要有对照。东巴经是图画式的，语段式的，要有基础才能读，还要掌握东巴文识读的基本规律、文字的单词单字，它没有把字对照起来，没有基础就没有办法。主要是三个方面，一是懂国际音标，二是会东巴文的规律，三是懂单字，才能学习。

问：在这次培训班的教学中，有使用这部经书吗？

答：培训点是有用的，但这里很少用，两个原因。一是培训班针对的是特殊经典，祭天是必需的内容。而百卷经书的系统性有问题，里面的祭天经书，东一个地方（选来）的，西一个地方（选来）的，是凑来的，经书里相互之间没有对接，全集里有些内容它没有，所选的经书有不理想的地方。《全集》具有传承的功能，也有不足。这和当时的翻译人员、当时的版本有关，当时的条件也有限，所以有不足之处。我们现在搞文化传承的条件，可以选择最好的，成套的版本，经过实践检验的，认为是比较通用，内容比较完整的经书。（这次）选的，比百卷经书更具有完整性。

问：翻译完经书后，你又进行了哪些具体的调查呢？

答：1991 年，我开始进行金沙江崖画的考察。还进行勒巴舞的研究，调查后将全部的内容都翻译过来，那时精力充沛。1996 年后，开始进行东巴文化的传承。1994 年，开始在培训班和博物馆里开始教学。1998 年，在家乡成立了东巴文化研习馆，现在忙不过来就没有搞了。1999 年，在丽江大平台上，或政府需要的，或企业需要的，都是我的队伍在支撑，如国际东巴艺术节里的大祭风（仪式）。原来搞的"妇女东巴文化研习班"，她们学得非常好。我还成立了一个纳西古乐队，去年一直有活动，今年忙不过来，停下来了。我的古乐队还可进行东巴文化的相关活动。2005 年，我在思考一个问题，局限在村落进行的传承，局限性很大，是远远不够的。我从1999年就在玉水寨公司里担任顾问，但它毕竟是一个企业，是一个旅游部门，不是民间意义上的。那是炒作的，玉水寨的东巴，那是工资养起的，那些做展演的东西，不是民俗意义上的，不是以村落为主的，是以企业为主，他的针对性与跟民间的文化传承是不同的。员工意义上，那是需要他做的，不做就扣工资，有它自己的意义，不是民间意义上的东巴。我已不满足于这种方式的传承，必须要找新的传承方式。

问：现在，很多人都说旅游市场中东巴舞的展示已被商品化了，你赞同这种说法吗？

答：展示中的东巴文化必定要变异。其中的对象不同，关系不同。如请神、诵唱或祈求神灵等，都要面对神座、神龛，或面对北面。要请大神，或简化为鼓点，就要击三次鼓请三次神。这个不能简化，也有规矩。但现已变通，有时只能诵唱5分钟，不能超过（时间）。就传统意义上来说，要把经书念完，不然会有罪的，还要赎罪。只有15—20分钟，也要做下来。不过，始终坚持"不失传统、保留传统，进行变通"的原则。同时，"坚持传统，适应社会"，求得平安、安心。比起"老东巴"的社会生活场景，现已是大大不同了。

问：那我想，这种旅游展演与文化的活态保护也可算作有一种特殊的关系吧。如果没有旅游展演，文化难以持久地延续下去，旅游展演在一定的程度上保护了文化。

答：旅游展演与文化保护有关系，但它只是局限于某一个地方，影响力也就在一个地方。后来，我有考虑，如何使这种影响扩展到整个丽江，因此，就需要政府的力量。

旅游市场里的传承，不是原来意义上的传承，它是文化传承的一种方式，也是旅游宣传的一个部分，至少没有连带关系。他们做仪式，不是为了自己，也不为了家里人，也不是为请它的人，而是企业的工作，既有积极的一方面，但也有其他的内容。因此，如何在现阶段进行传承，在更大意义上汇聚更大的力量，要借助政府的力量，借助一个点，先由政府来做的一个试点。

2005年，是一个大转变，一个大的转折。我把在贵峰那里的精力投入开始收回来了。

后来，杨树高请我来鲁甸新主来做（传承），把我交给鲁甸乡的党委书记，拉到今天你下车的地方。那天，才认识和桂生，那时他还不敢看人。请我帮助他们盖学校。和盛典、和桂生都带学生。2008年的时候，我调查后打了一个报告，提议在整个丽江地区来搞，也向杨副市长提交了报告。当时，很多人都不相信，80个学员的培训班，干了三个月，所有的老师都由我安排，我们单位的院长也来，整整齐齐的，80个人一起念经。现在，都是这个班的骨干在搞东巴文化传承。最重要的一点，就是播"火种"，回去后，那都是"一团火"。2008年，那个培训班的实践实现了我原来的想法，借靠政府，办成了。我又想，非物质文化遗产也可搞，首先把东巴画的培训班搞起来。2009年又搞了一次调查，资源调查，2万字的调查报告，跑了8天，和桂生都走不动，回到城里，一个礼拜，脚都疼。后来，报告呈交给了政府，那不仅是资源的反映，而且还提了建议，非物质文化遗产的传承，非此地莫属。

问：和老师，你提到了几个重要的年头，2005年、2008年，再结合刚才您讲的，我想您的经历大概有六次大的转变。

答：是的。第一次，是和志武的讲座带来的转变。第二次，是老东巴的一番话所带来的。第三次，1996年，职责的行动。带动别人在民间传承。第四次，是1999年的转变。民间传承与旅游市场、企业，展演的结合，与对外的文化影响相结合。东巴文化传承队伍的壮大，而且延伸到旅游市场。当时，对于这种形式还是抵制、是封闭的（心态）。而那时，我是"民间、企业、学校"三边（方面）都在抓。还有学校，郭大烈那里的班，还在搞教学。第五次，是2005年肇始，2008年依托政府力量开办"丽江市东巴文化培训班"，不满足于农村一个点的传承，才能够面上的丽江范围内进行传承。第六次，再就是2009年至2011年，依靠非遗机构支持从非物质文化遗产保护角度从点带面的东巴文化培训传承。

问：您在东巴文化的保护与传承工作中，积累了很多宝贵的经验。请对东巴文化的传承进行一下归纳和总结。

答：传承的概念，不仅是理论的问题，更是实践的问题，不仅是文化，更是社会的问题。就现状来看，东巴文化的传承大致有以下几类：（1）自然传承。如俄亚地区，仍保持以家庭和村落式的传承方式。（2）自发传承。20世纪90年代以后，有14个传习馆。（3）学校传承。从1999年开始，在国民学校开始进行东巴文化的教育和培训等。（4）市场传承。特别指的是旅游场景中的传承，如东巴宫。（2012年5月，东巴宫已经被纳西神话的酒吧所代替）。（5）社会传承。主要是一些企业和社团，代表性的如玉水寨。（6）非物质文化遗产传承。特别是现在，东巴画被列入国家级非物质文化遗产后，又强调了对遗产的传承工作。

此外，传承还具有很强的时代性特征。具体表现在以下几方面：（1）东巴文化的活态传承，需要一支"东巴"队伍。群体是不一样，具有一定的特殊性。（2）大众的社会需求已发生了大幅的变化，人们的意识形态和社会生活都已大大地不同于从前了。（3）就东巴文化传承的具体操作来看，对经典仪式的需求也是一种必然。还有，在现代化环境中对从事东巴工作的一些特殊技能的掌握与发展，也有了更高的要求。

还是要回来进行文化传承。搞传承，是要有奉献的精神。最根本的还是文化传承，不在于教了东巴多少，还在于它能否自动传承，不可能在所有的地方传承，"播种"的时候要传承下来。知识的传承是一部分，重要的是传承精神，要把文化的传承继续下去。东巴不仅是知识的载体，也是社会的活动家。没有感召力，像老夫子那样是没用的。2008年，有四川木里来的，2011年，有四川俄亚来的学员。把精神和知识传承下去，以前也有社会活动家来说服、要组织召集起来，现在没有这个程序了，不可能一个人念经，没有信念是不可能的。

问：那您的"传承理念"是什么？

答：只能说是想法。文化传承，是一种实践的过程，理论是在不同的时期所建立起来的。（20世纪）30年代的传承，80、90年代的传承，都是不同的。特别是2002年以后，与社会政治的关系就更加密切了。

（20世纪）80年代的传承，主要集中于经典的抢救、出版和整理，还有对文献的翻译。（20世纪）90年代以后，对历史有了新的认识。政治空气清新，民间力量开始在对传统文化进行思考，仪式的祭祀开始继承起来。然而，东巴文化研究院的培训工作，不是"恢复"，而是在传承东巴文化"知识"。

1997年地震以后，民间出现了很多传习馆，（当时的）传承组织10多个。但是，没有政府的组织。那次地震，人们被震醒了。恢复了祭祀仪式，让更多的人在更广泛的地区唤醒了民族意识，恢复传统文化。可以说，在纸上的传承，苍白无力。真正的文化传承在民间，是发自内心的、自觉的、从下而上的影响。

21世纪以后，"丽江旅游年"，东巴文化又"火"起来了。东巴进入旅游市场，人们争相抢用"东巴"，"闪亮登场"（笑）了，特别是东巴艺术品。这个时候，要如何传承东巴文化？民间文化受到了外来文化特别是旅游业的影响。我到玉水寨担任了文化顾问，参与玉水寨的建立；在家乡举办了"妇女东巴文化学习班"、"东巴文化强训班"。民间也在作（培训），市场冲击很大。主要把握住两点：一是在旅游市场建立一个传承基地，"东巴文化传承协会"。从2002年开始，举行了东巴法会，每年都要进行交流。二是在老家的传承学校。2004年的时候，发现传承学校的影响很小。虽然，在老家做仪式，但有局限性。于是，就建立示范点，从而影响整个地区，甚至更大的范围。2005年，鲁甸新主地区，农民自发地搞东巴文化传承。由于杨树高的关系，受到了丽江地方史志办的关注。2007年，我被请去鲁甸新主。花了八天的时间，脚疼啊，回来写了2万字的调查报告，交到市人民政府。这个报告和调查的意义就在于：（1）不仅是地域性的，其历史积淀非常厚重。当地，大的活动和丧葬仪式都搞祭祀。因为，鲁甸新主是烤烟、药材基地，有很好的基础。（2）借助了非物质文化遗产的传承点，"东巴画传承点"，也是整个丽江东巴文化的传承点，每年办两个班。这是"旅游"与"民间"相结合的示范点。"烧一大火"，未来就有改变；不能只停留在表面，要大变。

问：经过多年的工作，成效如何？

答：现在来看，大概可以分为三个区域，一级保护区，就像原始森林，主要指俄亚地区的自然传承；二级保护区，主要是鲁甸、塔城和白地，部分东巴仪式还在坚持东巴文化的传承；三级保护区，则是丽江盆地一带，还在传承，但已是在不同区域以不同形式进行着。从1999年开始，举行五个培训班的传承工作；旅游市场中旅游点对导游的培训。对于三级保护区而言，是很难甚至没有办法恢复。这与国民纳西语的传承有关系。东巴文化的传承，根本还是在民间，政府力量虽也有投入，但投入不够；虽然有支持，但还要拼自己的力量。在具体操作中，政府组织的较少，企业主持的较多。

问：请问你对纳西文化传承的未来持怎样的态度？

答：还是乐观的，是有希望的。纳西文化是系统的。若让它断流了，就可惜了。纳西文化也是立体的，保留一点是一点。它的形式发生了变化，但内容还在。还需要不懈地努力，努力了多少，就传承了多少，尽管有时努力与传承不平等，但任务很重。在贵峰学校学习过的"女东巴"，她们学文化、学知识，就不可能做仪式。另外，在鲁甸新主的培训过程中，大多是用的自编教材。政府还需经济投入，在机构、政策上给予帮助。后来，我们对东巴文在古城中匾牌的使用情况作了调查，80%—90%的门匾都是有问题的。当然，政府也会有"感冒"的时候。

当然，从我个人的角度出发，我是没有功利目的，摆在别人面前的是透明的。人没有私心的时候，胆子就大了，在处理事情的时候，也就会得到更多人的帮助，也没有危险的事情，有很多人会帮助我的，只是家里人就牺牲得太多了。

附录 3-2　丽江玉水寨东巴文化传承院杨先生访谈记录

访谈对象：杨先生，男
访谈时间：2012 年 7 月 25 日下午
访谈地点：玉水寨
整理：光映炯

问：你在玉水寨工作有多长时间了？
答：从 2000 年至今到玉水寨有 12 年了，平时也主持和筹备祭祀活动，祭祀活动时老东巴也来指导一下。
问：能说说传承院里东巴的现状吗？
答：传承院里现有 8 人，最多的时候有 24 人。原来分为神泉口、画廊、东巴学校、三多阁四个部门，2012 年 7 月搬到了白沙。辞职的有七八人，因为家里忙，有个别的是独生子。在玉水寨里工作，一个月的工资是 1000 多元，回家也不是，很为难。待遇也不高，有点动摇，没办法。很多东巴比较可怜，在老家务农过生活，或在景区跟老板打工，还要看遇到什么样的老板。不愿搞民族文化的，就出去了，很多。
问：那你坚持下来的最大原因是什么？
答：很难说。自己很矛盾。不在这里，也认不得搞什么。有时，也不想在。有其他的发展可讲的话，可能还是会走的。但是，不在这里，也不代表不传承。有多种方式，要看情况。
问：请问你是什么时候开始学（东巴仪式）的？为何学"东巴"？
答：我出生于东巴世家，小时跟着爷爷参加过一些仪式，但没学过。

小学毕业，读过初中。后来才学的。从十七八岁时开始学。跟亲戚和训学习，跟他学经书；舞蹈是跟和明学的，省级高级舞蹈师。不学画画，不感兴趣。在以前的分类中，画师不一定是东巴，东巴不一定是画师，但会主持仪式，念经很厉害，不能单独说，东巴画跟仪式分不开。东巴画有很多种，神路图、画毡（唐卡）、木牌画、鸟兽画、鬼怪画、木牌画越抽象越恐怖越好。会跳30多种，开始学，学东巴经书，百卷经书也学，比较好，权威、全面。

问：东巴文化传承院的日常工作，都做些什么具体工作？

答：传承的具体工作就是给游客做展示，还有自学与交流，也有游客来请教。比如，每天早上都烧天香，今天是初一，（香）烧得旺一点。从2010年开始，一年中安排仪式的日期，每个月的初五天举行一些仪式，如大祭风、顶灾（避灾）仪式等。其中，祭风有很多种，殉情的不搞。

问：你认为东巴文化"传承"的主要内容是什么？

答：以仪式为主要载体，离开仪式，就不是东巴文化。会写字，不是东巴。做东巴，必须首先会主持仪式，其他方面好了的话，那就是成为他的特色，那些都是为仪式服务的，没有说是"叫东巴教文化"，东巴文化好交流，是宗教文化。（民间）还有信仰，偏远地区的经常去做。如祭天，很多地方也做大型祭祀。耗资大的，做不了，古城主要以展示为主。也去写字，到过昆明。要展示东巴文化的地方，都去。很多景区都有东巴，东巴谷、玉柱擎天，那是为游客服务。东巴纸坊的，不全为游客服务，不是专门的为游客。

问：东巴文化传承院的管理制度具体是什么？

答：传承院的管理制度，跟公司同步，每天的日常，组织学习，组织仪式。

问：能说说今年评东巴师的事情吗？

答：2012年4月进行了评东巴师的工作。考试的内容有东巴舞蹈、东巴画，道场的布置、规程等。分口试和笔试两种。"东巴卡"，是从现有的文化程度来看，是根据现在的学识来定，但现在的状态不同了。东巴大师，威望较高。放在过去，只是东巴传承员。

问：曾听说过东巴族，请谈谈你的看法？而且，"东巴族""纳西族"的问题，听导游讲解也会被搞糊涂。你们是否听说过此说，应如何解释？

答："东巴"，是一种宗教。东巴教是纳西族的原始的自然宗教，古老的宗教，这个文化仅仅叫东巴文化，象形文叫东巴文，有东巴教的仪式，不叫纳西文。东巴是纳西族中的一部分，纳西族不是东巴。仪式是东巴文化的载体，离开了就成为四分五裂的东西。

问：游客的观看，会影响你们做仪式吗？

答：不影响这边的情况，都可看。一个游客没有，也照样做。困难不多。人太多也不好，4—5个东巴就够了，大的道场也做。

问：游客多的时候，会烦吗？

答：游客太多的时候，会烦。（传承院里）很多人的感觉一样。游客适中的时候较好。人少的时候，写经书也写不好、学也学不好。有点担心景区今后的发展，感觉不好。

问：宗教中有哪些禁忌？能否举一些例子。

答：做仪式出钱，有忌讳。不是什么人都搞，有规矩，有始有终，只展示几分钟，为展示而做仪式的较多。原来，做仪式较烦琐。在跟游客接触的景区，如博物馆、研究所等地。拍电视的时候，说"不拍了"，立刻就要中断。不拍是你的事，我的仪式要做完。人家说，"可以了，只要这个镜头"。对文化真正有感情的话，不会这样做。要怎样做，（事先）要说清楚，不能重来请神四五次，烧香三五次。（东巴谷不搞展示，还有东巴万神园，都是为游客服务的）

例如写的字。文字不能用在游客的衣服身上。如鬼怪的字，祖先死去的那些字不能写在祝福语里。披肩上、衣服、裤子上，穿的不能有东巴文，学的时候，老东巴交代过，上厕所的时候不能念东巴经，写坏的字要放在香炉里烧掉。以前写汉字也是如此。烟炉烧作废的字，纸，有文化的人忌讳乱丢。最笑话的是有一个店，丽江城里有一"东巴狗肉店"，后来就没有了。东巴是不吃狗肉的，纳西族也不吃。但找钱，也没办法，是侮辱性的。很多的时候，钱是第一位的，文化的发展打破了禁忌。

再如唱腔。欢快的、祝福的可以唱，结婚、丧葬语调等，有忌讳。什么场合唱什么调，如喔热热，是丧葬仪式中的。喜事、丧葬（在旅游中）也是一种发展，是展演的需要，也不能说不能唱，让游客在最短的时间最近的距离花最少的钱集中地了解这一点（文化）。这种形式有好的，也有不好的。了解了，就好。不好的是，民歌的歌词、场所和气氛，被随意地发挥，舞台上，固定的只有几句，（文化的）发展有局限性。发展旅游产品，是可以的。从旅游的角度来讲，需要主管部门的关注，应出条款，什么方面应该发展，什么应该忌讳，一味地放开不好。

问：能说说玉水缘的开发情况吗，里面的神像是如何选定的？

答：那是和总（和长红）在2005年搞的。当时是按东巴经书定的，敬奉的神像有丁巴什罗、三朵神、崇忍利恩和衬红褒白、民族三兄弟（是他们的三个儿子）、自然神。那是（东巴文化传承）协会的老东巴们定的，还有天香炉。自家烧，用三个石头就可作香炉，朝北面烧香，最好，最高，皇帝坐北朝南。

问：从2000年来玉水寨，谈谈玉水寨的变化？

答：过去，这里是以餐饮为主的地方，从国家AA，到AAAA级景区，东巴只有4—5个，主要就跳东巴舞，给游客求平安符。近几年来，（东巴文化）传承院的发展很大。

开始的时候，是不让（我们）学的。就是上班时不准学，要为游客服务。管不过来，不准"出轨"。游客进店拜了可照相，想拜拜，拜了可照相，拜香后点三个头。2元一次，敲一次。过去，上班时间不能写自己的经书。从学习方面来讲，是现在好，可以自己学。现在的学习环境，要宽松多了。2006年开始，游客多了，发展就快了。2012年，由"东巴圣地"改为"东巴教圣地"。还有，"什罗节"（农历三月初五）的名称上也有变化，原来是"什罗节"，又是"东巴会"最后改为"东巴法会"。

问：特别是东巴文化的传承工作方面，具体有何变化？

答：宗教的约束太多，有太多的忌讳，放不开，找不着钱。不准自己搞，在传承方面相当苛刻，不准要小费，跟自己没关系。老板对文化的发展付出的很多。公司大，（和总）他付出不少。

有能耐的，开始搞得到钱。能控制，对传承方式来讲较好。找钱（赚钱）厉害的不是真正搞文化的，搞文化的不差找钱，真正的东巴没有钱，搞真正文化的得不到钱。已是一个惯例。游客喜欢，就得钱，有钱的不搞真正的文化，搞真正的文化赚不着钱。打个比方，有一古董，保存下来就得不到钱了。（卖了，就得钱了）。

问：最近，常听说（鲁甸）新主这个地方呢？

答：现在，对鲁甸新主关注得较多。是较成功的案例。以前，传承点多，只挂匾牌，少关注后续的工作，很难延续。新主得到了杨树高（史志办主任）的关注，没有他就不行，在农村是很难搞（东巴文化）的，有弊端存在。不是某一种方式较好。很难说，都是较成功的，玉水寨、新主，都与和长红、杨树高有密切关系。学校里关注的是传承人，其他的地方不搞传承，不能写字的（人）有很多。

问：游客对东巴文化的了解情况如何？

答：游客只是旅游，只是感兴趣，游客了解得很少。有感兴趣的，但搞不懂"什么是东巴文化"。

问：请谈谈"旅游"与"东巴文化传承"的关系？

答：旅游（市场）中有展示的，也有传承的。传承的不为展示，导游也在展示，传承的同时也得到了展示，但传承的不展示。是展示的传承。现在传承的展示，还是什么，但也在摸索，经济原因也有，但不是主要的，传承协会，观念在不断变化。传承下来的就保护，保护的目的是传承，保护的范围很小，保护不了，就会再发展，内容在变，传承在保护，保护也在传承。

问：什么才是"真正地"传承下来了？

答：有好的，也有不好的。旅游，促进了文化的发展。有消亡的。没有环境，没有空间，任重道远啊！传承下来的，困难重重。信仰的人少，自己还在坚持。信仰与工作（两种原因）都有，家族也还在传承。村里，是1986年开始恢复的。自己学自己传承，是不可能的。但组织那么多人进行传承，也很难搞，这是很现实的问题。

附录3-3 白地吴树湾村东巴学校和先生访谈记录

访谈对象：和先生，男

访谈时间：2014年1月19日上午

访谈地点：和先生家

记录：蓝媛媛、钟玲燕

整理：光映炯

问：和老师，你能给我们讲讲东巴学校的事吗？

答：从1998年3月16号开始。从那时一直坚持到现在，坚持了十五年了，从未间断。我们白地是纳西族东巴教的发源地，东巴教的圣地。

这也是有事实依据的，你看，白水台、纳西东巴文字的传承者在白水台上传教；第二，东巴教的第一个始祖丁巴什罗也在白水台传教；第三，东巴教的第二个始祖阿明什罗也是白地人，有阿明灵洞嘛。阿明灵洞就是所有纳西族的东巴出师必须要在阿明灵洞"加威灵"，祭拜白水台，才有"不到白地不算真东巴"，"不到昆明不算真秀才"这个词语嘛。但是，以前白地东巴是很有名的，白地是东巴教圣地，东巴教发源地，不止那些，还有一些人类学家、民俗学家，像美国的洛克、理查、泰坤博士等，30年来，他们就通过在纳西族地方，所有地方都做了考察以后就断定（白地）为东巴教的发源地，东巴教的圣地嘛。这是有历史依据的嘛，不是我们代的人说成的，是不是？那么现在我们这个地方，比如你看，我们为什么说呢，延续到现在，文化破坏得非常惨重，但是文化自觉性也有，是吧？看着东巴文化就（要）完蛋了。当时我们白地，好的就有三个东巴了，我们村（吴树湾村）的和占元老师，古都村的和志本老师，波湾村的树银甲老师，1997年就只有这三位了。我们这一代，是一个东巴都没有了，那么东巴就已经断代了，面临失传了。

我们是喜欢文化的人，我不是文化人也不是政府工作人员，我是一个小学老师。我是1973年高中毕业以后，当时知识青年回到家。第一天到家，第二天就请我去当民办教师。然后一直一辈子的光阴就全部贡献给当地的教育事业。但我对文化非常喜欢，因为喜欢嘛，我们就办了东巴文化学校。和占元老师、和德明和我，我们三个在我这个地方商量，1997年就商量了。年轻人学东巴，然后1998年3月16号在和占元老师家开始办，当时有七个人，搞东巴文化的传承学习，就这样开始了。当时我们有一个想法就是办了就是要培养东巴传承人，那就是从纳西族的一切东西开始学。当时，杨秀光、杨玉春、和树昆他们好些年轻的、十多岁的人，放弃学汉文回来学东巴。好些年轻人学东巴呀，（我）心里面就想着小娃娃来学校里面读东巴，如果是不学汉文来学东巴，把小孩子带到何方，心里又高兴，心里又有压力。要把小娃娃带到何方，这是一个非常重要的事情，所以我们心里极为有压力，但是心里又高兴，办东巴学校，有那么多人来学。

问：开始办学时有多少学生？

答：七个。当时在老东巴大师家办的。教一些烧香经还有讲一些故事来吸引人嘛。由和占元老师来讲故事。和占元是知识很全面的一个人，是东巴大师，是2009年不在的。

问：除了和占元老师，还有其他老师吗？

答：只有他一个。他是我们白地最大的东巴了。知识很全面，汝卡文他很精通，纳西文也很好，盘、算、卦、卜、签还有祭祀仪式有二十多种他很流利（擅长）的一个东巴，他来教他们。那么大家也是很有热情很有热心，我心里很高兴，但是有压力啊，把这些小孩带到何方去，把他们教育成与自己的亲戚不和、与村里不和、与团体不和，变成这样子以后，那就相反了是不是？

问：刚开始办这个学校的时候，有遇到哪些比较大的困难？

答：困难很多了！1998年办学后，不久就到了农忙，到6月26号吧，我们才到五保户家正式上课了。因为那些东巴很多都是（做）丧葬仪式的，家里不能讲，所以到一个五保户和德军家，这样开始了。在那个地方教了一段时间以后，大家的学习欲望很高，当时有17个了，1999年的时候。

问：您能跟我们说说东巴学校艺术团的事情吗？

答：和占元大师的《东巴舞谱》有72种东巴舞，已教给学员们27种。这十多年来，为了挽救歌舞文化，2001年办了一个东巴学校艺术团，有65人。这些全部由他（杨玉春）记的。他是我们的副馆长又是会计，和树昆是出纳，全部由他们几个管。

问：那这个东巴学校艺术团做了些什么事情？

答：它专门传承纳西族的歌舞文化，老人的一队是专门抢救纳西族的纺麻、织布（织麻布、织牦牛毛，织牦牛毛是我负责搞的）。

问：那这边的舞和丽江的舞最大的区别在什么地方？

答：他们那个舞好像不是祭祀舞，是表演，我们这个是正经的祭祀的。他们那个好像是舞台表演的。我们也学过，2008年时，在丽江教育学院学过3个月嘛。所以，它们有本质上的不同。舞是原汁原味的，祭那些菩萨，那些像老东巴大师去世的时候要跳十几个东巴舞，那些要原汁原味的，舞都是要全身舞起来。

现在，我们好在这十多年来，全村的支持还有我们做了一些文化改革，但是我们程序不改革，例如，哪家有事情要请东巴，我们这边对东巴是百分之百地信任，没有请东巴的没有，所以我们为什么是圣地，有这些原因。不是你钱多或少，钱我们没有，但是我们有一颗民族的心，有一颗文化的心。有的时候有一些老师打来电话说你们什么时候做一下祭天，我们说祭天除了初九外我们不能祭。还说让我们祭风，虽然祭风他们（学员）都学会了，但没有祭过。没有人非正常死亡，怎么祭风？

问：像丽江的这种"表演性"实际上也可以起到一个保护东巴文化的作用，那和校长您是怎么看的呢？

答：这个我认为，文化是旅游的灵魂，旅游是文化的载体，搞得好，（旅游）是载体，搞不好旅游会变成文化的坟墓。这块必须处理好，处理不好，表演性的文化只是一个泛化的保护形式，真正的保护形式必须要民间传承。原来说过"传承民间化"（2003 年的时候）、"学术国际化"，这几句我非常赞同。这是我的观点，不知对不对，我们要搞（传承东巴文化）万一以后热起来，我们必须两块分得清清楚楚，一块和一块不干涉，一块服务一块。这样我认为日子会比我们现在好得多。现在我们是很苦，但是苦的只有我们自己知道，苦和甜都是为了自己的民族文化，俗语说："我不入地狱谁入地狱。"我们这代人不搞，谁来搞，特别我们是喜欢文化的人。搞文化有好几种搞法，我们是"喜欢文化而搞文化"。

问：就是说不会以表演性地去做这些仪式？

答：不会。当然跳一些一般的舞，民族民间歌舞，那是随时都可以搞，但是那些祭祀仪式是不会随便搞。比如正月十九必须祭牲畜神，其他时间就不能祭。我们有场地，祭天有场地，祭署有场地，祭牲畜神也有场地，每个村都是，我们都有场地。祭风有祭风场，但是没有人非正常死亡呀（就不会举行祭风仪式）。宁可（学校）散也不搞表演性，这是我们搞文化的思路。

问：那您现在说的展演和您刚说的展演应该是不一样的吧？

答：不一样，不一样。我们是按原生态表演的，不请编导老师。我们展演的不是丧葬仪式，一般好的才展演，如孔雀舞呀（和老师还简单地给我们表演了一下）。

2012 年农历二月初七，由三坝乡主办、艺术团承办，主题是"三坝乡首届东巴舞与民间歌舞展演"，在三坝乡文化站举行。当时全三坝有 72 名东巴参与了展演。唱歌的有 23 个，有的是由东巴代替的，他们也会唱。

问：东巴舞像你们所说的（只）将好的用于展演，除了这样一种禁忌，还有没有其他的禁忌，如舞蹈和画谱有没有说不能在外人面前展演？

答：有些祭祀的是不能展演，但一般的没有。像孔雀舞等一般舞蹈还是可以展演的。

问：还有几种（搞法）呢？

答：一种是为钱搞文化、一种为获得国家基金而搞文化，三种，这是我的观点。我们的钱一样，但是我们用文化来换钱，特别是正儿八经民间传承、劳动人民创造、利用了千年，是不是千年我们不好说。然后，一地形成一地的规矩，人民群众很认可。你这样一搞，没有人民群众认可你啊，那样文化就完蛋了。比如东巴舞，它是祭祀舞呀，（为了旅游），你随便搞个仪式它就变得随便了，这是我的观点。我不是针对哪一个，我是根据我们地方的实际情况，我是这样想，也这样做。不对了，人家批评我们接受；对的，人家肯定，大家高兴；当然人家批评，我们也有我们的思路，按照自己的思路走，绝不会被别人牵着鼻子走，也绝不能被游客牵着鼻子走。搞文化的必须要有奉献精神，没有奉献精神文化（搞不好）。现在搞文化的没有东巴，比如要是我们成为东巴了，这个文化有什么搞的。我们变成民族的罪人。乱讲是自己打自己的嘴巴。因为我们是这样想的也是这样做的。

问：我看到白水台景区上面有几位东巴？

答：东巴有好几种的，真正的东巴是必须会做仪式、会东巴画、会东巴的面偶、要会东巴舞。

问：东巴分几种？真正的东巴还有哪几种？

答：我认为真正的东巴就是一流的东巴，还有二流东巴、三流、四流、五流东巴。有的人学几句，而且学不是为了传承文化，学是为了利用东巴作为赚钱的工具，那就糟蹋了，文化就完蛋了，"完蛋"的开始。

问：以前还有"东巴王"？

答：是啊。东巴王是民间公认的，不是哪个专家学者认定的。东巴评定他们（专家学者）也不会参加。

问：和老师，您觉得现在来看这十来年，像东巴文化学校的开办、传习馆的设立等达到了您预期的效果吗？

答：达到一点点效果。

问：那您想达到怎么样的一个效果呢？

答：我要达到的效果是，全村学东巴的人比现在多，现在有20多个，还增加20个，能有40个左右学东巴。但是好些人为了（挣）钱，没有时间，像有些人要养家糊口，父母亲老了，他们现在是已经出师了。但是，很多人不知道这样保护文化的嘛。

问：现在，东巴文化学校还有一个艺术团，那还有没有其他的部门或机构？

答：艺术团有三个队，老年队、中青年队和青年队，艺术团是属于学校管理。还有传习馆设有13个点，迪庆东巴文化传习馆第一个传习点、第二传习点……和志本家设为第一个传习点，波湾是第二传习点，水甲是第三传习点。本来想吴树湾挂一个，2010年3月22日挂了牌之后，我们认为我们肩上的担子重了，原来我们只想管一个。现在在迪庆州可以展开办学，但是我们在6月21—27日在三坝洛吉作了文化调查以后，原来第四点是定在吴树湾湾，现在我们是老师定，学员自己找。"一花独秀不是春，百花齐放春满园。"三坝是迪庆州的东巴文化特色之乡，白地是东巴文化的发祥地、圣地，而我们这个村是历史文化名村，我们都应该承担责任。

后来我们做了调查后，第四点就挂到哈巴村去了，第五点是东坝的（吴树湾村）、管着13个点，还有些人让我们在德钦办学，也邀请我们去，但是我们没有经费去不成。每年要过年的时候我们要去慰问，各点都去，带着一袋米、一点钱去，每年都去慰问这些老东巴。

问：那下边的传习点运作的情况怎样？

答：下面的传习点，基本一个月给他们打一个电话，农忙不打。没有办法，如果要去，我们没有经费，我们去不能空手去。那些老师还是好的，有的老师知识不是那么丰富，但我们首先要把他们的思想做好，知识重要，但是思想更重要，一个人的思想歪了，你的知识再高，对文化只有祸害，没什么益处。这是我们的观点，这十五年来，风风雨雨什么都见着了，有些人也反对、控告过我们，但是我们是一笑置之。

问：民间还有信仰吗？

答：有嘛，没有信仰怎么办？

问：那吴树湾村在三坝应该是非常特殊的一个村子吧？

答：嗯，很特殊。文化我们本来很好，所以我们才组建那个博物馆（即"活的博物馆"）。

也可以说，这15年来，我们组建了一个以纳西东巴文化为主的活的"纳西文化博物馆"，小小的博物馆，只有一寸高，两寸长。"活的"是因为这个博物馆会"说话""跳舞""唱歌"。

问：就是一个活态的、在民间的吗？

答：对，活态的、在民间的。保护、抢救、传承三种。

问：2002 年成立艺术团的，那成立之后搞过什么活动？

答：我们把年轻人召集起来，跳呀哩哩舞，一个月声音放不出来，音太重，（我们）又是纠正，和占元老师跑来这边听，练了一个月（的舞）才准起来了（唱得准，跳得好）。这个是我们村世代相传的汝卡纳西歌舞，我们村是发源村，二月八（农历二月初八）只有我们村跳了这个舞其他村才能开跳。（关于）这个有好几个故事，有个故事我写出来后，有些人反对我，但是我认为文化是文化？不需要证明嘛。

问：15 年的工作也搞得很有影响，您觉得成功的经验有哪几条？

答：不能说成功，我们是，三个字：忍、静、思。忍，静静下来好好地想。话到嘴边都要留三分嘛，事要三思而后行。还有一个是宽，宽容。宽容自己、宽容别人。就是这四个字：忍、静、思、宽。首先要原谅自己，自己要忍下来，要静静地想，要思考还要宽容。说的是四个字，但有时候要看菜吃饭，量体裁衣，到哪个山要唱哪个歌。到东坝要根据东坝的思路，理解那些东巴们，以东巴们的思路跟他们交流。到哈巴去，要根据哈巴的那些情况，要随机应变。这个随机应变是要对他们的习俗要掌握，总的一句话是不能害人。

附录 3-4　四川俄亚大村东巴先生访谈记录

访谈对象：东巴先生，男

翻译：东巴本地

访谈时间：2013 年 1 月

访谈地点：东巴先生家

整理：光映炯

问：爷爷做东巴多长时间了？到阿普（这里）有几代了？

答：阿普是第 10 代，到他儿子已经是 11 代了。

问：还记得"木天王派纳西人到俄亚"的故事吗？过去，有没有人讲给你们听？

答：丽江木天王的属下来这里打猎，打猎几次以后就看中了这个地方,……后面才搬过来几家人住在这。

问：搬来（俄亚）大概有几家？

答：带过来的就是 40 多家，木瓜、东巴、魏玛这些家是几个官，拉吧，现在说起来也是瓜扎家的那一支，和木瓜家的兵一样的，（来的人中）其他的有几家，具体做什么分不清楚。魏玛、魏玛官、加黑这些是喂马的，加黑家是××。也就是说，瓜扎家的这一支是木瓜家的兵。他说"啊日"这一支是木瓜家附近的那种。

答：（东巴家）原本木瓜家带进来的东巴，不好的那些（经书）是不念的，他们家是专门念现在丽江祭天的那些，好的那些才念，死人那些是不念的。后来才念了这些死人的（仪式经书），祭天那些就没有干（做）了。

问：那阿普加现在还会吗？

答：还会的。俄亚（大村）所有的东巴都不会整，也不准整，除了他。

问：为什么只让他学祭天这些，不让他学"不好"的那些呢？这里面有没有什么说法？是一拨人只能做祭天，另外一拨人做其他的仪式，为什么要这样分？

答：其他的东巴，帮他的那些都不太管这些。他也只管两门，一个是祭天，一个是祭山。其他的那些人是专门管死人的。别人家里有事，撵鬼啊好多事，都是其他的人管。原先是这种，现在死人的，他也管了。

问：几岁开始学的？

答：9 岁的时候就开始念了。

问：跟谁学的？

答：跟他父亲学的。他从 9 岁的时候就一直念了 14 年。那时候，"文化大革命"来就没有再干了，就是 23 岁的时候就停了。（若按此来推，当是 69 岁，1944 年出生）

问：后来，就再也没有念过了吗？

答：没有。那时候就经书也全部烧了。那个的（祭天）经书是没有了。死人的时候用的（经书）还有，这个多，有一天和我说将近有一两百。

问：他小时候是怎样学习祭天（仪式）的？

答：他们家有个小爸，大爸是念死人的那些的，小爸是念祭天的。他

9岁那年，他小爸走了，到其他家去了，那没办法了只好跟他父亲乱念，学也学嘛，就在那个位置上做起来了，那年就开始教了。就从那年开始，就跟着书上念。

问：后来，他有没有把祭天仪式教给谁？

答：教是可以教的，祭天的经书没有了，"文化大革命"的时候就已经烧掉了。但是要怎么做，这一步做什么，下来又做什么他还是会的。

问：那有没有想着把它（祭天经书）写下来？

答：根源上的是记不得了。他说他说是说得出来，但写就有点难了。

问："文革"结束以后，他怎么不恢复祭天、祭山这些仪式呢？

答：他说"好耍得很！就没有人管我了"。书也没有了，就也不想念了。

问：如果是要恢复祭天的话，他还能不能做？

答：他说以前念过，但没有念的时间长了，老也老了，糊涂了，现在经书还有一本，但现在他看也有很多念不出来了。他有很多时间没有念过了。现在不是太能写了。他以前很少写，以前小的时候没怎么念过，现在就更写不起（写不出来）了。

附录 4

文件及培训班资料

附录 4-1 《三坝纳西族民族乡人民政府东巴文化保护和开发暂行办法》（1998 年）

第 1 章 总则

第 1 条 为有效保护和开发东巴文化，特制定本暂行办法。

第 2 条 凡三坝纳西族民族乡境内的所有公民，均有责任和义务保护东巴文化，并与破坏、损害东巴文化的行为做斗争。

第 2 章 东巴文化

第 3 条 乡境内的东巴文化是指现存的东巴经书、东巴画、东巴雕刻、东巴服饰、东巴法器，以及东巴仪式仪轨、东巴卜卦、东巴舞蹈、东巴吟唱、东巴故事传说和东巴活动场所、朝拜圣地等。

第 4 条 一切有形无形的东巴文化，都是纳西族人民的传统优秀文化，均在受保护之列。

第 3 章 东巴经师

第 5 条 乡人民政府特别委托迪庆纳西学会，对乡境内的东巴经师逐一登记造册，并按有关标准分别发放证书。

第 6 条 乡境内东巴经师分为三类：一，东巴大师；二，东巴经师；三，见习东巴经师。第一类称东巴山朗，第二类称东巴，第三类称东巴若（小东巴）。

第 7 条 东巴大师的职责是，主持法事，解释经典，为客人示范东巴仪式仪轨；东巴经师的职责是：协助大师组织法事，念诵经卷，主持东巴文化艺术活动，带徒授课；见习东巴的职责是：学习东巴经卷和技艺，参加法事活动。

第 8 条　对东巴大师及经师给予各种生活待遇，由政府发给适当补助，并由聘请单位发给相当于同等职务职称的工资。

第 9 条　鼓励纳西族青年自觉学习东巴文化，在校学习的给予生活补助，有突出贡献的由政府给予奖励，并予以提前晋级（晋升为东巴）。

第 10 条　所有东巴经师，均受法律保护，其正当活动不受干扰，其正当收入予以保护；

第 11 条　国家对有突出贡献的东巴经师，除给予鼓励外，还要给予各种荣誉表彰。

第 4 章　保护东巴文化

第十二条　乡境内的一切东巴，均在保护之列。乡人民政府制订的保护措施，在乡境内具有权威性和约束力，境内的公民及路过和暂住的国内公民、国外人士均遵守。

第十三条　乡境内的有关东巴文化设施、活动场所、人文景观均应妥善保护，一切人等不得损害、破坏。如有损坏，均应自己恢复原状，或作价赔偿，情节严重应负法律责任；保护和揭发坏人坏事有功者给予奖励。

第十四条　任何人等未经允许，不得私自买卖有关东巴文化的书籍、文物、发饰、法器等；不得私自闯入民间强行要求东巴经师诵经或做法事；不得以金钱为诱饵窃取东巴文化经典和文物。

第十五条　乡境内的东巴经师（含东巴大师和见习东巴经师），均应遵守纪律，不得私自出售东巴经典和文物，不得私自收受正当所得之外的金钱财物，更不准向客人加价索要金钱财物。应按乡人民政府所规定之底价和最高现价收取报酬或文化产品价格。如有违犯，将按情节予以处理。

第 5 章　东巴文化开发

第十六条　乡人民政府决定创办"圣地东巴文化学校"，以提供保护、开发东巴文化的较为优良的客观条件。

第十七条　乡人民政府欢迎中外学者、本民族学者前来乡境内进行文化交流活动，并提供各种便利条件。尤欢迎前来乡境内进行搜集、发掘、翻译、研究东巴文化有益工作；欢迎国内外有志之士前来学习东巴文化。

第十八条　前来采风或学习的人士，应持有有关证件或介绍信，经迪庆纳西学会介绍，方得进入乡境内；经乡人民政府东巴文化管理办公室同意后，方可进行上述活动，未经介绍和同意，均视为不符合条件，可予以拒绝。

第十九条　上述人员，如需长期、系统地学习东巴文化，还须与乡人民政府或"圣地东巴文化学校"订立有关合同，交纳一定的学费，否则乡人民政府可以予以否决。

第二十条　乡人民政府还将开发与东巴文化有关的一系列其他项目，如民间文学艺术、音乐、舞蹈等，并建立各种设施，创造条件，以便冲出乡土，面向世界。

三坝纳西族民族乡人民政府
一九九八年九月十日

附录4-2　国家级非物质文化遗产东巴画传承基地第二期培训班课程表

日期	时间	课程	教师
9日	上午	东巴文化传承概述、上学期参加学员总结	和力民
	下午	非物质文化遗产东巴画概述	木琛
10日	上午	东巴画的形式、内容及风格	木琛
	下午	东巴画的形式、内容及风格	木琛
11日	上午	通俗东巴文	和桂生
	下午	东巴画造型	木琛
12日	上午	东巴壁画	和丽宝、木琛
	下午	东巴壁画	和丽宝、木琛
13日	上午	东巴文化概论	和力民
	下午	东巴壁画	和丽宝
14日	上午	东巴古籍文献概述	和盛典
	下午	东巴舞蹈	杨玉华

续表

日期	时间	课程	教师
15 日	上午	通俗东巴文	和桂生
	下午	东巴古籍《祭祖经》	和盛典
16 日	上午	东巴仪式规程	杨玉华
	下午	纸牌画临摹	和丽宝
17 日	上午	东巴古籍《祭祖经》	和盛典
	下午	东巴经唱腔	杨玉华
18 日	上午	通俗东巴文	和桂生
	下午	东巴舞蹈	杨玉华
19 日	上午	纸牌画临摹	和丽宝
	下午	东巴舞蹈	杨玉华
20 日	上午	神像画轴临摹	和丽宝
	下午	东巴古籍《祭祖经》	和盛典
21 日	上午	神像画轴线条临摹和色彩	和丽宝
	下午	东巴舞蹈	杨玉华
22 日	上午	东巴古籍《祭祖经》	和盛典
	下午	神像画轴线条临摹和色彩	和丽宝
23 日	上午	通俗东巴文	和桂生
	下午	神像画轴线条临摹和色彩	和丽宝
24 日	上午	东巴古籍《祭祖经》	和盛典
	下午	神像画轴线条临摹和色彩	和丽宝
25 日	上午	考擦新主植物园	全体师生
	下午	考擦新主植物园	全体师生
26 日	上午	东巴古籍《祭祖经》	和盛典
	下午	神像画轴线条临摹和色彩	和丽宝
27 日	上午	东巴舞蹈	杨玉华
	下午	神像画轴线条临摹和色彩	和丽宝
28 日	上午	教学总结	全体师生
	下午	结业典礼	全体师生

新主东巴文化学校

二零一一年十二月

附录4-3 丽江市纳西族祭天文化培训班课程表

公历	农历	属相	星期	上午课程 8:00—12:00	下午课程 2:00—5:00	晚上 7:00—9:00	教学管理人员	其他事项说明
7.14	5.26	子	六	在各个分点集中	东巴文化学校报到	开学典礼	和力民、和桂生	
7.15	5.27	丑	日	和力民上《除秽经》	和力民上《除秽经》	辅导自习	和力民、和盛典	
7.16	5.28	寅	一	和力民上《除秽经》	和力民上《除秽经》	辅导自习	和力民、和盛典	
7.17	5.29	卯	二	神殿祭祀活动	教学汇报参会活动	学习讨论	和力民、和桂生	
7.18	5.30	辰	三	和丽宝上《上香经》	和丽宝上《上香经》	辅导自习	和丽宝	参会
7.19	6.1	巳	四	杨玉华上《献牲经》	和桂生上《献牲经》	辅导自习	和丽宝	
7.20	6.2	午	五	杨玉华上《献牲经》	和桂生上《献牲经》	辅导自习	和丽宝	
7.21	6.3	未	六	杨玉华上《献牲经》	和桂生上《献牲经》	《东巴舞》	和丽宝、杨玉华	
7.22	6.4	申	日	杨玉华上《献牲经》	和桂生上《献牲经》	《东巴舞》	和丽宝、杨玉华	
7.23	6.5	酉	一	杨玉华上《献牲经》	和桂生上《献牲经》	《东巴舞》	和学东、杨玉华	
7.24	6.6	戌	二	杨玉华上《献牲经》	和桂生上《献牲经》	《东巴舞》	和学东、杨玉华	
7.25	6.7	亥	三	杨玉华上《献牲经》	和桂生上《献牲经》	《东巴舞》	和学东、杨玉华	
7.26	6.8	子	四	杨玉华上《献牲经》	和桂生上《献牲经》	《东巴舞》	和学东、杨玉华	
7.27	6.9	丑	五	杨玉华上《献牲经》	和桂生上《献牲经》	《东巴舞》	和力民、和学东	
7.28	6.10	寅	六	和丽宝上《献祭粮》	和丽宝上《献祭粮》	辅导复习	和桂生	
7.29	6.11	卯	日	和丽宝上《献祭粮》	和力民讲仪轨	辅导复习	和桂生	
7.30	6.12	辰	一	和丽宝上《献祭粮》	和丽宝上《献祭粮》	辅导复习	和桂生	
7.31	6.13	巳	二	和力民讲仪轨	和丽宝上《献祭粮》	辅导复习	和桂生	
8.1	6.14	午	三	小结和复习	小结和复习	辅导复习	和桂生	
8.2	6.15	未	四	和盛典上《献饭经》	和盛典上《献饭经》	辅导复习	和桂生、和盛典	
8.3	6.16	申	五	和盛典上《献饭经》	和盛典上《献饭经》	辅导复习	和桂生、和盛典	
8.4	6.17	酉	六	和盛典上《献饭经》	和盛典上《献饭经》	辅导复习	和桂生、和盛典	
8.5	6.18	戌	日	和盛典上《献饭经》	和盛典上《献饭经》	辅导复习	和桂生、和盛典	
8.6	6.19	亥	一	和盛典上《献饭经》	和盛典上《献饭经》	辅导复习	和桂生、和盛典	
8.7	6.20	子	二	和盛典上《献饭经》	和盛典上《献饭经》	辅导复习	和桂生、和盛典	
8.8	6.21	丑	三	和盛典上《献饭经》	和盛典上《献饭经》	辅导复习	和桂生、和盛典	
8.9	6.22	寅	四	和盛典上《献饭经》	和盛典上《献饭经》	辅导复习	和桂生、和盛典	
8.10	6.23	卯	五	祭祀活动	结业典礼	休息	和力民	
8.11	6.24	辰	六	离校返家			和桂生	

2012年7月13日制表

参考文献

1. 书籍

［英］埃德蒙·利奇：《文化与交流》，郭凡、邹和译，上海人民出版社2000年版。

白庚胜：《东巴神话象征论》，云南人民出版社1998年版。

白庚胜、和自兴：《玉振金声探东巴：国际东巴文化艺术学术研讨会论文集》，社会科学文献出版社2002年版。

白庚胜、杨福泉：《国际东巴文化研究集粹》，云南人民出版社1998年版。

包亚明：《文化资本与社会炼金术——布迪厄访谈录》，上海人民出版社1997年版。

鲍江：《象征的来历——叶青村纳西族的东巴教仪式研究》，民族出版社2008年版。

卜金荣：《纳西东巴文化要籍及传承概览》，云南民族出版社1999年版。

［法］布迪厄、［美］华康德：《实践与反思——反思社会学导引》，李猛、李康译，邓正来校，中央编译出版社1998年版。

陈烈：《东巴祭天文化》，云南人民出版社2000年版。

［美］戴维·斯沃茨：《文化与权力——布尔迪厄的社会学》，陶东风译，上海译文出版社2006年版。

［美］丹妮逊·纳什：《旅游人类学》，宗晓莲译，云南大学出版社2004年版。

［英］蒂莫西、［英］博伊德：《遗产旅游》，程尽能主译，旅游教育出版社2007年版。

冯莉：《东巴舞蹈传人——习阿牛阿明东奇》，民族出版社2007年版。

戈阿干：《东巴神系与东巴舞谱》，云南人民出版社 1992 年版。

龚锐：《旅游人类学教程》，旅游教育出版社 2012 年版。

光映炯：《旅游场域与东巴艺术变迁》，中国社会科学出版社 2012 年版。

郭大烈、和志武：《纳西族史》，四川民族出版社 1999 年版。

郭大烈、杨一红：《纳西母语和东巴文化传承读本》（三册），云南大学出版社 2006 年版。

郭大烈等：《东巴文化论》，云南人民出版社 1999 年版。

郭大烈等：《东巴文化论集》，云南人民出版社 1991 年版。

和发源：《滇川纳西族地区民族宗教调查》，云南民族出版社 2008 年版。

和继全：《白地波湾村纳西东巴文调查研究》，民族出版社 2015 年版。

和继全：《纳西族传统祭祀仪式》（丽江东巴文化学校教材，第二册），云南人民出版社 2003 年版。

和志武：《祭风仪式及木牌画谱》，云南人民出版社 1992 年版。

和志武：《纳西东巴文化》，吉林教育出版社 1989 年版。

和志武、杨福泉：《中国原始宗教资料丛编·纳西族卷》，人民出版社 1993 年版。

和钟华、杨世光、《纳西族文学史》编写组：《纳西族文学史》，四川民族出版社 1992 年版。

［法］亨利·列斐伏尔：《空间与政治》，李春译，上海人民出版社 2015 年版。

［美］克莱德·伍兹：《文化变迁》，施惟达、胡华生译，王彪等校，云南教育出版社 1989 年版。

［美］克利福德·格尔兹：《文化的解释》，纳日碧力戈等译，王铭铭校，上海人民出版社 1999 年版。

李国文：《人神之媒：东巴祭司面面观》，云南人民出版社 1998 年版。

［美］理查德·鲍曼：《作为表演的口头艺术》，杨利慧、安德明译，广西师范大学出版社 2008 年版。

《丽江纳西族自治县概况》编写组：《丽江纳西族自治县概况》，云南民族出版社 1986 年版。

《丽江纳西族自治县概况》编写组、《玉龙纳西族自治县概况》修订本编写组：《玉龙纳西族自治县概况》，民族出版社 2006 年版。

丽江纳西族自治县志编纂委员会：《丽江纳西族自治县志》，云南人民出版社 2001 年版。

丽江县政协文史组编：《丽江文史资料》（1—20 辑），1985—2008 年。

罗明义：《旅游管理学》，南开大学出版社 2007 年版。

［美］马维·哈里斯：《人·文化·生境》，许苏明编译，山西人民出版社 1989 年版。

［英］马林诺夫斯基：《文化论》，费孝通译，华夏出版社 2002 年版。

《纳西族简史》编写组、《纳西族简史》修订本编写组：《纳西族简史》，民族出版社 2008 年版。

《纳西族社会历史调查（二）》，云南民族出版社 1986 年版。

《纳西族社会历史调查（三）》，云南民族出版社 2009 年版。

《纳西族社会历史调查》，云南民族出版社 1983 年版。

纳麒、李世碧主编：《丽江之路》，红旗出版社 2009 年版。

彭兆荣：《旅游人类学》，民族出版社 2004 年版。

彭兆荣：《人类学仪式的理论与实践》，民族出版社 2007 年版。

［法］皮埃尔·布迪厄：《艺术的法则——文学场的生成和结构》，刘晖译，中央编译出版社 2001 年版。

［日］山下晋司：《旅游文化学》，孙洁、伍乐平译，张晓萍审校，云南大学出版社 2012 年版。

《四川省木里藏族自治县藏族纳西族社会历史调查》，民族出版社 2009 年版。

宋光淑：《纳西东巴文化研究总览》，云南大学出版社 2006 年版。

宋兆麟：《俄亚大村：一块巨大的社会活化石》，四川人民出版社 2003 年版。

宋兆麟、边人：《木里俄亚：融化在金沙江魂魄的异俗》，外文出版社 2005 年版。

孙九霞：《传承与变迁——旅游中的族群与文化》，商务印书馆 2012 年版。

孙九霞：《旅游人类学——理论与经验》，社会科学文献出版社 2013年版。

孙九霞：《旅游人类学的社区旅游与社区参与》，商务印书馆 2009年版。

田里、李雪松：《旅游管理学》，东北财经大学，2015 年。

[美] 瓦伦·L.史密斯主编：《东道主与游客——旅游人类学研究》，张晓萍等译，云南大学出版社 2002 年版。

肖笃宁、李秀珍：《景观生态学》，科学出版社 2003 年版。

杨福泉：《策划丽江：旅游和文化篇》，民族出版社 2005 年版。

杨福泉：《东巴教通论》，中华书局 2012 年版。

杨福泉：《纳西古王国的东巴教》，四川文艺出版社 2007 年版。

杨福泉等：《丽江市和迪庆州旅游与文化互动发展研究》，中国书籍出版社 2015 年版。

杨福泉等：《云南名镇名村的保护和发展研究》，中国书籍出版社 2010 年版。

杨桂华：《旅游景区管理》，科学出版社 2006 年版。

杨慧等：《旅游、人类学与中国社会》，云南大学出版社 2001 年版。

杨尚孔、白郎：《四川纳西族与纳文化研究》，中国文联出版社 2006年版。

杨庭硕：《民族文化与生境》，贵州人民出版社 1992 年版。

杨正文：《最后的原始崇拜——白地东巴文化》，云南人民出版社 1999 年版。

[美] 约瑟夫·洛克：《中国西南古纳西王国》，刘宗岳等译，宣科主编，杨福泉、刘达成审校，云南美术出版社 1999 年版。

云南省社会科学院东巴文化研究所编：《东巴文化论丛》，丽江县印刷厂印刷 1991 年版。

曾小鹏：《俄亚托地村纳西语言文字研究》，光明日报出版社 2013年版。

张朝枝：《旅游与遗产保护——基于案例的理论研究》，南开大学出版社 2008 年版。

张晓萍、杨慧：《民族旅游的人类学透视》（第一版，第二版），云南大学出版社 2005、2009 年版。

赵世红、和品正：《东巴艺术》，云南人民出版社 2004 年版。

宗晓莲：《旅游开发与文化变迁——以云南省丽江县纳西族文化为例》，中国旅游出版社 2006 年版。

Barbara D. Miller , cultural anthropology, Allyn & Bacon, 1999.

［美］Dallen J. Timothy：《文化遗产与旅游》，孙业红等译，中国旅游出版社 2014 年版。

［美］Dean MacCannell：《旅游者休闲阶层新论》，张晓萍等译，广西师范大学出版社 2008 年版。

Helene Neveu Kringelbach. Dancing Cultures: Globalization, Tourism and Identity in the Anthropology of Dance. 2014.

［英］John Urry：《游客凝视》，杨慧、赵玉中、王庆玲、刘永青译，广西师范大学出版社 2009 年版。

M. Haldrup and J. Larson, Tourism, performance and the everyday, London, Routledge 2009.

［美］Nelson Graburn：《人类学与旅游时代》，赵红梅等译，广西师范大学出版社 2009 年版。

Pierre Bourdieu, Distinction: A Social Critique of the Judgement of Taste, Harvard University Press, 1984.

Victor Turner. The Anthropology of Performance, PAJ Publications; 2nd Revised ed. 2001.

［美］W. J. T. 米切尔编：《风景与权力》，杨丽、万信琼译，译林出版社 2014 年版。

2. 论文

［加拿大］艾德勒：《旅游是一种表演性艺术》，谈谷铮译，《现代外国哲学社会科学文摘》1990 年第 5 期。

包广静、吴兆录：《边缘效应与旅游区可持续发展研究》，《云南财贸学院学报》2006 年第 1 期。

陈素华、杨殿斛：《旅游仪式展演中的"非物质文化遗产保护"——人类学视野中的黔东南郎德苗寨民族歌舞传承》，《黔南民族师范学院学报》2009 年第 5 期。

段丽波、余璐：《旅游人类学视阈下丽江纳西族档案价值探究》，《百色学院学报》2014 年第 5 期。

光映炯、和继全：《白地的村落公共空间、认同维护与文化保护》，《纳西学研究》，民族出版社 2015 年。

光映炯、和继全、光映霞：《滇川交界处俄亚大村的文化生境及演变》，《西南边疆民族研究（第 12 辑）》2013 年第 6 期。

光映炯、黄静华、光映霞：《旅游展演·行为实践·社会交流——以丽江玉水寨"东巴法会"为例》，《广西民族研究》2014 年第 4 期。

光映炯、毛志睿：《旅游场域中文化权力的生成与表达》，《思想战线》2013 年。

郭大烈：《纳西族传统文化及其保护》，《云南社会科学》2001 年第 6 期。

郭琼珠：《民间信仰仪式性表演体育类民俗体育探析》，《武汉体育学院学报》2009 年第 6 期。

郭文：《受访游客参与影视旅游展演意愿倾向研究及启示——基于对无锡唐城、三国城、水浒城游客的调查》，《旅游学刊》2008 年第 10 期。

何明、洪颖：《回到生活：关于艺术人类学学科发展问题的反思》，《文学评论》2006 年第 1 期。

和金光：《纳西族东巴文化研究发展趋势》，《云南民族大学学报》（哲学社会科学版）2007 年第 1 期。

和克纯：《论解释学视野下的东巴文化及其当代影响》，《作家》2011 年第 4 期。

洪颖：《行为：艺术人类学研究的可能方法维度》，《艺术探索》2007 年第 1 期。

胡大海：《东巴文化在当代传播中的运用及效应》，《新闻世界》2011 年第 5 期。

黄丽娟：《从旅游展演视角看民俗文化生态旅游中的文化保护与传承——以贵州天龙屯堡古镇为例》，《商情》2008 年第 13 期。

纪珊珊：《非物质文化遗产传承保护机制的建立与活态保护原则》，《时代报告》2011 年第 11 期。

杰茜卡·安德森·特纳：《旅游景点的文化表演之研究》，杨利慧译，《民族艺术》2004 年第 1 期。

雷晴岚：《论三宝千户侗寨的旅游文化展演方式》，《丝绸之路》2012

年第 14 期。

李杰:《论东巴文化的保护和开发》,《楚雄师范学院学报》2006 年第 1 期。

李蕾蕾、张晗、卢嘉杰、文俊、王玺瑞:《旅游表演的文化产业生产模式:深圳华侨城主题公园个案研究》,《旅游科学》2005 年第 6 期。

李灵灵:《民俗形态与文化传统的活态保》,《文化遗产》2009 年第 4 期。

李明宗:《宗教观光:朝圣与文化展演》,(台湾)《身体文化学报(第一辑)》,2005 年 12 月。

李时、宋明:《生态旅游开发导致生境破碎化问题的对策分析》,《国土与自然资源研究》2006 年第 1 期。

廖扬、蒙丽:《民族民俗旅游的时空维度与文化场域》,《广西民族研究》2011 年第 4 期。

刘德鹏:《基于仪式展演理论的景颇族"目脑纵歌"旅游化探析》,《云南地理环境研究》2010 年第 6 期。

罗新民:《当代中国非物质文化遗产的"活态、生态、动态"保护与发展——以贵州省为例》,《艺术百家》2012 年第 2 期。

[美] Nelson Graburn、张晓萍、姚莹:《从审美功能到社会功能:物质材料、展演及消费者——以加拿大因纽特人的雕刻艺术为例》,《思想战线》2007 年第 4 期。

纳尔逊·格雷本、张晓萍:《活态文化:如何保护?为谁保护?》,《思想战线》2008 年第 3 期。

彭文斌、郭建勋:《人类学仪式研究的理论学派述论》,《民族学刊》2010 年第 2 期。

荣莉:《旅游场域中的现代表演性——云南省丘北县仙人洞村旅游表演的分析》,《云南社会科学》2007 年第 5 期。

宋才发:《丽江古城的文化景观及法律保护》,《中国民族》2005 年第 3 期。

宋秋、杨振之:《场域:旅游研究新视角》,《旅游学刊》2015 年第 9 期。

唐欢:《旅游情境下的乡村仪式展演与文化变迁》,《乐山师范学院学报》2014 年第 5 期。

田里、光映炯：《旅游展演与活态保护的互动与发展路径》，《广东社会科学》2015年第5期。

王杰文：《"表演性"与"表演研究"的范式转型》，《世界民族》2014年第3期。

王静：《人类学视野中的"仪式"与"文化展演"》，《盐城师范学院学报》（人文社会科学版）2009年第6期。

王俊鸿：《文化展演视角下少数民族移民节日文化变迁研究——以汶川地震异地安置羌族搬迁前后的羌历年庆祝活动为例》，《贵州民族研究》2012年第3期。

王希辉：《土家族吊脚楼的文化生境与文化保护》，《民族艺术研究》2008年第6期。

吴长亮、沈治乾：《关于旅游演出兴起的社会意义探讨》，《决策探索》2007年第6期。

吴晓：《旅游景观展演与民间艺术的消费——湘西德夯个案的文化阐释》，《文艺争鸣》2010年第12期。

吴晓：《旅游展演与民间艺术审美主体复杂性——湘西德夯苗寨的个案分析》，《青海民族大学学报》2010年第6期。

吴晓：《民间艺术旅游展演的研究视角与问题意识》，《兰州学刊》2010年第6期。

吴晓：《艺术人类学视域中的民间艺术旅游展演》，《内蒙古社会科学》2011年第1期。

武秀英：《文化生态位对提升民族文化的意义》，《赤峰学院学报》2009年第11期。

肖洪磊、李庆雷、高大帅：《我国旅游场域研究综述》，《消费导刊》2015年第2期。

徐赣丽：《民俗旅游的表演化倾向及其影响》，《民俗研究》2006年第3期。

杨福泉：《论少数民族本土文化传人的培养——以纳西族的东巴为个案》，《云南民族大学学报》2005年第3期。

杨福泉：《少数民族文化保护与传承新论》，《云南社会科学》2007年第6期。

杨桂红、孙炯：《香格里拉的腹心地——中甸旅游业发展及管理模式—兼谈中国西部老少边穷地区旅游》，《经济问题探索》2001年第2期。

杨立新、赵燕强、裴盛基：《纳西族东巴文化与生物多样性保护》，《林业调查规划》2008年第2期。

杨柳：《民族旅游发展中的展演机制研究——以贵州西江千户苗寨为例》，《湖北民族学院学报》2010年第4期。

曾亚玲、李娌：《旅游景区文艺表演的文化内涵和商业化运作》，《长春大学学报》2001年第6期。

张海超：《商业开发背景下的民族文化传承———基于文化生境理论的探讨》，《黑龙江民族丛刊》2009年第1期。

张晓萍：《旅游开发中的文化价值——从经济人类学的角度看文化商品化》，《民族艺术研究》2006年第5期。

张晓萍：《西方旅游人类学中的"舞台真实"理论》，《思想战线》2003年第4期。

张晓萍、刘德鹏：《民族旅游仪式展演及其市场化运作的思考——以云南德宏景颇族"目脑纵歌"节为例》，《旅游研究》2010年第2期。

朱江勇：《"舞台互动"：旅游表演学视域下的旅游展演空间》，《旅游论坛》2014年第2期。

朱江勇：《旅游表演学：理论基础、内涵与内容及其实践》，《河北旅游职业学院学报》2009年第4期。

朱煜杰：《旅游中的多重凝视：从静止到游动》，《旅游学刊》2012年第11期。

Carla Barbieri1, and Edward Mahoney, Cultural Tourism Behaviour and Preferences among the Live-performing Arts Audience: An Application of the Univorous-Omnivorous Framework, International journal of tourism research Int. J. Tourism Res. 12, 481-496, 2010.

Fiona Jordan, Performing Tourism: Exploring the Productive Consumption of Tourism in Enclavic Spaces, International Journal Of Tourism Research Int. J. Tourism Res. 10, 293-304, 2008.

Helen Rees: "Naxi Ancient Music Rocks London": Validation, Presentation, and Observation in the First Internationali Tour, Ethnomusicology, Vol. 46, No. 3, pp. 432-455, 2002.

Lixin Yang, John Richard Stepp, The Role of Montane Forests for Indigenous Dongba Papermaking in the Naxi Highlands of Northwest Yunnan, China, Mountain Research and Development 31 (4): 334-342. 2011.

Nelson H. H. Graburn: Arts of the Fourth World, The Anthropology of Art——A Reader, by Howard Morphy and Morgan Perkins, Oxford: Blackwell Publishing Ltd, 2006.

Rebecca J. Dobkins, Introduction: Memory and Imagination in Native American Art, Museum Anthropology 24 (2/3): 3-5. 2000.

Tim Edensor, Staging Tourism: Tourists as Performers, Annals of Tourism Research, Vol. 27, No. 2, pp. 322-344, 2000.

Yujie Zhu, Author Vitae, Performing heritage: rethinking authenticity in tourism, Annals of Tourism Research, Volume 39, Issue 3, Pages 1495-1513, 2012.

Yujie Zhu, Performing Heritage: Rethinking Authenticity In Tourism, Annals of Tourism Research, Vol. 39, No. 3, pp. 1495-1513, 2012.

Yujie Zhu, When the Global Meets the Local in Tourism—Cultural Performances in Lijiang as Case Studies, Journal of China Tourism Research, 8: 302-319, 2012.

Zheng Xie, An Analysis of the Dongba Arts and Culture in the Context of Tourism, European Journal of Tourism Research, Vol. 4, 2011.

3. 学位论文

和玉媛：《丽江纳西族旅游纪念品开发设计研究》，硕士学位论文，江南大学，2009年。

黄龙光：《民间仪式、艺术展演与民俗传承——峨山彝族花鼓舞田野调查研究》，博士学位论文，中央民族大学，2009年。

李继群：《旅游生境与文化调适：丘北县仙人洞村的调查研究》，云南大学，硕士学位论文，2002年。

廖蔚宇：《盐源县政府开展泸沽湖景区生态保护的案例研究》，硕士学位论文，电子科技大学，2014年。

潘峰：《"同根同源"的文化展演——以台湾民俗村和中国闽台缘博物馆为例》，博士学位论文，中央民族大学，2008年。

石玉宏：《文化生境与花腰傣服饰的传承》，硕士学位论文，云南大学，2010年。

王蕾：《忧郁的白水台——香格里拉三坝纳西族群身份的当代展演》，硕士学位论文，华东师范大学，2015年。

习晓耀：《纳西族东巴口述文献的采集、整理与保护研究》，硕士学位论文，云南大学，2013年。

肖佑兴：《旅游目的地旅游效应及调试对策——以白水台为例》，硕士学位论文，云南师范大学，2002年。

杨亦花：《白地和志本东巴家祭祖仪式和祭祖经典研究》，硕士学位论文，西南大学，2010年。

于洪：《丽江古城形成发展与纳西族文化变迁》，博士学位论文，中央民族大学，2007年。

张杨：《纳西东巴舞谱〈舞蹈的出处与来历〉研究》，硕士学位论文，西南大学，2009年。

赵红梅：《旅游情景下的文化展演与族群认同》，博士学位论文，厦门大学，2008年。

后 记

  关于"文化"与"旅游",现代大众旅游发展背景下所做的相关研究都具有重要意义。就读博士期间,对旅游场域中的文化变迁特别是东巴艺术的变异进行了研究(见《旅游场域与东巴艺术变迁》);博士后研究工作期间,又进一步对旅游场域中的文化展演及其各种展演层次进行了呈现,在此基础上,通过对旅游展演与活态保护互动关系的提炼来构建活态保护机制。前者更多地呈现了旅游对文化的负面影响,后者更多地分析了旅游所产生的活态保护效应。可以说,文化的活态性在不同的时间和空间环境下其状态是不同的。文化的活力也正在于与它的一次次的接触、感受和探究,旅游的展演也是有不同类型和不同特点的,而对旅游的记忆及其所带来的愉悦正是通过每次不同方式的经历、体验和求知来获得的。身处调研中,不仅将自己作为"他者"的观察身份来了解东道主的文化,也将自己作为"我者"的旅游者身份来尽情感受旅游经历,甚至还要跳出这两者角色来尽量客观地描述长期以来一直关注的研究对象,在学术调研过程中同时也获得了一次别样的文化旅游体验,谢谢命运的厚爱!

  在这一场跨文化体验中感受更多的是文本之外的生活,是严肃之外的"活态"生活。田野生活,本身就是一种特殊的旅行体验。第一次进入俄亚,一路骑马上山下山,在沟壑中在悬崖边在泥泞中;在俄亚到卡瓦的路上,滑着溜索,溜索下就是无量河支流;走出俄亚的路上,坐着拖拉机、摩托车,风尘仆仆;第二次千里迢迢带去铜锣,又穿过白雪皑皑大山回家……。还有,去丽江火车上的咔哒声;去白地的重重弯道;前往泸沽湖一路与小女十个小时的颠簸、说笑。记忆中有一片彩色的洋芋花地、及白地的金黄色麦地、插满鲜花的白水泉;达祖村的蓝天、白云、太阳花、海菜花,在风中摇曳的风马旗,还有小女与小伙伴在后山嬉戏,与活佛偶遇……田野中所感知的百般模样,田野的纯真、质朴、自然,"诗意的远方"怎么都难以忘怀,感恩"在路上"的经历与遭遇!

后　记

　　谢谢在田野路上遇到的你们，和力民、杨文吉、杨玉勋、和旭辉，东巴加若、木瓜仁青、瓜扎本地、瓜扎英达次里、基册郎布，和志本，习尚红、和树仁、杨甲阿、杨边玛直之、杨次里，和尚礼、杨正文、和树荣……，还有瓜扎英达次里全家、东巴基玛全家、李秀花全家、和贵强全家、王木良全家、杨边玛直之全家……还有很多我叫不全名字的人，谢谢你们在田野途中给予我的照顾与帮助！

　　谢谢在文本写作过程中给予我关心与帮助的众多专家们。与杨桂华教授在车中的聊天促成了该课题的研究，衷心谢谢！要谢谢杨寿川教授、杨福泉教授、吕宛青教授、张晓萍教授、林艺教授、何明教授、李炎教授、杜靖川教授，谢谢你们提出的宝贵意见和建议。也要谢谢给予我支持与帮助的各位朋友，和继全、曾小鹏、黄静华、杨杰宏、徐菡、郭文、杨懿、钟晖、和灿芬……谢谢你们！还要特别谢谢博士后合作导师，田里教授，谢谢您！谢谢您在工作和学习中给予的诸多关心和帮助！

　　特别要感谢我的家人在我调研、写作时的无私关怀！谢谢姐姐在我多次调查时帮我照顾小女，在我写作遇到困惑时给予的支持！谢谢小女的乖巧、陪伴与甜馨，谢谢你陪着妈妈一起到田野，陪着妈妈一起写报告！还要谢谢家人给予我的各种支持和关心，谢谢你们！

　　书稿即将付梓，老父亲已归西半载。若是在以前，他老人家必定会手拿书稿又是阅览又作叮嘱。此景已不再，此情已随风。只愿在天安息！惟愿一路走好！

　　终于付梓之际，从课题的立项、调查、写作、修改到完稿经历了五年的时间。之后，又前往美国夏威夷访学。木瓜仁青、瓜扎本地、和志本三位东巴都先后离世，香格里拉白水台景区已改建完成，俄亚大村的道路卫生有所改善，盐源达祖村的歌舞广场也已更新，许多事情许多场景都已发生变迁。从完稿到变成铅字又历时两年，在此过程中也要谢谢责任编辑任明老师，没有您的支持与耐心，本书不会面世。曾经去过的田野恍然如在眼前，曾经遭遇的经历或付笑谈或沉记忆。七年岁月，已时过境迁，任时光匆匆，依然还有太多关心、帮助、支持、陪伴与我相伴，真好！衷心谢谢！并祝你们健康、平安、幸福！

光映炯
二〇一六年十月
二〇一九年四月（改）